エレメンタルマクロ経済理論

庭田 文近 編著

晃 洋 書 房

「本書は，若手の経済学者諸氏が，初めてマクロ経済学の理論
を学ぶ人たちのために執筆した格好の入門書です．
是非，本書によってマクロ経済学理論の基本を習得するようにお薦めします」

關　哲雄（立正大学名誉教授）

はしがき

　本書は，多くの大学・短期大学で経済学の基礎的テキストとして好評であった大石泰彦・金沢哲雄編（1996）『エレメンタルマクロ経済学』英創社（以下，旧書）の後継書を意図している．したがって，旧書と同様に，本書もまた，大学・短期大学の非経済学系学部の学生に向けた教養レベルの経済学テキストとして，ないしは経済学系学部の初学者向け入門テキストとして，執筆・編集している．

　本書は，多くの大学で採用されている半期15回の授業回数に合わせて，全15章立てとしている．また，初学者がマクロ経済学の全体像をつかみやすいように，そして公務員採用試験などの各種試験対策の要点集・まとめとしても使いやすいように，マクロ経済学を構成する3つの市場（財市場・資産市場・労働市場）をそれぞれ明確にした章構成としている．

　本書では，各章（第1章を除く）の最初に，その章の内容の理解をより深めるため，その章で学ぶ内容の概要が板書形式で掲載してある．これは，その章を読み進めていく前にあらかじめ全体像を把握する予習として，あるいはその章を読み終えた後に知識の定着の確認をする復習として，有効に活用してもらいたい．また，巻末の索引は，各種試験対策に活用されることを意図して，マクロ経済学の重要語句を英文併記で列挙した．

　旧書の編著者のお1人である大石泰彦先生（東京大学名誉教授）は，残念ながら2014年にお亡くなりになられてしまった．私は，大学院博士課程在学中に指導教授の關（金沢）哲雄先生（立正大学名誉教授）の紹介で大石先生の主宰する研究会に参加させて頂くようになったが，晩年の大石先生は研究会等でお会いするたびに旧書の改訂版を刊行したい旨を口にされておられた．しかしながら，旧書に携われた先生方の多くが大学を引退されてしまっていたり，出版元の英創社が廃業してしまったりと，大石先生の御存命のうちには改訂版の刊行はかなわなかった．大石先生がお亡くなりになられてから1年が経った頃，

晃洋書房の編集部から旧書の後継書を出版しないかとのお話をいただいた．当初は，旧書の編著者のお1人である關（金沢）先生と私が編著者となった改訂版を企画していた．しかし關先生から，改訂版ではなく，新たに書き下ろした後継書として，若手研究者だけで出版してみてはどうかとのご提案をいただいた．そこで，大石先生・關先生に直接的・間接的に薫陶を受けた研究者が新たな執筆陣として集まり，旧書の意図および盛り込まれている重要項目を全て内包した後継書ではあるが，新たな書き下ろし版として，本書を刊行するに至った次第である．

　關哲雄先生には，このように本書の刊行の機会を与えて頂いただけでなく，執筆・編集に際して多くの有益な示唆を頂くとともに，本書に対して身に余る推薦文を賜った．城西大学現代政策学部庭田研究室（地域政策）の近山祐介君・前田のぞみさん・近藤慧さんには，学生の目線から内容の難易度や表現の平易さをチェックしてもらった．また，晃洋書房編集部の井上芳郎氏と吉永恵利加氏には，本書の企画から出版に至るまで多大なるご尽力を頂いた．ここに記して感謝の意を表したい．

　私が勤務する城西大学は，旧書編著者の大石泰彦先生の旧制高等学校の先輩にあたる水田三喜男先生（元大蔵大臣・通商産業大臣）が創立された大学であり，大石先生からはしばしば水田先生との思い出話を聴かせて頂いていた．城西大学が1965年に開学して半世紀，ここに本書を上梓できることは，両先生の後塵を拝する者の1人として，とても大きな喜びである．

創立50周年を迎えた城西大学の研究室にて
城西大学現代政策学部　庭 田 文 近

iii

目　　次

は し が き

第1章　マクロ経済学の概観 ————————————————— *1*

はじめに　（*2*）

1　ミクロ経済理論とマクロ経済理論の違い　（*2*）

2　ケインズの経済学　（*4*）

3　マクロ経済理論の流れ　（*6*）

第2章　国民所得の基礎概念 ————————————————— *11*

はじめに　（*14*）

1　GDP とは何だろうか？　（*14*）

2　GDP の概念——3つの注意点　（*17*）

3　三面等価の原則——生産＝支出＝分配（所得）　（*21*）

4　GDP の範囲——GDP に含まれるもの・含まれないもの　（*25*）

5　名目 GDP と実質 GDP——価格変動の影響はどのように取り除くか？
　（*28*）

6　*IS* バランスとは　（*29*）

第3章　国民経済計算と産業連関表 ———————————————— *33*

はじめに　（*36*）

1　国民経済計算　（*36*）

2　産業連関表　（*44*）

3　経済波及効果　（*49*）

第4章　財市場の分析（1）————————————————— *59*
　　　　——総需要と総供給——

は じ め に　(62)

1　古典派経済学とケインズ経済学の基本的考え方の差異　(63)

2　有効需要の概念　(64)

3　国民所得決定の理論モデル　(64)

第5章　財市場の分析（2）————————— 73
　　　　　——財政政策——

は じ め に　(76)

1　政府部門の導入による国民所得の決定　(76)

2　総需要管理政策　(77)

3　乗数メカニズム　(80)

4　海外部門の導入による国民所得の決定　(84)

第6章　資産市場の分析（1）————————— 89
　　　　　——貨幣需要と貨幣供給——

は じ め に　(92)

1　貨 幣 と は　(92)

2　債 券 と は　(94)

3　投資と利子率　(95)

4　貨 幣 供 給　(98)

5　貨 幣 需 要　(99)

6　均衡利子率の決定　(102)

第7章　資産市場の分析（2）————————— 105
　　　　　——金融政策——

は じ め に　(108)

1　中 央 銀 行　(108)

2　貨幣供給の仕組み　(109)

3　貨 幣 乗 数　(112)

4　金融政策手段　(114)

目　次　v

　5　金融政策の効果　　（*118*）

第8章　*IS-LM*分析 ——————————————————— *123*

　は じ め に　（*126*）

　1　財市場の均衡と*IS*曲線　　（*126*）

　2　貨幣市場の均衡と*LM*曲線　　（*129*）

　3　財市場と貨幣市場の同時均衡　　（*132*）

　4　不況期の財政・金融政策の効果　　（*133*）

　5　経済過熱期の財政・金融政策の効果　　（*136*）

　6　投資が利子非弾力的な場合の*IS-LM*モデル　　（*138*）

第9章　労働市場の分析（1） ——————————————— *141*

　は じ め に　（*144*）

　1　労働市場とは　　（*144*）

　2　労働需要　　（*145*）

　3　労働供給　　（*148*）

　4　労働市場——労働市場の需給均衡：賃金と雇用量の決定　　（*152*）

第10章　労働市場の分析（2） ——————————————— *157*
　　　　　——インフレーションと失業——

　は じ め に　（*160*）

　1　インフレーションの概念　　（*160*）

　2　失業の概念（失業の種類）　　（*164*）

　3　インフレーションと失業の関係——フィリップス曲線　　（*166*）

　4　「期待」の概念とインフレーション　　（*170*）

　5　オークンの法則　　（*172*）

　6　失業対策としてのケインズ政策　　（*173*）

第11章　AD-AS分析 ——————————————————— *175*
　　　　　——総需要・総供給による分析——

はじめに　（178）

1　AD-AS 分析とは　（178）

2　ケインズの労働需給　（179）

3　総需要と総供給　（182）

4　代表的な経済政策における AD-AS 曲線から見た効果　（186）

第12章　景気循環 ——————————— 191

はじめに　（194）

1　景　気　循　環　（194）

2　景気循環理論をめぐる議論　（200）

3　景気循環の理論——加速度原理とストック調整　（202）

4　景気循環の解明に向けて　（208）

第13章　経済成長 ——————————— 211

はじめに　（214）

1　経　済　成　長　（214）

2　ハロッド＝ドーマーの成長理論——ケインズ経済学の成長理論　（216）

3　ソローの経済成長理論——新古典派成長理論　（221）

4　新しい成長理論　（230）

第14章　国際マクロ経済学（1）——————— 235
　　　　　——貿易と海外投資（基礎）——

はじめに　（238）

1　国際貿易の成立——比較生産費の理論　（238）

2　国　際　収　支　（243）

3　外　国　為　替　（250）

4　為替レートと日本の貿易収支の関係　（252）

5　為替レートと日本の物価の関係　（254）

第15章　国際マクロ経済学（2）―――――――― 257
　　　　　――為替レートと経常収支の決定理論――

　　は じ め に　（260）

　　1　国際通貨制度の歴史的推移　　（260）

　　2　為替レートの決定メカニズム　　（262）

　　3　為替レートの決定要因　　（264）

　　4　経常収支の決定理論　　（270）

リーディングリスト／参考文献　　（276）

索引／重要語集　　（283）

第1章

マクロ経済学の概観

は じ め に

　人々の経済的な活動ないしは我々の社会における経済的な現象を分析し，より良い世の中にするにはどうすればよいのかを考える学問が経済学である．経済学には，大きく2つの流れ，すなわちマルクス経済学と近代経済学があるが，昨今の主流は近代経済学である．

　近代経済学の理論は，ミクロ経済理論と，本書で学ぶマクロ経済理論の2つから構成されている．このミクロとマクロの2つを区別するのは，分析の対象となる経済現象と，その経済現象を分析するための方法の違いである．この章では，本書の流れを追いながら，マクロ経済学の理論体系を概観していく．

1　ミクロ経済理論とマクロ経済理論の違い

　経済学は，我々の社会に直面する経済問題を分析・解明・解決する学問である．我々が生活している経済社会には，利用可能な資源の量は有限であるという大きな前提がある．この前提の下，我々が直面する経済問題とは，おおよそ3つの問題群に分類できる．

　第1は，資源配分の問題である．すなわちそれは，我々の社会に存在する有限の資源量が（全て利用し尽くされるとして），個々の企業にどのように配分され，またさまざまな生産物の生産にどのように配分され，さらに個々の家計にどのような形態の生産物としてどのように配分されるかといった問題である．

　第2は，資源の利用の問題である．すなわちそれは，我々の社会に存在する利用可能な資源量が，実際には全部が利用されずに，遊休資源として残っている場合，その利用の度合いはどのように決まるのかという問題である．たとえば，労働力という資源の一部が利用されずに残っている場合（いわゆる失業），どのようにして完全雇用を達成するかが重要な問題となる．

　第3は，利用される資源の変動の問題である．すなわちそれは，実際に利用されている資源の量が，時を通じてどのように変動するのか，またどうして変動するのかといった問題である．たとえば，労働という資源については，大量

の失業が生じる時期もあれば，人手不足になる時期もある．こうした，景気の変動や経済成長に関する問題がこれに該当する．

　以上，3つの問題のうち，第1の資源配分問題は，市場メカニズムを中心に置いて，その効率性を議論する価格理論，すなわちミクロ経済理論（ミクロ経済学）で取り扱うことが適当な分野である．それに対して，実際の資源の利用・変動に関する問題は，国民経済全体の活動の規模やその変動に関わるため，国民所得の大きさを指標に完全雇用を議論する所得理論，すなわちマクロ経済理論（マクロ経済学）で取り扱うことが適当な分野である．

　ミクロ経済学は，微視的経済学と訳されるとおり，経済活動・現象を細かく見て考察するものであり，個々の経済主体の行動や個別の財・サービスの市場を分析する．たとえば，自動車やコーヒー豆といった特定の財の市場について，その生産者や消費者の行動，その供給量・需要量と価格の関係等を分析する．そこでは，完全競争市場における効率性を規準として，いかにして市場の歪みを是正するかが議論される．ミクロ経済学では，市場における価格調整機能の有効性に強い信頼を置いており，また供給は自らその需要を生み出すというセイの法則に依拠しているため，常に市場では需給が均衡していると仮定する．そして，経済主体の自由な活動を妨げないように，市場への政府介入を排すること（**自由放任**（laissez-faire））が最善の策だとする．ただし，市場の失敗については，政府の最適規制が必要だとも主張する．

　それに対して，マクロ経済学は，巨視的経済学と訳されるとおり，経済活動・現象を大きく捉えて考察するものであり，一国全体としての経済の大きさやその変動を分析する．たとえば，一国全体の全ての財・サービスを合計した総供給・総需要や国民所得，物価水準の大きさや変化等を分析する．そこでは，現実の市場は不完全雇用となっているとの前提のもと，いかにして経済変動を小さくするかが議論される．マクロ経済学では，市場における価格調整機能が万能ではないという立場を取っており，超過供給があっても価格は下がりづらい（**価格の下方硬直性**（downward price rigidity））ため，政府が有効需要を喚起して需給を均衡させる政策が必要である主張する．

　以上，ミクロ経済理論とマクロ経済理論の相違をまとめたのが**表 1-1**である．なお，ミクロ経済学で取り扱った個々の市場の分析結果を一国全体分集合させ

表 1-1 ミクロ経済学とマクロ経済学の相違

	分析対象	市場への信頼性	政策
ミクロ経済学	・個々の財・サービス市場 ・個別の経済主体	価格調整機能は有効	自由放任 （最適規制）
マクロ経済学	・一国全体 ｛財市場 　　　　　資産市場 　　　　　労働市場	価格は下方硬直性	積極的に市場介入 ・財政政策 ・金融政策

たとしても，マクロ経済学で取り扱う一国経済全体の分析結果と等しくはならないことに注意されたい．たとえば，家計の貯蓄の向上について議論したとしよう．ミクロ経済学的な視点では，消費を減らせば家計は貯蓄を増やすことができる．しかしながら，マクロ経済学的な視点では，国民が消費を減らすと，一国全体の経済状況が悪化することから国民所得が減少するため，貯蓄が増えるとは限らなくなる．このように，個々（ミクロ）の結論と，全体（マクロ）の結論とでは必ずしも等しい結論には至らないということを，**合成の誤謬**（fallacy of composition）と呼んでいる．

2　ケインズの経済学

イギリスの経済学者ジョン・メイナード・ケインズ（John M. Keynes, 1883-1946）は，1930年代初頭の**世界大恐慌**（Great Depression）の時代に社会に失業者が溢れる状況を目の当たりにして，失業が生じる原因の究明と失業者の救済方法を問題意識として持つようになった．そこで1936年に書かれたのが『**雇用・利子および貨幣の一般理論**（The General theory of Employment, Interest and Money)』である（この本は，通常は『一般理論』と略称されている）．

『一般理論』においてケインズは，これまでの経済理論（**古典派経済学**（classical economics)）では常識とされていた「供給は自らの需要を生み出す」という**セイの法則**（Say's law）を否定した．セイの法則に則れば，たとえ供給が過剰となって需給バランスが崩れたとしても，市場の価格調整機能によって価格が下落するため需要が増大し，需要と供給が一致することになる．そのため，セイの法則を旨とする古典派経済学では，市場の価格調整機能を重視し，

したがって市場への政府の介入を極力避け，市場参加者の自由な経済取引を確保することこそが必要だとした（**自由放任**主義）．

ところが，セイの法則ないしは古典派経済学では，1930年代初頭の世界大恐慌期の経済状況を説明することができなかった．従来の理論では，価格メカニズムによって需給調整が可能としており，したがって労働市場においても，労働の"価格"である賃金の調整によって労働需要と労働供給が常に等しくなるため，働く意欲がある者が働けなくなる状況（ケインズは，このような失業を**"非自発的失業**（involuntary unemployment）"と称した）は存在しえない．ところが，この大恐慌の時代には，職を求めている失業者が町に溢れていたのである．

ケインズは，こうした大恐慌期の失業問題について，古典派経済学では考え出されなかった"非自発的失業"という概念を作り出し，またこうした状況が発生するのは，有効需要の不足と名目賃金の下方硬直性が原因であるとした．すなわち，単なる欲望としての潜在的な需要ではなく，貨幣支出に基づいた需要である家計消費や企業投資といった有効需要の大きさが供給を規定するため，有効需要が減少すると企業も生産（供給）を減少させざるを得なくなり，そのため従業員を削減する行動に出るため労働市場に超過供給（失業）が生じる．労働市場において，価格調整機能が有効であるならば価格（賃金）が下落することで失業は解消するはずであるが，しかしながら，現実的には賃金は下落しづらい（**名目賃金の下方硬直性**（downward nominal wage rigidity））ために，働く意欲のある者も雇用されない状態（非自発的失業）が継続してしまうのである．

また，ケインズは，貨幣の需要と供給によって利子率が決定され，その利子率と，経済動向に対する投資家の期待（アニマル・スピリット）によって，有効需要を構成する投資が影響を受けることを説いた．すなわち，利子率が高く，経済状況に対する投資家の期待が小さいと有効需要が減少するのである．

以上のことから，ケインズは大恐慌期の失業問題の解決策として，有効需要を増大させることを唱えた．そのために，貨幣供給を増大させることで利子率を下げて投資を刺激する金融政策と，公共事業などで政府支出を増加させることで有効需要を刺激する財政政策を実施することが重要であるとし，それらの

6

政府の積極的な政策によって国内総生産が増大し，したがって失業を解消できるとしたのである．

3 マクロ経済理論の流れ

前述のとおり，マクロ経済学の中心はケインズの理論である．本書では，ケインズの『一般理論』と，その理論に立脚する経済学派（ケインジアン）の主張する経済理論を中心に学んでいく．

本書で扱うマクロ経済理論では，一国全体の経済の大きさや変動を捉えて分析していくが，その手順として，一国全体の経済を大きく3つの市場，すなわち財市場（生産物の需要と供給）・資産市場（資産の需要と供給）・労働市場（労働の需要と供給）に分類し，まず各市場をそれぞれ分析していく．図1-1に示すように，財市場では国民所得が，貨幣市場では利子率が，労働市場では賃金が，それぞれ決定される．次いで，財市場と資産市場の双方を同時に分析（IS-LM分析）し，その後に3つの市場を同時に分析（AD-AS分析）していく．また最後に，海外との貿易を含んだ国際経済（開放経済）についても分析する．

以下，本書で学んでいくマクロ経済理論の流れを概観していく．

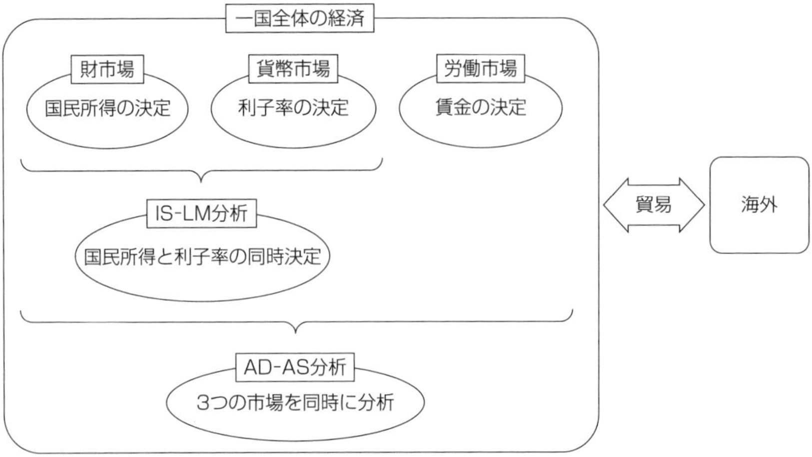

図 1-1 マクロ経済理論の構造

マクロ経済統計（第2章・第3章）

　経済学は，世の中の経済現象を分析・解明するだけでなく，より良い状況に社会を誘導するために，経済政策を策定・提案し，それが有効であったかを評価・判断することまで求められている．こうした経済分析および政策策定・評価を行うのに必要なのが，経済現象を数値（データ）で捉えるということである．一国の経済状況を全体として捉える必要のあるマクロ経済学では，一国経済のパフォーマンスを統計の上で体系化して測る指標がつくられている．それが，国民経済計算（SNA）と呼ばれるものである．第2章～第3章では，一国の経済規模を示す代表的な指標としてGDP（国内総生産）の概念を学ぶとともに，上述の国民経済計算（SNA）の体系と諸概念を学んでいく．さらに，一国の各産業間の生産活動の関係を示した産業連関表の読み方と，それを活用した経済波及効果の考えも学んでいく．

財市場（第4章・第5章）

　前述したように，マクロ経済理論では，一国全体を3つの市場（財市場，資産市場，労働市場）に分類して，その市場内の動きと各市場の関係を分析していく．

　その最初に見ていく市場が，生産された財・サービスを取引する財市場（生産物市場）である．ここでは，財・サービスの総需要によって，その総供給が決まり，その総需要と総供給の均衡によって一国の経済規模（均衡国民所得）が決定されるという有効需要の原理を学ぶ．また，その均衡国民所得が，貯蓄と投資の均衡によっても決定されるということも学ぶ．さらに，こうした均衡国民所得の決定プロセスや乗数効果の概念を利用して，政府が支出を増減させることで一国の経済状況を誘導する財政政策についても学んでいく．

資産市場（第6章・第7章）

　マクロ経済理論で取り扱う2つめの市場が，資産市場である．マクロ経済学では，資産を債券と貨幣の2種類のみに分類する．したがって，資産市場とは，貨幣市場と債券市場の2種類から構成されている市場である．ただし，その2つの市場は表裏一体のため，そのうちの1つのみを分析するだけで構わないと

いうワルラスの法則にしたがって，資産市場は主として貨幣市場を中心に議論をすすめることとする．

ここでは，貨幣や債券，利子率の概念を学ぶとともに，中央銀行による貨幣供給のプロセスや，貨幣需要は国民所得と利子率に影響されることを学ぶ．そして，貨幣の需要と供給によって均衡利子率が決定されるという流動性選好理論を学ぶ．さらに，こうした貨幣供給のプロセスや流動性選好理論の概念を利用して，中央銀行が貨幣供給を増減させることで利子率を誘導する金融政策についても学んでいく．

財政政策と金融政策（第8章）

第4章・第5章では，財市場の分析を行い，総需要と総供給の等しくなるところで均衡国民所得が決定されることを学んだ（ただし，利子率は不変と仮定されていた）．次いで第6章・第7章では，資産市場（貨幣市場）の分析を行い，貨幣需要と貨幣供給の等しくなるところで均衡利子率が決定されることを学んだ．

ここでは，これまで個別に分析してきた財市場と資産市場（貨幣市場）について，それらを同時に扱う *IS-LM* 分析を学んでいく．すなわち，財市場の均衡をもたらす利子率と国民所得の関係を示す *IS* 曲線を導出するとともに，貨幣市場を均衡させる利子率と国民所得の関係を示す *LM* 曲線を導出し，両方の曲線の交点から両市場を同時に均衡させる利子率と国民所得が決定されるプロセスを学んでいく．

労働市場（第9章・第10章）

マクロ経済理論で取り扱う3つめの市場が，労働市場である．ここでは，労働の需要と供給の関係から賃金が決定されるプロセスについて，古典派経済学の考え方とケインズ経済学の考え方を対比しながら学んでいく．さらに，失業やインフレーションの概念を学ぶとともに，それらの関係を表すフィリップス曲線を使った分析を概観する．

総需要・総供給分析（第11章）

第10章まででマクロ経済学で扱う3つの市場，すなわち，財市場と資産市場と労働市場の全てを見てきたが，ここではそれら3つの市場を同時に分析するAD-AS分析を学んでいく．すなわち，*IS-LM*分析から物価水準と産出量（国民所得）の関係を示すAD曲線を導出するとともに，労働市場の分析から物価水準と産出量（国民所得）の関係を示すAS曲線を導出し，両方の曲線の交点から3つの市場を同時に均衡させる物価水準と産出量（国民所得）が決定されるプロセスを学んでいく．

景気と経済成長（第12章・第13章）

ここでは，第1節で挙げた経済問題のうち3つめの問題，すなわち利用される資源の変動に関する問題として，景気変動と経済成長について学んでいく．

まず，戦後の日本経済史から景気循環の概念を見ていくとともに，景気循環理論による景気変動の要因を整理する．そして，加速度原理とストック調整の理論によって，投資が景気変動を引き起こすメカニズムを学ぶ．

次に，経済成長論として，有効需要を構成する投資が資本として蓄積されることを採りいれたハロッド＝ドーマーの成長理論と，資本のみではなく労働との関係も価格メカニズムを通して寄与すると考えたソローの経済成長理論を説明する．そして，現実の経済成長の要因を実証的に分析できる成長会計と，その結果から重要であることが判明した技術進歩のメカニズムに注目した内生的経済成長理論について学んでいく．

国際経済（第14章・第15章）

これまでの章では，暗黙裡に国内経済のみに焦点を当ててマクロ経済理論を学んできた．しかし，現代社会では，海外との経済関係は必須である．ここでは，これまでの経済モデル（閉鎖経済モデル）に貿易部門を取り入れた国際マクロ経済学（開放経済モデル）を学んでいく．まず，リカードの比較優位論を使って貿易の意義を考えるとともに，国際収支の構造や外国為替の概念を学ぶ．次いで，国際通貨制度の変遷や，外国為替レートの決定理論，経常収支の決定理論も学んでいく．

第 2 章

国民所得の基礎概念

第2章の要点

GDP・GNP

- GDP（国内総生産）：一国内における居住者がある一定期間に生産した財・サービスの付加価値額の合計
- GDP＝企業の生産額－中間生産物投入額＝最終生産物の価値の合計
- GNP（国民総生産）＝GDP（国内総生産）＋海外からの純所得

三面等価の原則

- 三面等価の原則：生産＝支出＝分配（所得）

- 生産面のGNP＝支出面のGNP＝分配面のGNP

- 国民総生産（GNP）＝国民総支出（GNE）＝国民総所得（GNI）

マクロ経済の重要公式

国民所得（Y）＝民間消費支出（C）＋投資支出（I）＋政府支出（G）
　　　　　　＋（輸出（E_x）－輸入（I_m））

（総生産額）	国民総生産（GNP）			中間生産物
（国民総生産）	固定資本減耗	国民純生産（NNP）		
（国民総支出）	個人消費	民間投資	政府支出	輸出－輸入

GDP の帰属計算

帰属計算に属する：持ち家，農家の自家消費，現物給与，政府支出

帰属計算に属しない：家事労働，遺産・贈与，投資活動による利息・配当，余暇・環境，自宅での散髪

物価指数の種類

消費者物価指数（CPI）：消費者が実際に購入する段階での商品（消費財）の小売価格（物価）の変動を表す

企業指数（CGPI）：企業間で売買する物品の価格水準を数値化

GDP デフレーター：名目 GDP を実質 GDP で割ったもの

$$実質\,GDP = \frac{名目\,GDP}{GDP\,デフレーター}$$

IS バランス

$$(E_x - I_m) = (S - I) + (T - G)$$

　経常収支　　民間収支　　財政収支

この章で使われる記号

Y	国民所得	Y^D	総需要
Y^S	総供給	C	民間消費支出
I	投資支出	G	政府支出
E_x	輸出	I_m	輸入
S	貯蓄	T	租税

はじめに

読者の皆さんが子どもの頃から現在に至るまでの間にも，景気が良くなったり，悪くなったりと，さまざまな局面を経験してきただろう．そもそも，「景気が良い」「景気が悪い」というのは，いったい何をモノサシ（指標）にしていっているのだろうか？

これは，国民所得や GDP（国内総生産）という概念をモノサシにして，景気の動向を語っているのである[1]．

さて，マクロ経済学の中心はケインズ経済学ということになるが，本章はケインズ経済学を理解するための基礎知識を学ぶ位置づけである．特に難しい理論はないので，経済学的なものの考え方に慣れ親しむよう心がけられたい．

先程も述べたように，マクロ経済学では，一国のマクロ経済のパフォーマンスを統計の上で体系化して測る指標がつくられている．それが，国民経済計算（SNA）と呼ばれるものである．本章では，一国の代表的な経済活動の指標として GDP を取り上げ，国民経済計算で用いられている諸概念を簡単に説明する．

しかしながら，GDP の説明で出てくる「三面等価の原則」と，そこから導出される公式は，本書を学ぶ上で重要であるため，しっかり身につけてほしい．

1　GDP とは何だろうか？

本節では表 2-1 に示すマクロ経済活動の代表的な指標の内，国内総生産（GDP）について説明する．最終的には本章を通じて，表 2-1 に示された指標をしっかり学んでほしい．

（1）GDP の定義

「国内総生産（GDP：Gross Domestic Product）」とは，その国の中でどれだけの生産活動が行われたかを示す重要な経済指標である．そのため，ある国の経済規模を計測するときには，GDP が用いられる．

第2章 国民所得の基礎概念 *15*

表2-1 代表的な指標の定義

国内総生産（GDP）	一国内で産み出された付加価値の合計 外国人が日本で稼いだ所得は日本の GDP に含む．日本人が外国で稼いだ所得は日本の GDP には含まない． 最近では，GNP よりも GDP の方が用いられる傾向にある
国内純生産（NDP）	GDP － 固定資本減耗
国民純生産（NNP）	GNP － 固定資本減耗
国民所得（NI）	NNP － 間接税＋補助金
国民総生産（GNP）	一国の居住者が稼いだ付加価値の合計 日本人が外国で稼いだ所得は日本の GNP に含む．外国人が日本で稼いだ所得は日本の GNP には含まない．

　GDP の定義を正確に示すと，「一国の国内において，ある一定期間に新しく生産した財・サービスの付加価値（額）の合計（総額）」である．ここで，「付加価値（額）（added value）」とは，それぞれの経済主体がその生産活動によって新しく付け加えた価値を意味する．つまり，「それぞれの企業の生産額から原材料，燃料，動力など中間（生産物）投入額（intermediate input）を差し引いたもの」ということになる．

　国民経済活動を全体的に分析するのがマクロ経済学の課題であるが，そのためには経済活動の大まかな動きを何らかの指標で表す必要が生じる．国民経済全体として，マクロ経済活動が活発であるか否かを判断する基準として，GDPの大きさは最も有益な指標と考えられている．

（2）GDP の算出方法

　「付加価値の合計」はどのように算出されるのか．具体例を用いて解説する．

［ 例　題 ］

　ある国があり，そこではパンだけを生産するという以下のような経済活動を行っている．

　農家はその年に収穫した小麦のすべてを製粉所に売却して150万円の収入を得た．

　そして，製粉所は，その小麦を使用して小麦粉を生産し，そのすべてを製パン

会社に売り渡した結果，450万円を得ることができた．
　製パン会社は，その小麦粉からパンをつくり，消費者に販売して，1,000万円を稼ぐことができた．
　なお，農家は小麦の種を入手するために費用はかからなかったこととする．
　このとき，この国の GDP の大きさはいくらになるか？

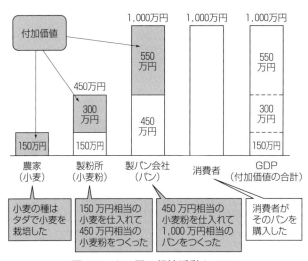

図 2-1　ある国の経済活動と GDP

　まず，農家は小麦の種を無料で得たので，中間投入額はゼロ，つまり，農家が得た 150 万円は，農家の付加価値となる（= 150 万円 − 0 円）．
　次に，製粉所の付加価値は，総生産額が 450 万円，中間投入額は小麦を購入した 150 万円なので，差し引き 300 万円（= 450 万円 − 150 万円）となる[2)]．
　そして，製パン会社が生み出した付加価値は，総生産額 1000 万円から中間投入額である小麦粉の 450 万円を差し引いた 550 万円（= 1000 万円 − 450 万円）となる．
　したがって，この国の GDP の大きさは，付加価値額の合計である 1000 万円（= 150 万円 + 300 万円 + 550 万円）となる（式（2-1）参照）．

第 2 章　国民所得の基礎概念　　*17*

$$GDP = 付加価値の合計 \tag{2-1}$$

　見方を変えると，この国の GDP は，総生産額 1600 万円（＝ 150 万円 ＋ 450 万円 ＋ 1000 万円）から中間投入額の 600 万円（＝ 150 万円 ＋ 450 万円）を差し引いて 1000 万円としても同じである.

　このことを整理すると，GDP（＝付加価値の合計）は，この一国内で生産された財・サービスの総生産額から，財・サービスの生産に必要な中間投入に使われた額（中間生産物投入額）を差し引いて求めることになる（式（2-2）参照）.

$$GDP = 総生産額 － 中間（生産物）投入額 \tag{2-2}$$

　さらに，GDP とは，付加価値の合計という説明以外にも，「最終生産物の価値の合計」といういい方をする場合もある. この場合では，パンが最終生産物なので，そのときの価値は 1000 万円となる（式（2-3）参照）.

$$GDP = 最終生産物の価値の合計 \tag{2-3}$$

2　GDP の概念——3 つの注意点

　GDP の概念を学ぶ上で，3 つの点に注意が必要である. すなわち，①「国内」と「国民」の違い，②「総額（粗の額）」と「純額」の違い，③「フロー」と「ストック」の違いである.

①「国内」と「国民」の違い
　一国の生産あるいは所得をとらえる概念としては，いままで説明してきた「国内」のほかに，「国民」という概念がある.

　国内総生産（GDP）とは，「一国の国内において，一定期間に生産した財・サービスの付加価値の合計」を意味していた. 一方，「**国民総生産（GNP：Gross National Product）**」は，「一国の居住者（国民）が一定期間に生産した財・サービスの付加価値の合計」を意味している.

　この 2 つの概念の違いは，一国を地理的領土に関連してとらえる場合に「国内」といい，一方，1 年以上居住している居住者に関連してとらえる場合を

「国民」という点である．少し難しい表現になるが，前者の考え方を属地主義，後者のそれを属人主義という．

簡単なイメージでは，海外で日本人（日本企業）が生産した財については，日本のGNPには，算入されるが，日本のGDPには算入されない．逆に，日本国内で外国人が生産した財については，日本のGDPには算入されるが，日本のGNPには算入されない．

よりわかりやすくするために，図2-2を用いて説明しよう．

仮に，日本にはアメリカ人しか外国人がおらず，日本のGDPが800兆円として，日本在住のアメリカ人あるいはアメリカ企業が50兆円分の付加価値を生み出していると仮定しよう（図2-2の左側）．

また，アメリカには日本人しか外国人が生活しておらず，アメリカのGDPが円換算で2000兆円，アメリカにいる日本人（あるいは日本企業）が60兆円だけアメリカのGDPに貢献していたとする（図2-2の右側）．なお，日本人もアメリカ人も，その他の国で生活している人はいないと仮定する．

上の例の場合，両国のGNPは以下のような計算方法で導き出される．

すなわち，日本のGNP＝800兆円＋（60兆円−50兆円）＝810兆円（海外からの純所得は10兆円）．対して，アメリカのGNP＝2000兆円＋（50兆円−

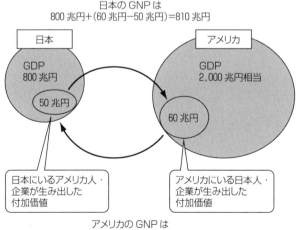

図2-2　日本とアメリカのGNPは？

60兆円）＝1990兆円（海外からの純所得は50兆円 − 60兆円 ＝ − 10兆円）となる.

このことを整理すると，下式（2-4）のように表せる.

$$\text{GNP} = \text{GDP} + 海外からの所得 − 海外への所得 \qquad (2\text{-}4)$$

なお，一般的に，「国民」の概念における一国内の居住者とは，国籍を問わず1年間その国に居住している個人，およびその国に存在する企業などを指す. 1年未満の居住では，外国人や外国企業の生産活動はその国のGNPには含まれない. 逆に，日本のGDPの中には，外国人が一時的に日本国内で行った生産活動（たとえば，外国人アーティストによる東京ドームでのコンサートの収入）も含まれることになる.

②「総（粗）額」と「純額」

第2の注意点として，付加価値額を合計するとき，その合計額を計算するには，①総（粗）額（gross）で計算する，②純額（net）で計算する，の2通りがある.

具体的には国内総生産（GDP）と「**国内純生産（NDP**：Net Domestic Product）」の違いがある（**表2-2**参照）.

表2-2　粗と純の相違

粗の概念	国内総生産（GDP）：機械の減耗を差し引かない
純の概念	国内純生産（NDP）：機械の減価を差し引いて計算

国内純生産（NDP）とは，国内総生産（GDP）から「**固定資本減耗（consumption of fixed capital）**」を差し引いた額のことである（式（2-5）参照）.

$$\text{NDP} = \text{GDP} − 固定資本減耗 \qquad (2\text{-}5)$$

ここで，「固定資本減耗」とは，機械，設備，建物などの資本ストック（固定資本）が使用するたびに必ず摩耗（消耗）することを意味する.

生産活動によって，生産に用いられた資本ストック（固定資本）も時間がた

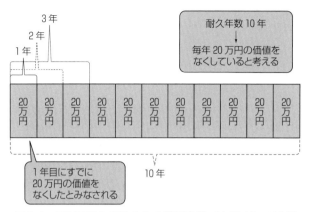

図 2-3　200 万円の価値のある機械設備（自動車）の減耗

てばいつかは使用不可能になってしまう．つまり，その価値は徐々に減っていくこととなる．

　経済学では，機械設備の耐久年数（使用できる期間）を 10 年とみなして考えることが多い（経済耐用年数＝ 10 年）．たとえば図 2-3 のように，10 年使用できる 200 万円の価値の自動車を用いて何かを販売していると仮定すると，10 年後に壊れて機械の価値がゼロになるのではなく，1 年間にエンジンオイルの汚れや，ブレーキディスクの消耗などによって 20 万円ずつ価値を失っていくと考える．その額（20 万円）が 1 年間の固定資本減耗に相当する．

　つまり，その自動車は最初の年にすでに 20 万円の価値を失っているとみなされ，「純な」生産額は全体の生産額から 20 万円を差し引いた額になる．すなわち，機械の価値が減少する分を，全体の生産額から除外するのである．固定資本減耗を取り除く理由は，生産の過大評価を防ぐためである．

③「フロー」と「ストック」

　経済の規模を把握するために，2 つの紛らわしい概念として，「フロー」と「ストック」がある．英語として意味から解釈すれば，「フロー（flow）」は「流れ」，「ストック（stock）」は「蓄積，蓄え」ということになる．

　考え方のイメージをダムの貯水を例にして見てみよう（図 2-4 参照）．

　ダムには昨年まで蓄えられた水（貯水量）がストック概念を示す「**国富**

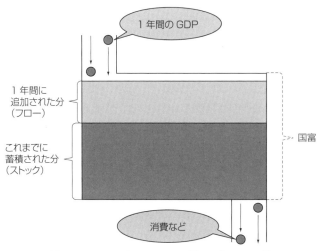

図 2-4　フローとストックの違い（イメージ）

(national wealth)」である．一方，1年間に流れ込んでくる水（追加される量）がフロー概念を示す GDP である．また，今年度の GDP は，消費や投資に用いられる．その中で，消費は蓄積されずにダムの外に出ていくが，投資は資本の蓄積として国富となり，残っていく．

　すなわち，一定期間（たとえば1年間）に生まれた付加価値の合計（フローで示したもの）が GDP ということになる．これに対して，ある一時点に存在する資産の量（ストック）は，国富，国民資産，外貨準備高などが存在する．

3　三面等価の原則——生産＝支出＝分配（所得）

（1）三面等価の原則とは？

　GDP とは国民経済を生産面から測ったものであるが，同じように一国の経済活動を支出面と分配面（所得面）からとらえても，事後的にはこの3つの値が等しくなる．これを「三面等価の原則 (principle of equivalent of three aspects)」という．すなわち，「生産されたものは，誰かに分配され，誰かの所得になっているし，何らかの形で使われて（支出）いる」ということである（式 (2-6) 参照）．

$$\text{生産} = \text{支出} = \text{分配（所得）} \tag{2-6}$$

経済学では,「生産されたモノ（財・サービス）は必ず誰かが買う」とみなすので, 図2-1の例では, 製造されたパンはすべて消費者が購入したと考えることとなる.

つまり, 製パン会社の総生産額1000万円と, 消費者の購入総額（支出）1000万円は等しいことになり, 生産＝支出が成り立つこととなる.

他方, 経済学では,「生み出された付加価値は誰かの所得になる」という考え方をするので, 生産された財・サービスの付加価値の合計であるGDPが所得（分配）の総計に等しくなる.

先程と同様に図2-1でみると, 製パン会社の付加価値である550万円は, まずパン工場で働いている人への賃金となり, 経営者も自分に賃金を支払うと考える. そして, 製パン会社の営業利益として企業の利益になる. さらには, 会社の建物を賃借しているのであれば, 地代や賃借料として, その土地や不動産

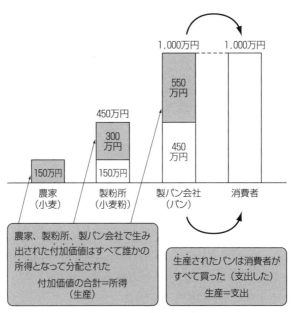

図2-5 三面等価の関係図

所有者の所得になる.

　このことから, 製パン会社で生まれた付加価値は, 誰かの所得になっていることが理解できよう. 同様に, 農家や製粉所で生じた付加価値も必ず誰かの所得として分配されることになり, こうして, 生産＝分配 (所得) という関係が導かれる (図 2-5 参照).

　この結果, 一国の経済活動による生産額 (付加価値の合計) を支出面から計算しても, 分配面から計算しても結果は等しくなるという三面等価の原則が成立する.

（2）支出面からみた GDP（国内総支出（GDE））――マクロ経済の重要公式

　マクロ経済を学んでいく上では, 先程の三面等価の原則のうち, 支出面の GDP の理解が極めて重要となる.

　なぜならば, 消費者であれば欲しいモノを買うために金銭を支出するので, 支出は需要のことを意味する. 需要と供給は経済学の根本的な要素であり, マクロ経済学では, この「需要」が大きなカギとなる.

　そして, 支出面の GDP は「**国内総支出（GDE**：Gross Domestic Expenditure)」とも呼ばれ, この国内総支出は, 大きく**国内需要（内需（**domestic demand))) と**海外需要（外需（**overseas demand))) から構成されている.

　国内需要 (内需) には, 家計の支出を意味する「**民間最終消費支出（**C：Consumption)」, 企業の支出を意味する「**(民間) 投資支出（**I：Investment)」, 政府の支出を意味する「**政府支出（**G：Government expenditure)」の項目から構成されている. ここで, 民間投資とは, 企業が資本や設備を購入することである.

　他方, 海外需要 (外需) を構成するのは, 「**輸出（**E_x：Export)」から「**輸入（**I_m：Import)」を差し引いた額である「**純輸出**」となる. なぜ輸入を差し引くのかといえば, 輸出は国内で生産されたものが外国で購入されるため, 総支出 (総需要) に含まれるが, 輸入は外国で生産されたモノへの支出 (海外の需要) となる.

　国内総支出は以下の式 (2-7) が成り立つ.

$$GDE = C + I + G + E_x - I_m \tag{2-7}$$

また，三面等価の原則から，以下の式（2-8）も成立する．

$$Y = C + I + G + E_x - I_m \tag{2-8}$$

この式（2-8）はマクロ経済学で主に用いられる重要な公式である．

（3）分配面からみた GDP——国内総所得（GDI）と国民所得（NI）

① 国内総所得（GDI）

他方，分配面（所得）に焦点を当てたものは，「国内総所得（GDI：Gross Domestic Income）」と呼ばれ，総供給を示している．所得＝分配となる理由は，私たちは，労働者として働けば賃金という報酬を受け取ることができ，土地や資本を生産活動に提供すればその分だけ賃貸料や利子といった報酬を受け取ることができる．

これらの報酬は，いうなれば生産活動に従事したことへの代償として支払われるものであり，生産活動によって得られた収入は，このような報酬として分配されると考えられる．このように生産活動への報酬として支払われた所得は，「要素所得（factor income）」といわれる．

要素所得は，家計が分配として得る所得である「雇用者所得（compensation of employees）」と，企業の所得である「営業余剰（operating surplus）」から構成されている．また，政府の所得は税金で特に間接税を指す．ただし，政府は一部の業界に補助金などを支給するため，政府の所得は間接税の収入から補助金を差し引いた額となる．

なお，GDI は以下の式（2-9）のようになる．

$$GDI = 雇用者所得 + 営業余剰 + （間接税 - 補助金） + 固定資本減耗 \tag{2-9}$$

② 国内所得（DI）

「国内所得（DI：Domestic Income）」は先程説明した国内総所得 GDI とは異なるものであり，日本国内で 1 年間に生じた所得のことを意味する．

国内所得（DI）は，労働者と企業に分配され，労働者に対する報酬である雇用者所得と，企業の土地や資本などの資産に対する報酬である営業余剰（企業所得）を合計したものである（式（2-10）参照）.

$$DI = 雇用者所得 + 営業余剰 \qquad (2\text{-}10)$$

また，国内所得（DI）は，国内純生産（NDP）から間接税を控除して補助金を加えたものである（式（2-11）参照）.

$$DI = NDP - 間接税 + 補助金 \qquad (2\text{-}11)$$

さらに，国内所得（DI）は，「**国民所得（NI：National Income）**」から海外からの純所得受取を差し引いたものに等しくなる．国内所得（DI）と国民所得（NI）の違いは，海外からの純所得受取の金額を含むかどうかにある（式（2-12）参照）.

$$NI = DI + 海外からの純所得受取 \qquad (2\text{-}12)$$

最後に，三面等価，NI・DI などの関係を**図 2-6** にまとめよう.

4　GDP の範囲——GDP に含まれるもの・含まれないもの

GDP は一国の経済活動の指標であり，GDP を計算する際には，実際に市場で取引された財・サービスは，原則としてすべて市場価格で評価されて GDP の中に含まれる．この GDP 計算に含まれるものを「帰属する」という.

（1）GDP を計算する上での原則——GDP に含まれないもの

これに対して，市場価格で評価（推計）できないものの中には，GDP 計算から除外されるものもある．その代表例が，家庭内での掃除，洗濯，料理などの家事労働サービスである．家事サービスは，市場で取引されない家庭内のことなので，その付加価値を測定するのが困難である．もちろん，ハウスキーパーを頼んだりして，実際に金銭が取引されれば，その金額から家事サービスを推計することはできるが，家庭内での家事全般をその内容に応じて金銭で評価す

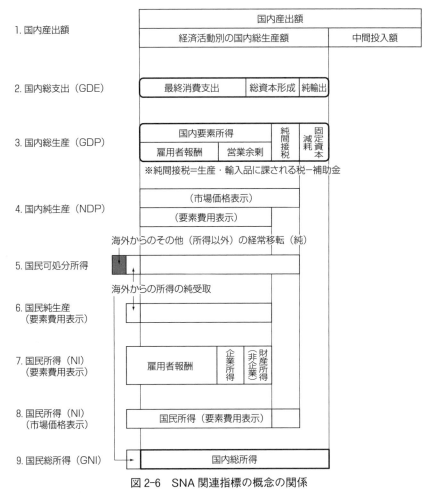

図2-6 SNA関連指標の概念の関係
(出所) 内閣府経済社会総合研究所HPより著者加筆. http://www.esri.cao.go.jp/jp/sna/data/reference3/93snapamph/chapter1.html

るのは，非常に困難なためGDPには含まれない．

また，GDPを計算する上で，もう1つ注意すべき点は，生産活動によって生み出された価値以外のものは，生産の成果の中にいっさい算入しないという原則がある．

たとえば，株式や土地などの保有資産の価格が変動することによって得られ

第2章　国民所得の基礎概念　　27

るキャピタル・ゲイン（売却益）やキャピタル・ロス（売却損）は，個人にとっては所得の増加であるが，GDP を計算する際には，新しく生産活動の結果生み出された所得とはみなされず，GDP には算入されない（**表 2-3** 参照）.

（2）間接的推計──GDP に含まれるもの

　しかしながら，実際には市場で取引されないものでも，何らかの便法を用いてその経済的な活動を GDP 計算に反映されるケースがいくつか存在している．第 1 は，「政府の付加価値」（たとえば，官公庁の窓口業務）である．政府支出のサービスは，市場を経由しないで行われることも多いため，政府サービスの付加価値は，そのサービスをつくりだす（提供する）うえでかかった費用（具体的には公務員の給料など）で代用し，その分だけを GDP に含めている．第 2 は，「**帰属価格（imputed price）**」と呼ばれる価格を当てはめて付加価値を計算するケースで，その代表的なものとしては，① 農家の「**自家消費（self-consumption）**」，② 会社員の現物給与，③ 持ち家サービス，の 3 つがよく知られている．

　たとえば，農家が自分の所で生産したものを市場に出さず，自家消費（自分たちで食べる）場合を考えてみると，農家が生産したものは，いったんすべて市場で売るとみなして，市場価格を帰属価格として当てはめることによって自家消費分も GDP に加えている．

　また，持ち家の場合も，仮に家賃を支払うとすればどれだけ支払うのかを推計して，帰属家賃として評価して GDP に含めている（**表 2-3** 参照）.

表 2-3　GDP に含まれるもの・含まれないもの

GDP に含まれるもの	付加価値額（生産物−中間投入物）：市場価格で計測 政府支出：かかった費用で計測 自家消費，現物給与，帰属家賃：推計
GDP に含まれないもの	家庭内での労働サービス，キャピタル・ゲイン，遺産・贈与などの移転所得，余暇・環境，自宅での散髪，地下経済での非合法活動，公害などのマイナスの経済活動

5 名目 GDP と実質 GDP
——価格変動の影響はどのように取り除くか？

（1）名目 GDP と実質 GDP

① 名目 GDP

GDP は，さまざまな財・サービスの（粗）付加価値（あるいは最終生産物）をそれぞれの市場価格で評価して合計したものである．したがって，その評価の際には各期の市場価格が用いられ，このようにして計算された GDP は特に「**名目 GDP**（nominal GDP）」と呼ばれている．

しかし，この名目 GDP は，その変化分の中に価格の変化分も含まれてしまい，純粋な生産活動の指標として用いられるべきはずの GDP の概念に合致しない．たとえば，すべての財・サービスの値段が 2 倍になったとすると GDP も 2 倍となる．しかしながら，私たちが利用できるモノの量はいままでと同じであり，実質的に経済活動が 2 倍になったわけではない．すなわち名目 GDP は単に市場価格で評価した GDP の大きさを表している．

② 実質 GDP

これに対して，仮にすべての財・サービスの値段が一定であったとして，「モノ」の生産量の大きさを図るのが，「**実質 GDP**（real GDP）」の概念である．すなわちすべての「モノ」の値段が一定のときに，すべての「モノ」の生産量が 2 倍になったと仮定すると，このときも GDP は 2 倍になるが，ここでは私たちの利用できる「モノ」が増加したので，実質的に経済活動が大きくなったといえる．

このように，GDP の大きさを見るとき，実質的に経済活動が変化したかどうかは，財・サービスの価格がどう変化するかに依存する．

仮に，名目 GDP が増加しても，実質 GDP が増加しなければ，経済活動は活発になったとはいえないのである．

第2章 国民所得の基礎概念 29

（2）物価指数

一国全体のさまざまな財・サービスの価格水準を合成して指標化したものを物価指数というが，その代表的なものには，「**消費者物価指数（CPI：Consumer Price Index）**」と「**企業物価指数（CGPI：Corporate Goods Index）**」がある．前者は，消費者が実際に購入する段階での商品（消費財）の小売価格（物価）の変動を表す物価指数であり，後者は，企業間で売買する物品（原材料や輸入・輸出財など企業の生産活動に用いられる財）の価格水準を数値化した物価指数である．

また，名目 GDP を実質 GDP で割ったものは，「**GDP デフレーター（GDP deflator）**」とよばれる（式（2-13）参照）．これは，物価水準が上昇した場合，名目 GDP は上昇するが，実質 GDP の値は生産量の値が変化しない限り不変であるため，経済全体でどれくらい物価が上昇しているかを表す1つの重要な指標として，しばしば用いられる．

$$\text{GDP デフレーター} = \frac{\text{名目 GDP}}{\text{実質 GDP}} \qquad (2\text{-}13)$$

消費者物価指数が国内で消費されるモノやサービスの価格の変化を示すものであるのに対し，GDP デフレーターは国内の企業の利益や労働者の賃金など所得の変化を示す指数であると考えられており，一国全体の価格の変動をまとめてみる際に，最も適切な指数といわれている．したがって，GDP デフレーターの増加率がプラスであればインフレーション，マイナスであればデフレーションとみなせる．

6　*IS* バランスとは

三面等価の原則でも触れたように，総支出とは，総需要のことを意味している．したがって，総需要 Y^D は，消費 C と投資 I と政府支出 G と輸出 E_x を合わせたものから輸入 I_m を引いたもの，すなわち，

$$Y^D = C + I + G + E_x - I_m \qquad (2\text{-}14)$$

という式（2-14）が成り立つ．

一方，総供給 Y^S といった場合，GDP を分配面から見ることとなる．具体的には，所得が分配されるということであり，所得は家計においては，消費 C か**貯蓄** S (saving) に回され，さらには**租税** T (tax) という形で政府に納められる．したがって，総供給 Y^S は，消費 C と貯蓄 S と租税 T を合わせたもの，すなわち，以下の式 (2-15) が成り立つ．

$$Y^S = C + S + T \qquad (2\text{-}15)$$

マクロ経済学においても総需要と総供給が一致するところで均衡する．したがって，総需要と総供給が均衡する場合には，$Y^D = Y^S$ により，

$$C + I + G + (E_x - I_m) = C + S + T$$

という式が成立し，これを変形すると以下の式 (2-16) となる．

$$(E_x - I_m) = (S - I) + (T - G) \qquad (2\text{-}16)$$

この式 (2-16) を *IS* バランス (I-S balance) 式という．

左辺「$E_x - I_m$」は，海外部門の貿易収支 (**経常収支** (current balance))，右辺「$S - I$」は民間の**貯蓄投資バランス** (investment-saving balance) (**民間収支**)，「$T - G$」は政府部門の**財政収支** (fiscal balance) を指す．

したがって，式 (2-16) の $(E_x - I_m) = (S - I) + (T - G)$ とは，

$$（経常収支）＝（民間収支）＋（財政収支） \qquad (2\text{-}17)$$

を意味する．

これらの式から，たとえば，民間部門で貯蓄不足が生じ ($S < I$)，政府部門で財政赤字となる場合 ($T < G$) には，経常収支 (貿易収支) は必ず赤字 ($E_x < I_m$) となる．

あるいは，経常収支 (貿易収支) が均衡し ($E_x = I_m$)，民間では貯蓄よりも投資が上回っていれば ($S < I$)，必ず政府財政収支は黒字 ($T > G$) が発生していることとなる．

現実においては，1980 年代にアメリカ合衆国大統領のレーガン[4] (Ronald Wilson Reagan, 1911-2004) によって実施された一連の経済政策である**レーガ**

ノミックス（Reaganomics）は，社会保障費と軍事費の拡大で政府支出 G を拡大させ，同時に課税 T を減らす景気刺激政策を採用した．

これにより，投資 I が促進され，経済規模は拡大したが，式（2-16）からわかるように財政赤字（$T < G$）に陥り，それによって貿易赤字（$E_x < I_m$）ももたらされるという**双子の赤字**（double deficit）を抱えることになった．

注
1） 景気循環については第 12 章を参照．
2） ここで引き算をするのは二重計算を防ぐためである．
3） 機械や設備など，1 回の生産活動でなくならず，長期にわたって生産に使用されるもの．
4） レーガンは，俳優からカリフォルニア州知事に転じ，その後 1980 年に第 40 代大統領に就任した．

第 3 章

国民経済計算と産業連関表

第3章の要点

月
日
（ ）

国民経済計算（SNA）

国民経済計算（SNA）：一国のマクロ経済活動について，生産，消費・
投資という**フロー面**や，資産，負債という**スト
ック面**を体系的に記録することをねらいとする
国際的な基準，勘定（モノサシ）である

産業連関表

◆産業連関表の法則

法則①：中間投入の横の数字を加えていく（合計する）と産出合計に
等しくなる
法則②：中間需要の縦の数字を加えていく（合計する）と投入合計に
等しくなる
法則③：産出合計と投入合計等しい

◆産業連関表の基礎

投入　　産出		中間需要		最終需要	産出合計
		X	Y		
中間投入	X	A	B	C	D
	Y	E	F	G	H
付加価値		I	J		
投入合計		K	L		

等しい

等しい

中間需要＋最終需要＝産出合計：$A + B + C = D,\ E + F + G = H$
中間投入＋付加価値＝投入合計：$A + E + I = K,\ B + F + J = L$

産出合計＝投入合計：$D = K$, $H = L$, $D + H = K + L$
付加価値の計：$I + J = C + G$

経済波及効果分析

◆投入係数

$$投入係数 = \frac{中間生産物}{投入合計（総生産額）}$$

投入＼産出	中間需要 A産業	中間需要 B産業	最終需要	産出合計（総生産量）
A産業	30	150	120	300
B産業	60	250	190	500
付加価値	210	100		
投入合計（総生産量）	300	500		

	A産業	B産業
A産業	$0.1 \left[= \frac{30}{300} \right]$	$0.3 \left[= \frac{150}{500} \right]$
B産業	$0.2 \left[= \frac{60}{300} \right]$	$0.5 \left[= \frac{250}{500} \right]$
粗付加価値	$0.7 \left[= \frac{210}{300} \right]$	$0.2 \left[= \frac{100}{500} \right]$
計	$1.0 \left[= \frac{300}{300} \right]$	$1.0 \left[= \frac{500}{500} \right]$

◆逆行列係数

$$Z = AY$$

Z：生産誘発額, A：逆行列係数, Y：産業別の需要額（直接効果）

	A産業	B産業
A産業	1.282	0.769
B産業	0.513	2.308
列　和	1.795	3.077

は じ め に

第2章でも述べたように，マクロ経済学では，一国のマクロ経済のパフォーマンスを統計の上で体系化して測る指標がつくられている．それが，国民経済計算（SNA）と呼ばれるものである．国民経済計算（SNA）は，内閣府経済社会総合研究所（ESRI：Economic and Social Research Institute）によって作成され，「国民所得勘定」「資金循環表」「産業連関表」「国民貸借対照表」「国際収支表」の5つの勘定から構成されている．

そこで本章では，この国民経済計算と産業連関表を中心に，構造や諸概念について説明していく．さらに，産業連関表を活用した経済波及効果についても紹介していく．

1　国民経済計算

（1）国民経済計算（SNA）とは

マクロ経済学において，一国経済のパフォーマンスを統計的に測る代表的な指標が，「**国民経済計算（SNA：System of National Accounts）**」であり，「国民経済計算体系」とも呼ばれている．国民経済計算の特徴は，一定期間（たとえば，四半期（3カ月ごと）や1年）に国全体としてどれだけの生産活動が行われたかで一国の経済力を捉えている点にある．

すなわち，SNA は，一国のマクロ経済の活動状況について，「生産」，「消費」，「投資」といった「フロー」面や，資産，負債といった「ストック」面を体系的に記録することをねらいとする国際的な基準，勘定（モノサシ）である．いい換えれば，企業で資産と負債（ストック）の経済的（あるいは経営的）な評価を示す財務諸表を作成する際の「企業会計原則」に相当する，マクロ経済活動を統計的に把握する際に「一国経済の会計原則」が SNA ということになる（図 3-1 参照）．

現在は，1993 年に国連が加盟各国にその導入を勧告した SNA の体系（93SNA）[1]に基づいて，マクロ経済活動が統計的に把握されている．日本をはじめ多くの

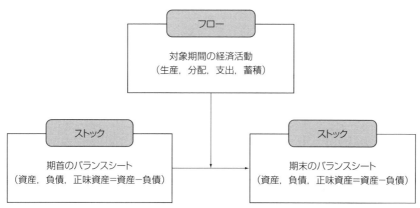

図3-1　勘定体系の基本的考え方

(出所) 大和総研

国がSNAという統一された基準に従って，所得水準や経済成長率などのマクロ経済活動を数量化して国際的な比較を行い，各国のマクロ経済の実態を明らかにしている．国際的な比較を意味あるものにするためには，SNAのように，各国共通の基準に基づくマクロ経済指標を作成することが重要となる．

（2）SNA体系の概要

「はじめに」でも記述したが，SNAは「国民所得勘定」「資金循環表」「産業連関表」[2]「国民貸借対照表」「国際収支表」[3]の5つの勘定から構成されている（表3-1参照）．

それでは，SNAが一国全体におけるマクロ経済活動をどのように数量化して把握しようとしているかについて，その概略を簡単に説明してみよう．

表3-1　国民経済計算の5つの勘定

部門	対象	実物取引		金融取引
^	^	中間生産物	最終生産物	^
国内部門	フロー	産業連関表	国民所得勘定	資金循環表
^	ストック	国民貸借対照表		
海外部門		国際収支表		

① 生産と所得の分配

　自らの意思によって経済活動を営んでいる単位を「**経済主体（economic actor）**」と呼び，家計・企業，政府の3つが存在している．

　「**家計（household）**」は，一人ひとりがより快適な経済生活を送るためにさまざまな財・サービスを消費している．家計は最低でも自己の生命を維持するための衣食住という基本的な消費に加えて，生活を楽しむためにも多くの消費活動をしている．これに対応するために「**企業（firm）**」は，一定の生産技術の下で各種の生産要素（土地，労働，資本ストック）を組み合わせて使用し，また，原材料（中間財）を投入して生産活動を行い，財・サービスを産出している．

　そして，企業によって産出された財・サービスは，企業が原材料として用いるときの消費である中間消費，各種の国内最終需要（家計の消費支出，民間企業の設備投資や在庫投資など）および輸出（外国からの需要）向けに市場で販売される．また，「**政府（government）**」も税金で徴収した財源で公共サービスを提供する（図3-2参照）．

　第2章でも説明したように，こうしたマクロ経済活動の結果，生産額から中間（生産物）投入額を差し引いた「**付加価値（value added）**」[4]が産み出され，

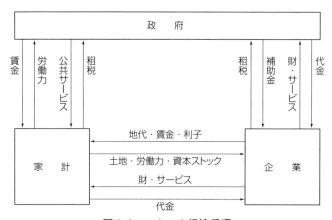

図3-2　マクロの経済循環

(出所) 内閣府経済社会総合研究所 HP より引用．http://www.esri.cao.go.jp/jp/sna/data/reference3/93snapamph/chapter1.html

マクロ経済活動による「**所得（income）**」に対応する．生産活動の過程で生み出された付加価値（産出額－中間投入額）は固定資本減耗（資本ストックの減耗分）と純間接税（SNA 上の用語は，「生産・輸入品に課される税（控除）補助金」）を除いた後，土地，労働，資本など各生産要素の所有者に報酬（所得）として配分される．これが，いわゆる「**所得分配（income distribution）**」である．

② 所得の受取・処分と資本の蓄積・調達

図 3-2 に示したように，生産要素を提供した家計・企業などの各経済主体は，配分された報酬から所得税などの直接税（SNA 上の正式な用語は，「所得・富等に課される経常税」）や社会保険料などを一般政府に納めるとともに，一般政府から年金などの給付（補助金）を受け取る．また，各主体間で配当や利子などの受取と受払が行われる．このようにして再配分が行われた後の所得（**可処分所得（disposable income）**）をもとにして，各経済主体は消費するために財・サービスを購入し，また，投資するために，住宅，企業設備，土地などの実物資産を購入する．

このような支出活動の結果，各主体間で，資金の過不足が生じる．資金に余裕がある主体は，預貯金，公社債，株式などの金融資産に資金を運用するという貯蓄行動を行う．逆に，資金が不足している主体は，銀行などの金融機関からの借入や公社債，株式の発行などによって資金を調達するという借入（負の貯蓄）行動を行う．SNA では，各経済主体が行うさまざまな取引を**経常取引**（current transaction）と**資本取引**（capital transaction）に大別している．なお，前者の経常取引は**所得支出勘定**（income and outlay accounts）に，後者の資本取引は**資本調達勘定**（capital finance accounts）に対応する（**図 3-3** 参照）．

以下において，それぞれの勘定を説明してみよう．

A）所得支出勘定（制度部門別）

SNA 上では，各制度部門（経済主体に相当する概念）は，非金融法人企業，金融機関，一般政府，家計[5]，対家計民間非営利団体[6]より構成されている．そして，各経済主体ごとに，経常取引である第 1 次所得の受取，および再分配所得

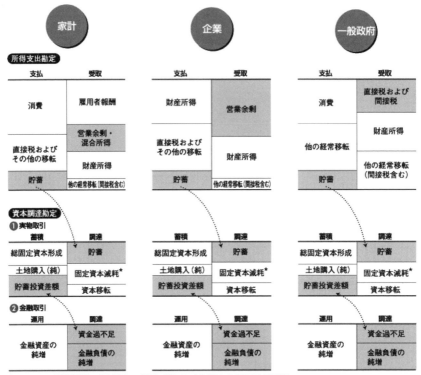

図 3-3 制度部門別所得支出勘定および資本調達勘定の基本的概念図
(出所) 内閣府経済社会総合研究所 HP より引用. http://www.esri.cao.go.jp/jp/sna/data/reference3/93snapamph/chapter1.html

の受取と支払また消費支出（所得の第2次分配）が，会計における複式簿記（借方・貸方に別々に同額が計上される）の形式に従って記録される．

まず，「**第1次所得（primary incomes）**」とは，「生産過程への参加または生産に必要な資産の所有の結果として発生する所得」と定義され，国内の生産活動によって生み出された ① 雇用者報酬（＝従業員の所得）と ② 営業余剰（＝企業の営業活動に伴う利益の余剰分／個人企業の持ち家分），③ 混合所得（→ 個人企業の営業活動に伴う利益の余剰分），および ④ 財産所得（金融資産または土地の貸借に関する利子）に加え，一般政府の受取となる ⑤ 補助金を控除したうえでの生産・輸入品に課される税（＝純間接税）の受払いから構成され

る．なお，第1次所得の受取と支払の差額を「**第1次所得バランス（balance of primary incomes）**」と呼ぶ．こうして導き出された第1次所得バランスをもとに，所得の第2次分配勘定での受払が導出される．

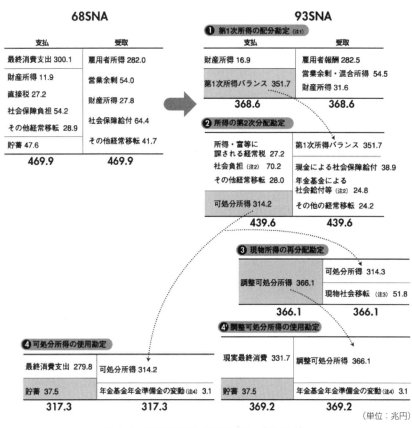

図 3-4　所得支出勘定の詳細化（概念図）

(注1) 家計の所得支出勘定を念頭において比較を行っている．
(注2) 社会負担とは雇主ないし雇用者から社会保障基金や年金基金に払い込まれる負担であり，強制的社会負担と自発的社会負担からなる．年金基金による社会給付は年金基金から家計に対する年金給付をさす．
(注3) 現物社会移転は，一般政府ないし対家計民間非営利団体が家計に対し現物の形で支給する財・サービス．
(注4) 年金基金年金準備金の変動とは，所得の使用勘定（④と④'）における家計と金融機関との間の経常移転の調整項目．具体的には，家計が金融機関に預け入れている年金負担額と年金給付額との差額が含まれる．
(出所) 内閣府経済社会総合研究所 HP より引用．http://www.esri.cao.go.jp/jp/sna/data/reference3/93snapamph/chapter1.html

一方,「再分配所得[7] (secondary distribution of income account)」は,第1次所得バランスをもとに現物社会移転を除く経常移転の受取および支払が[8],どのように各経済主体の可処分所得に変換されているかが示されている.この勘定に受払いが記録される経常移転は,① 所得・富等に課される経常税（＝直接税）および社会負担（社会保険料等），② 社会保障給付および社会扶助給付（＝生活保護費等）および ③ その他の経常移転（＝損害保険料や国際協力等）である.

これら経常移転からバランス項目として「可処分所得」が導出される.こうして導き出された可処分所得をもとに,現物社会移転の受払を記録する「現物所得の再分配勘定」や貯蓄を導き出す「所得の使用勘定」が導かれる（図 3-4 参照）.

B）資本調達勘定（制度部門別）

各制度部門は,さまざまな形態で資金を調達して**実物資産**（real assets）（住宅,企業設備,土地等）と**金融資産**（financial assets）（預貯金,公社債,株式等）に投資あるいは貯蓄をするが,その調達と投資・貯蓄の間には次の式（3-1）に示す恒等式（右辺と左辺が常に等しい）が成立する.

（自己資金の純増額）＋（金融市場から調達した資金の純増額）

　　＝（実物投資）＋（金融資産の純増額）　　　　　　　　（3-1）

また,SNA では,各制度部門別に,実物投資と自己資金の純増額（貯蓄＋固定資本減耗＋他部門からの資本純移転）との間のバランス関係を計数的に把握するとともに,不足あるいは過剰になった資金が,どのようにして金融市場で資金調達（借入）あるいは資産運用（貯蓄）されたかを実証的に明らかにするために,資本取引を**実物取引**（real transaction）と**金融取引**（financial transaction）に区分して記録している.なお,前者の実物取引の勘定は貯蓄・投資バランスなどのマクロ経済分析に,後者の金融取引の勘定は資金循環や資産選択などの金融市場のマクロ・ミクロ分析に必要なデータを提供できるように設計されている.

③ 制度部門別貸借対照表

各経済主体はさまざまな資産と負債からなるストックを保有している．これを制度部門別に見たものが「**制度部門別（期末）貸借対照表**（balance sheet by institutional sectors）」である．この勘定では，資産側に「非金融資産（在庫，固定資産からなる生産資産，土地，地下資源，漁場からなる非生産資産）」および「金融資産（現金・貯金，株式等）」が計上されており（図3-5参照），総負債・正味資産側には金融の負債およびバランス項目となる「**正味資産**（net worth）」が計上されている．

なお，各制度部門の正味資産は「（非金融資産）＋（金融資産）－（負債）」とし

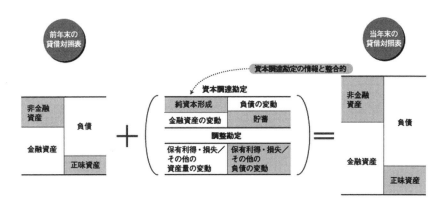

図3-5　制度部門別貸借対照表の推計
（出所）内閣府経済社会総合研究所HPより引用．http://www.esri.cao.go.jp/jp/sna/data/reference3/93snapamph/chapter1.html

図3-6　資産分類
（出所）総務省HP「参照連関表の仕組み」より引用．http://www.soumu.go.jp/toukei_toukatsu/data/io/system.html

44

て定義され，一国全体の正味資産は「国富（national wealth）」とも呼ばれる．

　制度部門別（期末）貸借対照表では，図3-6に示すとおり，資本調達勘定，調整勘定を明示的に取り込むことによって，フローの勘定とストックの勘定が整合的に連結している．

　以上のようなSNAの基準によって，各経済変数についての推計が行われているのである．

2　産業連関表

（1）産業連関表とは

　「産業連関表（interindustry-relations table）」とは，「中間生産物の取引も含めて，生産から販売まですべての財の生産活動を示したもの」で投入産出表（Input-Output Table）とも呼ばれる．産業（商品）間の投入と産出を行列表示することにより，すべての財貨・サービスの生産とその処分に至る過程を把握しようとするものであり，ソビエト生まれのアメリカの経済学者**レオンチェフ**（Wassily Leontief, 1906-1999）によってはじめて作成された．

　一国には，農業，鉱業，漁業，製造業，サービス業というように，さまざまな産業があり，人々はそこでそれぞれの財やサービスの生産に従事している．たとえば，農業従事者が農作物をつくるためには，苗や種子など農産業の生産物も用いるが，肥料（化学産業）や農業機械（製造業）など，他の産業の生産物も使用している．諸産業は，互いに財を需要・供給して各々の財・サービスを生産している．産業間のこのような関係に着目し，レオンチェフは，「**産業連関分析**（interindustry analysis）」を創案したのである．我が国の産業連関表は1951年にはじめて作成されて以来，5年ごとに作成されている．産業連関表は生産の相互関係を明らかにするとともに，産業構造，雇用構造，分配構造，価格構造についての分析や予測あるいは経済波及効果分析や各種経済指標の基準改定を行うための基礎資料を提供することなど，多方面で利用されている（図3-7参照）．

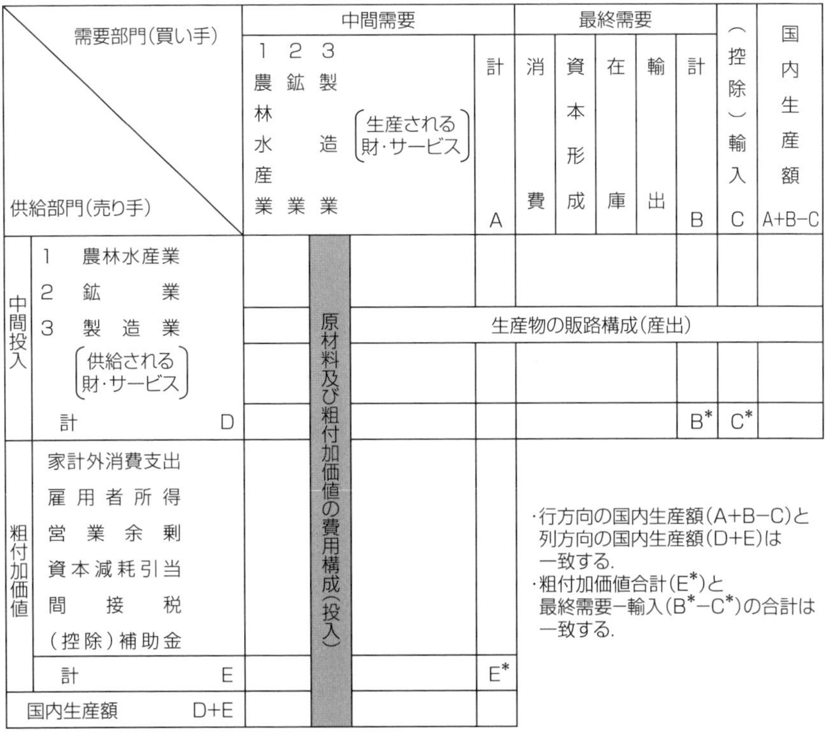

第3章 国民経済計算と産業連関表 *45*

需要部門(買い手) ＼ 供給部門(売り手)			中間需要					最終需要					（控除）輸入 C	国内生産額 A+B−C
			1 農林水産業	2 鉱業	3 製造業 〔生産される財・サービス〕		計 A	消費	資本形成	在庫	輸出	計 B		
中間投入	1 農林水産業				原材料及び粗付加価値の費用構成（投入）									
	2 鉱業							生産物の販路構成（産出）						
	3 製造業〔供給される財・サービス〕													
	計	D										B*	C*	
粗付加価値	家計外消費支出													
	雇用者所得													
	営業余剰													
	資本減耗引当													
	間接税													
	（控除）補助金													
	計	E						E*						
国内生産額		D+E												

・行方向の国内生産額(A+B−C)と列方向の国内生産額(D+E)は一致する.
・粗付加価値合計(E*)と最終需要−輸入(B*−C*)の合計は一致する.

図3-7 産業連関表の構造（イメージ図）

(出所) 総務省HP「参照連関表の仕組み」より引用. http://www.souma.go.jp/toukai_toukatsu/data/io/system.html

（2）産業連関表の基本的な法則

それではまず，具体的に産業連関表がどのようなものなのかを知るために，その見方について**表3-2**を例に説明しよう.

農業と工業の2部門からなる経済の産業連関表が次のように示されているとする．この国の国内総生産はいくらになるか考えてみよう.

表 3-2　産業連関表の例

投入 ＼ 産出		中間需要		最終需要	産出合計
		農業	工業		
中間投入	農業	10	40	150	200
	工業	30	400	370	800
付加価値	賃金	100	240	（単位：兆円）	
	利潤	60	120		
投入合計（生産額）		200	800		

① 産出量の計算

　表3-2において，産出に関しては横並び（最初の2行）を見ることにより，ある産業で「生産（産出）されたものが，どこ（だれ）に売られたか，という販売先が把握」することができる．

　表3-2を用いて具体例で説明するならば，「農業部門で農家が育てたブドウは，同じ農業部門でも別の農家に種や苗木として10兆円売られ，工業部門ではワインやジュースなどの加工品の原料として食品メーカーに40兆円で売られ，最終生産物として消費者に150兆円販売され，その全体の産出合計が200兆円になった」とイメージしよう．

　すなわち，これは表3-2の1行目に該当し，農業部門の生産額（産出額）が200兆円で，そのうち50兆円は中間生産物（原料）として農業部門自身に10兆円，工業部門に40兆円販売（需要）され，残りの150兆円は最終生産物として消費者に販売されたこと（販売された＝需要があった）となる．

　ここで，産業連関表の1つの法則が見いだせる．

産業連関表の法則①
中間投入の横の数字を加えていく（合計する）と産出合計に等しくなる

すなわち，上記の例では，

中間投入 （別の農業への販売）		中間投入 （工業への販売）		農業の最終需要 （消費者への販売）		農業の産出合計
10兆円	＋	40兆円	＋	150兆円	＝	200兆円

一方，表3-2の2行目の工業部門も同様に，中間生産物（原料）として工業製品がどのように販売されたかを示しており，中間投入の横の数字を加えていくと，農業部門に30兆円，ほかの工業部門に400兆円，最終生産物として消費者に370兆円となり，やはり産出合計に等しくなる．

中間投入 （農業への販売）		中間投入 （別の工業への販売）		工業の最終需要 （消費者への販売）		工業の産出合計
30兆円	＋	400兆円	＋	370兆円	＝	800兆円

② 投入量の計算

投入は表3-2における縦並び（最初の2列）を見ることにより，ある産業の生産額（投入合計）のうち，「原材料（中間生産物）と付加価値（従業員の給与や企業の利益）にどのくらい投入されたのかを把握」することができる．

つまり，各産業部門が生産において投入した費用（コスト）の内訳が明らかになる．

投入量についても，具体例を用いて解説するならば，いま仮に，「工業部門で飲料メーカーは，農業部門からミカンを，同じ工業部門の容器メーカーからアルミ缶やビンなどをそれぞれ仕入れてオレンジジュースを生産し，その過程で従業員への給与や会社としての利益（付加価値）を得る．そして，飲料メーカーが全体として生産のために投じた費用（コスト）が800兆円である」とイメージしよう．

表3-2の2列目では，工業部門の生産額（投入合計）が800兆円で，そのうち，農業部門から40兆円分，工業部門から400兆円分を購入し，240兆円の給与と120兆円の企業利益を生み出したことが把握できる．

いい換えるならば，工業部門で生産された財800兆円の内訳は，中間生産物（原材料）として農業部門から40兆円，工業部門から400兆円購入したものと，付加価値（給与や企業利益）360兆円（＝240兆円＋120兆円）であるといえる．

ここでも新たな法則②が見いだせる．

産業連関表の法則②
中間需要の縦の数字を加えていく（合計する）と投入合計に等しくなる

すなわち，農業の投入合計は，

中間投入　中間投入　付加価値　付加価値
（農業）　（工業）　（賃金）　（利潤）　投入合計
10兆円＋30兆円＋100兆円＋60兆円＝200兆円

となる．

一方，工業の投入合計は，

中間投入　中間投入　付加価値　付加価値
（農業）　（工業）　（賃金）　（利潤）　投入合計
40兆円＋400兆円＋240兆円＋120兆円＝800兆円

となる．

③ 付加価値と最終需要の計算

表3-2において農業部門の1行目の産出合計200兆円と1列目の投入合計200兆円，また，2行目（工業部門）の産出合計800兆円と2列目の投入合計800兆円が等しくなっている．これは，「財の生産に投入した額だけ産出される」ということを意味しているので，新たな法則③が見いだせる．

産業連関表の法則③
産出合計と投入合計は等しい

以下の図3-8に産業連関表のまとめを掲載しておく．

産業連関表の理論は，第2章で説明したGDP統計や三面等価の原則と密接に関連していることから，先述の例のように産業連関表からGDPの大きさを求めることが可能となる．

例におけるGDPの大きさは，付加価値の合計，または最終需要の合計で導出できる．したがって，

付加価値の合計：

　　　　農業の賃金　農業の利潤　　工業の賃金　工業の利潤　　付加価値の合計
　　　（100兆円　+　60兆円　）+（240兆円　+　120兆円）=　　520兆円

最終需要の合計：

　　　　農業の最終需要　工業の最終需要　最終需要の合計
　　　　　150兆円　　+　　370兆円　　=　　520兆円

ということになる．

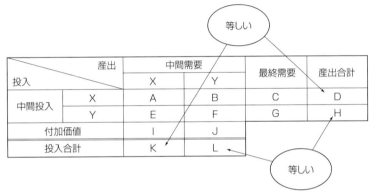

中間需要+最終需要=産出合計：A + B + C = D, E + F + G = H
中間投入+付加価値=投入合計：A + E + I = K, B + F + J = L
産出合計=投入合計　　　　　：D = K, H = L, D + H = K + L
付加価値の計　　　　　　　　：I + J = C + G

図 3-8　産業連関表の法則のまとめ

3　経済波及効果

(1) 経済波及効果とは

　そもそも「**経済波及効果（economic ripple effect）**」とは，「ある産業に新規に需要が発生すると……その需要をまかなうため生産活動が行われる→さらにその生産に必要な原材料が生産される→さらにその生産に必要な原材料が……（繰り返し）」という具合に，当初発生した需要を満たすため，需要が発生した産業部門のみならず，生産が生産を呼んで，あらゆる産業の生産が誘発される

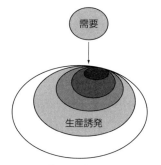

図 3-9　経済波及効果のイメージ図

ことを意味している．より簡単に述べると，経済波及効果とは，「ある経済活動がきっかけとなって，その影響が次々とほかの経済活動にも及んでいくこと」である．よく例えられるのが，水面に投げ入れた石によって広がる波紋である．投げ込まれた石（需要）によって，波（他産業への生産の誘発）が起こり，その波がだんだんと弱まりながら，広がっていく様子に似ている（図 3-9 参照）．

すなわち，経済波及効果とは，「新規の需要の発生によって生産が生産を呼び，最終的（究極的）に発生する生産額」のことである．いい換えると，「新規の需要の発生を満たすために，必要となる生産活動により発生する生産額の最終的（究極的）な合計金額」である．

この「最終的に発生する生産額」を「**生産誘発額**（induced production value）」と呼び，「経済波及効果を推計する」と「生産誘発額を推計する」は（ほとんど）同義である．

（2）経済波及効果の流れ

経済波及効果は，主に次の3つの効果に分けられ，① 直接効果→② 第1次波及効果→③ 第2次波及効果の順で進んでいく．

まず，①「**直接効果**（direct effect）」とは，経済波及効果の基になる効果のことで，新たな消費等によって発生した生産のことである．すなわち，発生する需要の総額（需要発生額）から，域内に発生する分を抽出したもの（＝域外に流出する需要を控除したもの）が直接効果である．直接効果を推計する主な

方法は下記の通りとなる．

　　　直接効果（産業別）＝需要発生額（産業別）×域内自給率（産業別）

　次に，②「**第 1 次波及効果（第 1 次間接効果）（primary indirect effect）**」とは，直接効果によって生産が増加した産業で必要となる原材料等を満たすために，新たに発生する生産誘発のことである．つまり，新たな生産が起こり，その原材料等から発生する経済波及効果といえる．さらに，第 1 次間接効果とは，第 1 次波及効果のうち直接効果からの純増分のことである．

　　　第 1 次間接効果＝第 1 次波及効果－直接効果

　そして，③「**第 2 次波及効果（第 2 次間接効果）（secondary indirect effect）**」は，直接効果と第 1 次波及効果で増加した雇用者所得のうち消費にまわされた分により，各産業の商品等が消費されて新たに発生する生産誘発のことを意味する．いい換えるならば，生産活動により増加した雇用者所得から発生する経済波及効果といえよう（図 3-10 参照）．

　ここで，例をあげて解説しよう．ある地域の域内で自動車の需要が生じて，自動車の生産が行われたとしよう．これが「直接効果」にあたるものである．自動車を製造するには，車体，タイヤ，電子部品，ガラスなどの原材料が必要になる．さらに，車体を製造するには原料となる鉄鋼などが必要になるなど，原材料を製造するためには，さらに別の原材料等も必要となる．これらの原材料生産にかかる生産増加が「第 1 次波及効果」である．

　そして，「直接効果」と「第 1 次波及効果」の生産増加をまかなうためには，

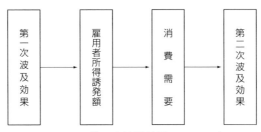

図 3-10　第 2 次波及効果のイメージ

雇用者が労働する．当然のことながら，労働の対価として雇用者には賃金等が支払われ，雇用者は，賃金等の一部を，食料品，衣服，サービスなどの消費に充てる．これらの消費によって新たに発生する各種産業の商品等の生産増加が「第2次波及効果」となる．

（3）経済波及効果の分析 I ──投入係数表

　経済波及効果の分析を行うには，主に以下の産業連関表（a）のほか，産業連関表を加工して得られる2つの係数表（b）と（c）を利用する．

　　（a）産業連関表（部門表，取引基本表，価格評価表とも呼ぶ）
　　（b）投入係数表
　　（c）逆行列係数表

　（a）の産業連関表が基になって，（b）の投入係数表が導かれ，そこから（c）の逆行列係数表が算出される．

　「投入係数（input coefficients）」とは，取引基本表の中間需要の列部門[9]ごとに，原材料などの投入額を当該部門の生産額で除して得た係数のことを意味している．簡単にいえば，ある財を1つ作るのに，原材料をどれだけ使うかを示したもので，各産業の原材料投入額を，それぞれの産業の域内生産額で割って算出する．つまり，投入係数とは，ある産業において1単位の生産を行う際に必要とされる原材料等の単位を示したものであり，これを使用することにより，取引基本表では金額で表されている産業間の取引関係を比率として見ることが可能となる．

投入係数の求め方

$$投入係数 = \frac{中間生産物}{投入合計（総生産額）}$$

（中間需要の各列を各投入合計額で割り算）

　たとえば，**図3-11** のA産業について投入係数を求めると，各投入額をA産業の生産額300億円で除したものとなり，**表3-3** のとおり，A産業が0.1，B産業が0.2，粗付加価値が0.7となる．

第3章　国民経済計算と産業連関表

表 3-3　投入係数表

	A産業	B産業
A産業	$0.1 \left[= \dfrac{30}{300} \right]$	$0.3 \left[= \dfrac{150}{500} \right]$
B産業	$0.2 \left[= \dfrac{60}{300} \right]$	$0.5 \left[= \dfrac{250}{500} \right]$
粗付加価値	$0.7 \left[= \dfrac{210}{300} \right]$	$0.2 \left[= \dfrac{100}{500} \right]$
計	$1.0 \left[= \dfrac{300}{300} \right]$	$1.0 \left[= \dfrac{500}{500} \right]$

（出所）総務省 HP「産業連関表の仕組み」『産業連関表』より引用．http://www.soumu.go.jp/toukei_toukatsu/data/io/system.html

　投入係数を使うことで，経済波及効果を求めることができる．図 3-11 をもとに，ある産業に生じた需要が次々と各産業の生産を誘発していく様子について，順を追って見ていくこととする．

　A産業は 300 億円を生産するために，A産業から 30 億円，B産業からから 60 億円の原材料などを購入している．したがって，A産業の生産物 1 単位当たりの投入量は，A産業から 30 ÷ 300 = 0.1，B産業から 60 ÷ 300 = 0.2 となる．

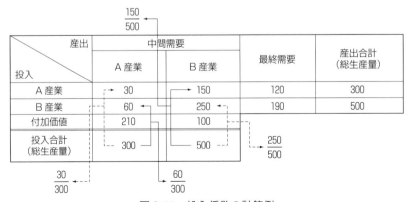

図 3-11　投入係数の計算例

（出所）総務省 HP「産業連関表の仕組み」『産業連関表』より引用．http://www.soumu.go.jp/toukei_toukatsu/data/io/system.html

54

同様に，B産業は，A産業から150 ÷ 500 = 0.3，B産業から250 ÷ 500 = 0.5となる．

そして，この投入係数を列部門別に一覧表にしたものが「**投入係数表**（input coefficient table）」であり，**図 3-11** から算出される投入係数表は，**表 3-3** のようなものになる．

すなわち，A産業が1単位の生産を行うには，A産業に対して0.1単位，B産業に対して0.2単位の原材料等（中間投入）を発生させることとなる．

これを受けて，A産業，B産業が，それぞれ0.1単位，0.2単位の生産を行うことになるが，それによって，さらに次の生産を誘発することになる．

（例：A産業は0.1単位の生産を行うのに，A産業に対して0.01単位（0.1 × 0.1），B産業に対しては0.02単位（0.1 × 0.2）の原材料等を発生させる．）

このような生産の誘発はゼロになるまで続けられる．

各産業の生産額の合計は，投入係数を用いて逐次，計算して総和を求めることで得られる．

（4）経済波及効果の分析 II ── 逆行列係数表

「**逆行列係数**（レオンチェフ逆行列：Leontief inverse matrix）」とは，ある部門に対して新たな最終需要（以下「新規需要」という）が1単位発生した場合に，当該部門の生産のために必要とされる（中間投入される）財・サービスの需要を通して，各部門の生産がどれだけ発生するか，つまり，直接・間接の生産波及の大きさを示す係数であり，その算出方法を踏まえ，数学上の用語を用いて，このように呼称されている．

たとえば，**図 3-12** のとおり，A産業で生産する財・サービスに新規需要が1単位発生した場合，A産業の生産そのものを1単位増加させる必要があることは言うまでもないが（直接効果），そのためにはA産業における生産活動で用いられる原材料の投入を増加させる必要があり，A産業には0.1，B産業には0.2の生産増が発生する（間接効果（第1次））．そして，このA産業0.1およびB産業0.2の生産増のために用いられる原材料について，さらなる生産の増加が必要となり（間接効果（第2次）），このような投入係数を介した波及が続いていくことになる．そして，この究極的な大きさの総和が逆行列係数に相当し，

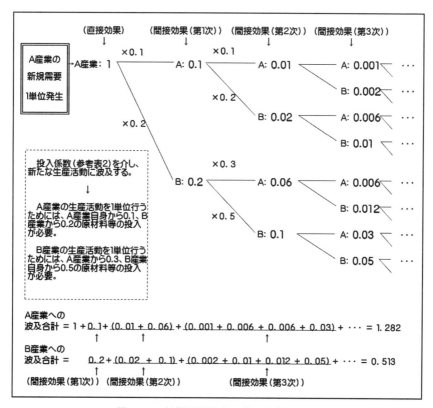

図 3-12　新規需要発生に伴う生産の波及

(出所) 総務省 HP「産業連関表の仕組み」『産業連関表』より引用. http://www.soumu.go.jp/toukei_toukatsu/data/io/system.html

これを産業別に一覧表にしたものが「**逆行列係数表**（inverse matrix table）」（表 3-4）となる.

このように，逆行列係数表は，特定部門の生産を1単位行うために，直接・間接に必要とされる各部門の生産増加の水準が，最終的にどのくらいになるかを算出した表であることから，この表の列和は，当該部門に新規需要が1単位発生したときの産業全体への波及効果の合計に相当する. **表 3-4** の例でいえば，A 産業に新規需要が1単位発生した場合，産業全体で 1.795 の波及効果を生じさせることを表していることになる.

表 3-4　逆行列係数表

	Ａ産業	Ｂ産業
Ａ産業	1.282	0.769
Ｂ産業	0.513	2.308
列　和	1.795	3.077

(出所) 総務省 HP「産業連関表の仕組み」『産業連関表』より引用.
http://www.soumu.go.jp/toukei_toukatsu/data/io/system.html

　本節冒頭でも述べたとおり,「経済波及効果を推計する」とは,「生産誘発額を推計する」と同義である. そして, 産業間における需要の発生と生産誘発の定量的関係は, 表3-4 の逆行列係数表の形ですでに明らかになっている. そのため, どの産業にどの程度の需要が発生するか (＝産業別の需要額) さえ分かれば, 逆行列係数表と需要額から生産誘発額が求められるのである.

　すなわち,

$$Z = AY$$

Z：生産誘発額, A：逆行列係数, Y：産業別の需要額 (直接効果)

となる.

(5) 経済波及効果は何次まで推計するのか

　第1次波及効果から第2次波及効果が発生するメカニズムは,「波及効果→雇用者所得→消費需要→波及効果→雇用者所得…」を適用して, 理論上は第3次, 4次……の波及効果が想定される. ただし, 実務上無限回の推計を繰り返すわけにはいかない. 上記メカニズムを繰り返すたびに波及効果は小さくなっていくことから, 推計の現場では第2次波及効果までを推計するのが通例となっている.

　そのため, 通常公表される経済波及効果は, 第1次・第2次波及効果の合計額となっているのである.

注
1)　2011 年の基準改定により, 最新の国際基準である 2008SNA への対応が行われた.

第3章　国民経済計算と産業連関表　57

2）　産業連関表については，第2節で取り扱う．
3）　国際収支表については，第14章を参照のこと．
4）　詳しくは，第2章を参照のこと．
5）　国，地方公共団体を合わせたもの．
6）　NPO や NGO を意味している．
7）　所得の第2次分配のことである．
8）　現金と対比される現物の社会保障関係の移転．医療費の保険負担分や教科書代等が含まれる．
9）　産業連関表の縦方向の費用構成に着目したもの．

第4章

財市場の分析（1）
総需要と総供給

第４章の要点

月
日
（　）

古典派経済学とケインズ経済学の基本的考え方の差異

均衡状態に至るメカニズムについて,

古典派経済学：総供給が総需要の大きさを決めると仮定.

　　　　　　セーの法則　マーシャル的調整メカニズム

ケインズ経済学：総需要が総供給と国民所得の大きさを決めると仮定.

　　　　　　価格の下方硬直性

有効需要の概念

有効需要とは：生産物（含む中間投入財）を実際に購入する力（購買力）.

完全雇用国民所得（潜在 GDP）とは：一国の国民経済の生産資源を完

　　　　　　　　全に利用したときの国民所得の大きさ.

国民経済計算（経済統計）とマクロ経済理論の差異

　　　　　国民経済計算（事後的関係, 三面等価原則）

　　　　　国内総生産（GDP）≡国内総所得（GDI）≡国内総支出（GDE）

　　　　　総需要＝民間最終消費支出＋民間住宅投資支出

　　　　　　　　＋民間企業設備投資支出＋政府最終消費支出

　　　　　　　　＋公的固定資本形成＋輸出－輸入

　　　　　国内総生産（GDP）＝総需要＋在庫投資＝国内総支出（GDE）

マクロ経済理論：総供給（Y^S）≡国民所得（Y）≠総需要（Y^D）

国民所得決定の理論モデル

（1）45度線による国民所得の決定

家計と企業だけからなる経済の均衡国民所得決定式

$$Y^* = \frac{(a + \bar{I})}{(1 - b)}$$

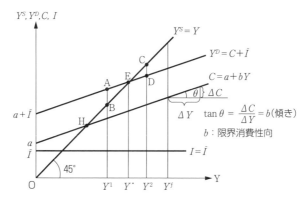

（2）貯蓄と投資による国民所得の決定

国民所得は「貯蓄＝投資」となるところで決定

$$Y^D - Y^S = I - S$$

この章で使われる記号

GDP 国内総生産	Y 国民所得	Y^S 総供給
GDI 国内総所得	Y^D 総需要	GDE 国内総支出
C 消費支出	I 投資支出	$\bar{I}$ 独立投資
$C(Y)$ Yを変数とする消費関数		a 基礎消費（独立消費）
b 限界消費性向	Y^* 均衡国民所得	Y^f 完全雇用国民所得
S 貯蓄	s 限界貯蓄性向	

は じ め に

　本章では，一国の国民経済活動の規模と所得水準がいかなるメカニズムで決定されるかを考える．一国の国民経済活動の規模と所得水準を表す代表的な指標は，一定期間に一国内で産出される付加価値を集計した**国内総生産**（GDP：Gross Domestic Product）であり，生産・支出・分配の三面等価原則を満たす「国民経済計算」（GDP 統計）で公表されている[1]．

　まず，国民経済計算とマクロ経済理論で使用される用語の概念に共通と差異がある点を指摘しておきたい．マクロ経済理論における**総供給**（aggregate supply，Y^S と表記）は国民経済計算で使用される GDP とほぼ同義であり，一定期間に一国内で生産され販売された財[2]の合計金額であるが，生産のなかには販売されていない在庫品も含まれる．

　国民所得（NI：National Income，Y と表記）は生産活動により受け取った所得の合計であり，**国内総所得**（GDI：Gross Domestic Income）とほぼ同義である．財が生産・販売されると，その付加価値は誰かの所得となるため，総供給（Y^S）と国民所得（Y）は常に一致する．

　これに対して，マクロ経済理論における**総需要**（aggregate demand，Y^D と表記）は，一定期間に一国内で購入される最終財の合計金額であるが，企業の在庫投資を含まない．このため，この総需要は国民経済計算上の**国内総支出**（GDE：Gross Domestic Expenditure）とは必ずしも一致するとは限らない．すなわち，三面等価原則を満たす国民経済計算では，在庫投資の大きさが増減することにより，事後的に「総需要＝総供給」の関係を成立させるが，マクロ経済理論では事前的な意味において必ずしも「総需要＝総供給」と考えていないという点で，両者において明確な差異があることに留意されたい．

　こうして，マクロ経済理論では，なぜ，国民経済計算が示す一国の国民経済活動の規模と所得水準がそうした大きさに決定されるかを明らかにしようとする．さらに言えば，なぜ，一国の国民経済活動の規模が「総需要＝総供給」のところに決定されるのか，かりに国民所得と総需要（つまり，消費支出＋投資支出＋政府支出＋純輸出[3]）が一致しないならば，一国の国民経済活動の規模は

どのようになるのか，また，いかなる調整が市場においてなされるのか，などに関するメカニズムを明らかにするのが，本章で取り上げる「国民所得決定の理論」の主要部分である．

　本章では，**ケインズ**（John Maynard Keynes, 1883-1946）がその著書『雇用・利子および貨幣の一般理論』（1936 年）のなかで展開した「有効需要の原理」による国民所得決定メカニズムを中心に考えてみることにする．

1　古典派経済学とケインズ経済学の基本的考え方の差異

　45 度線分析の説明に入る前に，確認しておかなければならない点がある．それは，一国の国民経済が総需要と総供給が一致していない不均衡状態になった場合に，どのようなメカニズムによって総需要と総供給が一致する均衡状態に達するかについての基本的考え方が，古典派経済学とケインズ経済学とでは大きく異なっているということである．

　総需要と総供給が一致していない不均衡状態にあるとき，**古典派経済学**（classical economics）では，総需要は総供給の側から決まると考えた．フランスの古典派経済学者のセイ（J. B. Say, 1767-1832）による「**セイの（販路）法則**」（Say's law）における「供給はそれ自らの需要をつくり出す」（supply creates its own demand）との命題は古典派経済学の基本的考え方を端的に要約している．

　生産された財はすべて購入されることを前提として，生産された財の総供給が総需要よりも小さければ（超過需要が発生），その財の価格が上昇し，これにより総需要が減少する一方で，総供給が増加する．逆に，生産された財の総供給が総需要よりも大きければ（超過供給が発生），その財の価格が低下し，これにより総需要が増加する一方で，総供給が減少する．このように古典派経済学は，不均衡状態にあるとき，価格メカニズムが柔軟に機能することにより数量調整が行われ，総需要と総供給が一致する均衡状態へと向かうものと考えた．

　他方，**ケインズ経済学**（Keynesian economics）では，1930 年代の世界大恐慌後の欧米経済がそうであったように，不況下では財の「**価格の下方硬直性**」

（downward price rigidity）が働き，価格メカニズムが十分に機能しないと考えた．つまり，超過供給が発生していても物価が下落し難くなり，生産物が売れ残り，在庫が増加するため，企業（生産者）は生産物の価格低下を見届けるのではなく「数量」を減少させる．このため，生産設備の稼働率が低下することから，失業者が増加する．こうして，総需要（とりわけ有効需要（後述））の不足が総供給の減少につながり，分配される国民所得も低下する．

すなわち，古典派経済学では総需要は総供給の側から決まると考えたのに対して，ケインズ経済学では総需要の大きさが総供給と国民所得の大きさを決めると考えた．

2　有効需要の概念

一国の総需要がその国の生産能力（総供給）の上限に等しいとき，その国の経済は完全雇用状態にあるという．上述のように，ケインズ経済学では，総需要が総供給と国民所得の大きさを決めると考えるため，かりに総需要が生産能力（総供給）の上限を下回れば，生産物の売れ行きが不振となり，経済活動水準が低下し，失業者や遊休生産設備が存在する不完全雇用状態が生じることになる．現実の経済では不完全雇用状態が一般的である．つまり，不完全雇用状態が生じるのは，完全雇用状態で生産され供給されるすべての生産物（中間投入財も含む）を実際に購入する力（購買力）が不足しているからであり，この購買力のことを**有効需要**（effective demand）という．

3　国民所得決定の理論モデル

（1）45度線による国民所得の決定

国民所得決定のメカニズムの本質を明確に議論するために，さしあたり，民間部門（家計と企業）だけからなる経済を想定しよう（政府部門と海外部門はないと仮定）．**図4-1**は，一国の経済の**生産と分配の二面等価**（eguivalent of two aspects of aggregate supply and national income）を表す**45度線**（45-degree line diagram）であり，マクロ経済理論において重要な前提である．つ

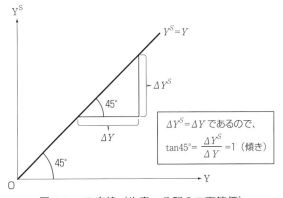

図 4-1 45 度線（生産・分配の二面等価）

まり，生産資源を提供した人に対して，生産物の売上から得られる報酬をもとに，すべからく所得が分配されることを示す．総供給＝国民所得（$Y^S = Y$）であり，両者の関係は原点を通り，傾き 1（図 4-1 中の説明を参照）の直線上で表される．

いま，総供給 Y^S，国民所得 Y，総需要 Y^D，消費支出 C，投資支出 I，とそれぞれを表記すると，

$$Y^S = Y \quad \text{（45 度線；生産と分配の二面等価を表す式）} \quad (4\text{-}1)$$
$$Y^D = C + I \quad \text{（総需要関数）} \quad (4\text{-}2)$$
$$Y^S = Y^D \quad \text{（財市場の需給均衡条件式）} \quad (4\text{-}3)$$

(4-1)(4-2)(4-3) の 3 つの式より，

$$Y = C + I \quad (4\text{-}4)$$

ここで，式 (4-4) の両辺をみると，右辺の総需要を示す各支出項目の大きさの合計（ここでは $C + I$）に応じて左辺の国民所得（Y）が決定されることを意味していることがわかる．このように，有効需要（総需要（Y^D））の大きさが，一国の経済活動水準の大きさ（Y^S），つまり分配される国民所得（Y）の大きさを決定することを**有効需要の原理**（principle of effective demand）という．式 (4-4) は国民所得決定の均衡条件を表している．

次に，家計部門の消費支出についての定式化をおこなうが，ここでは**ケインズ型消費関数（絶対所得仮説）**（Keynesian consumption function（absolute income hypothesis））を想定する．家計の消費支出は国民所得 Y に依存して変化するものとし，式（4-5）のような消費関数で表す．

$$C = C(Y) \tag{4-5}$$

ここで，式（4-5）を簡単化のために，線型方程式（1次式）の形で特定化する．

$$C = C(Y) = a + bY \tag{4-6}$$

式（4-6）において，a は国民所得 Y とは無関係に決まり，また生活維持のために必要な最低限の消費の大きさ（$Y = 0$ のときの非負の定数）を示し，**基礎消費**（autonomous consumption）もしくは**独立消費**（exogenous consumption）とよばれる．b は**限界消費性向**（marginal propensity to consume）とよばれ，国民所得 Y が変化したとき，消費がどれだけ変化するかの比率，すなわち，国民所得の変化分 ΔY に対する消費の変化分 ΔC の比率（$\frac{\Delta C}{\Delta Y}$）を示す．ここで，ケインズの絶対所得仮説をもとに，所得が増加すると消費も増加するが，消費の増加分 ΔC は所得の増加分 ΔY よりも小さいと仮定する（式（4-7））．この仮定は，以下で説明する国民所得決定の理論モデルにおいて重要な意味をもっている．

$$0 < b = \frac{\Delta C}{\Delta Y} < 1 \tag{4-7}$$

次に，企業の投資支出 I は国民所得 Y とは無関係に決まる独立投資とし，次式で表す．

$$I = \bar{I} \tag{4-8}$$

以上から，家計部門の消費関数式（4-6）と企業部門の投資関数式（4-8）に，国民所得決定の均衡条件式を加えると，次のような国民所得決定の基本方程式

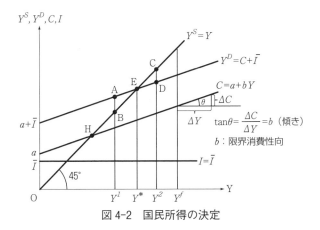

図 4-2 国民所得の決定

が得られる.

$$Y = C + I \tag{4-4}$$
$$C = C(Y) = a + bY \tag{4-6}$$
$$I = \bar{I} \tag{4-8}$$

この3つの式を，(4-1)(4-2)(4-3)の式とあわせてグラフで表すと，**図 4-2** のようになる．

$$Y^S = Y \quad (45\text{度線；生産と分配の二面等価を表す式}) \tag{4-1}$$
$$Y^D = C + I \quad (\text{総需要関数}) \tag{4-2}$$
$$Y^S = Y^D \quad (\text{財市場の需給均衡条件式}) \tag{4-3}$$

図 4-2 では，横軸に Y，縦軸に Y^S，Y^D，C，I をとる．まず，式 (4-6) のケインズ型消費関数は，基礎消費 a を y 切片とし，限界消費性向を示す傾き b が $0<b<1$ の直線で表される．これに投資支出 $\bar{I}$ を加えた総需要関数 Y^D は，消費関数に $\bar{I}$ の大きさだけ上にシフトし，傾きが1よりも小さく右上がり（$0<b<1$）の直線で表されるため，傾き1の45度線（$Y^S = Y$）と必ず交差することになる．総需要関数と45度線の交点 E では財市場での均衡条件式 $Y^S = Y^D$ が成立しており，交点 E から垂線をおろした横軸の値の Y^* が**均衡国民所得**（equilibrium national income）として決まる．

Y^* が均衡国民所得であることは，次の手順に従い簡単に確認することができる．いま，国民所得が Y^* よりも小さい Y^1 の水準であるとき，AB だけ総供給＜総需要となり，$Y < C + \bar{I}$ である．このとき，AB の超過需要分だけ総供給が不足の状態（品不足）にあるため，企業は生産水準を B から E に向けて引き上げようとする．その結果，国民所得は Y^1 から Y^* に向けて増加する．この動きは $Y < C + \bar{I}$ の状態である限り続くことになる．

他方，国民所得が Y^* よりも大きい Y^2 の水準であるとき，CD だけ総供給＞総需要となり，$Y > C + \bar{I}$ である．このとき，CD の超過供給分だけ総供給が過剰な状態（売れ残り）にあるため，企業は生産水準を C から E に向けて引き下げようとする．その結果，国民所得は Y^2 から Y^* に向けて減少する．この動きは $Y > C + \bar{I}$ の状態である限り続くことになる．

こうして，国民所得が Y^* 以外の水準にあるとき，国民所得の動きは Y^* に向かうことになり，この動きが止まるのは，$Y^S = Y^D$，すなわち $Y = C + \bar{I}$ となるところである．よって，こうして決まる Y^* は均衡国民所得である[8]．

数値例によって，均衡国民所得 Y^* を求めてみよう．いま，基礎消費 40，限界消費性向 0.6，投資支出 20 とする．このとき，次の計算により，Y^* は 150 と一義的に求められる．

$$Y = C + \bar{I} = C(Y) + \bar{I} = a + bY + \bar{I} = 40 + 0.6Y + 20 = 60 + 0.6Y$$
$$\therefore Y^* = 150$$

なお，図 4-2 において，Y^f は生産資源を完全に利用したときに実現される完全雇用状態に対応する国民所得の水準（**完全雇用国民所得**（full-employment national income））を表している．図中では，均衡国民所得 Y^* よりも大きい水準の例を示しているが，当然のことながら，Y^* よりも小さい場合や Y^* と等しくなる場合もある．

（2）貯蓄と投資による国民所得の決定

次に，国民所得決定のメカニズムを説明する上記の「45 度線による国民所得決定」を少し異なった角度からみてみよう．つまり，国民所得は「貯蓄＝投資」となるところで決定されるとの視点による説明である．これは，**図 4-3** で示さ

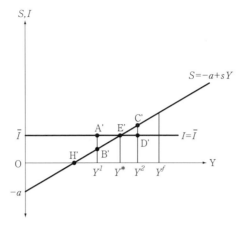

図4-3 貯蓄と投資による国民所得の決定

れるように，貯蓄関数と投資関数を利用することによって，国民所得決定のメカニズムを捉える議論である．

まず貯蓄関数を特定化する．貯蓄 S は国民所得 Y のうち消費されなかった部分と定義できることから，貯蓄 S を次のように定義することができる．[9]

$$S \equiv Y - C \qquad (4\text{-}9)$$
$$Y = C + I \qquad (4\text{-}4)$$

式 (4-4) を式 (4-9) に代入することによって，

$$S = I \qquad (4\text{-}10)$$

式 (4-6) より，$C = C(Y)$ であるので，式 (4-9) の $S \equiv Y - C$ も国民所得 Y の関数である．

$$S = Y - C(Y) = S(Y) \qquad (4\text{-}11)$$

こうして求めた式 (4-11) を**貯蓄関数** (saving function) とよぶ．さらに，貯蓄関数は式 (4-6) を用いて次式のように表すことができる．

$$S = S(Y) = Y - C(Y) = Y - (a + bY) = -a + (1 - b)Y$$

$$(4\text{-}12)$$

ここで，b は限界消費性向であり，$(1 - b)$ を**限界貯蓄性向**（marginal propensity to save）とよび，s で表す．限界貯蓄性向 s は国民所得 Y の変化分 ΔY に対する貯蓄の変化分 ΔS の比率，つまり $\dfrac{\Delta S}{\Delta Y}$ のことである．そこで，式 (4-12) の貯蓄関数は式 (4-13) のように表すことができる．

$$S = -a + sY$$

$$(4\text{-}13)$$

定義より，限界消費性向 b と限界貯蓄性向 s の和は 1 であり，式 (4-7) で示される $0 < b < 1$ より，$0 < s < 1$ となる．これにより，式 (4-13) の貯蓄関数は，図 4-3 のように，y 切片を $-a$ とし，傾き s の右上がりの直線で表される．

図 4-3 は，横軸に国民所得 Y，縦軸に貯蓄 S と投資 I をとり，貯蓄関数と投資関数を示している．図 4-3 の H′ 点は貯蓄がゼロになる状態，つまり所得を全部消費支出に回してしまう状態を示す点であり，これは図 4-2 における H 点に対応している（図 4-3 の各種の国民所得水準の大きさは図 4-2 に対応）．貯蓄関数が横軸と交差する H′ 点よりも右側では，国民所得の増加につれて貯蓄が増加することを示し，H′ 点よりも左側では貯蓄がマイナスである．

さて，図 4-3 において，貯蓄関数 $S(Y) = -a + sY$ と投資関数 $I = \bar{I}$ より，$S(Y) = \bar{I}$ となる点 E′ から垂線をおろした横軸の値の Y^* が**均衡国民所得**として決まる．

Y^* が均衡国民所得であることは，次の手順に従い簡単に確認することができる．

ここで，総需要は $Y^D = C + I$，つまり，

$$C = Y^D - I$$

$$(4\text{-}4')$$

式 (4-9) の $S \equiv Y - C$ に，式 (4-4′) と式 (4-1) の 45 度線（$Y^S = Y$）を代入すると，

$$Y^D - Y^S = I - S$$

$$(4\text{-}14)$$

第4章　財市場の分析（1）　*71*

いま，**図 4-3** において，国民所得が Y^* よりも小さい Y^1 の水準であるとき，A'B′ だけ $I>S$ となる．このとき，式（4-14）より，総需要（Y^D）＞総供給（Y^S）が示され，総供給が不足の状態（品不足）にあるため，企業は生産水準を引き上げようとする．その結果，国民所得は Y^1 から Y^* に向けて増加する．この動きは $I>S$ の状態である限り続くことになる．

他方，国民所得が Y^* よりも大きい Y^2 の水準であるとき，C'D′ だけ $S>I$ となる．このとき，式（4-14）より，総供給（Y^S）＞総需要（Y^D）が示され，総供給が過剰な状態（売れ残り）にあるため，企業は生産水準を引き下げようとする．その結果，国民所得は Y^2 から Y^* に向けて減少する．この動きは $S>I$ の状態である限り続くことになる．

こうして，国民所得が Y^* 以外の水準にあるとき，国民所得の動きは Y^* に向かうことになり，この動きが止まるのは，$Y^S = Y^D$，すなわち $S = I$（貯蓄＝投資）となるところである．よって，こうして決まる Y^* は均衡国民所得である．

注
1）　国民経済計算において，国内総生産（GDP）≡国内総所得（GDI）≡国内総支出（GDE）で示される事後的関係を表す．記号「≡」は恒等の関係であることを表す．
2）　本章では，たんに「財」と表記するが，断りのない限り，財だけでなくサービスを含む概念として使用する．
3）　より仔細には，総需要＝民間最終消費支出＋民間住宅投資支出＋民間企業設備投資支出＋政府最終消費支出＋公的固定資本形成（公共投資支出）＋輸出－輸入，である．
4）　このように企業（生産者）が生産量を調整することにより市場均衡が実現されるメカニズムを数量調整メカニズム，もしくはこれを指摘したイギリスの経済学者アルフレッド・マーシャル（Alfred Marshall, 1842-1924）に因んでマーシャル的調整メカニズムともよぶ．
5）　失業者は非自発的失業者と自発的失業者からなる．自発的失業者は景気状況に関係なく存在するが，ここで問題となるのは働く意思があるにもかかわらず，職に就いていない非自発的失業者である．
6）　生産資源を完全に利用したときの大きさという意味で，とくに**完全雇用国民所得**の大きさは「潜在 GDP」ともよばれる．
7）　現実の投資は，利子率や将来の景気見通し等によって決定される．この仮定はのちに外されるが，当面の説明では簡単化のため投資支出は定数で表されるものとする．

8） こうした手順で Y^* に収束する均衡国民所得を確認できるのは，ケインズ型消費関数における限界消費性向 b が1より小さいことによる．かりに，$b>1$ のときは，$Y=C+\bar{I}$ の傾きが45度線よりも大きくなり，Y は Y^* に収束せずに発散してしまうことになる．

9） 記号「≡」は恒等の関係を表し，定義式を意味する．

第 5 章

財市場の分析（2）
　財政政策

第5章の要点

月
日
（ ）

閉鎖経済（民間部門と政府部門）における国民所得の決定

第4章のモデルに政府部門を追加

$Y^S = Y$ 　（45度線：生産と分配の二面等価を表す式）

$Y^D = C + I + G$ 　　（総需要関数：民間部門と政府部門からなる経済を想定）

$Y^S = Y^D$ 　（財市場の需給均衡条件式）

∴ $Y = C + I + G$

ケインズ型消費関数 $C = C(Y) = a + b(Y - T),\ a > 0,\ 0 < b < 1$

投資支出，政府支出および政府税収を一定とすると，

均衡国民所得 $Y^* = (a + \bar{I} + \bar{G} - b\bar{T}) / (1 - b)$

総需要管理政策

現実の均衡国民所得 Y^* が完全雇用国民所得 Y^f と乖離しているとき，政府が裁量的財政・金融政策により総需要を管理することで，Y^f に近づけようとする政策．

（1）$Y^f > Y^*$ のとき

　・政府支出増加，減税，金融緩和による有効需要拡大策が必要．

　・負の GDP ギャップ　　・デフレ・ギャップ

（2）$Y^f < Y^*$ のとき

　・インフレーション（物価上昇が継続している状態）により均衡を達成．

　・政府支出削減，増税，金融引き締めによる有効需要抑制策が必要．

　・正の GDP ギャップ　　・インフレ・ギャップ

乗数メカニズム

（1）政府支出乗数

$\bar{G} \rightarrow \bar{G} + \Delta G$

$\qquad \Delta Y_G = (1 / (1 - b)) \times \Delta G$

政府支出乗数：$1 / (1 - b) > 1$ $\qquad \because 0 < b < 1$

乗数メカニズムと乗数効果

（2）租税乗数

$\bar{T} \rightarrow \bar{T} - \Delta T$

$\qquad \Delta Y_T = (b / (1 - b)) \times \Delta T$

租税乗数：$b / (1 - b) < 1$ $\qquad \because 0 < b < 1$

→他の条件が等しければ，$\Delta G = \Delta T$ のとき，$\Delta Y_G > \Delta Y_T$

開放経済（海外部門の導入）における国民所得の決定

モデルに海外部門を追加

輸入関数を $M = d + mY$ で表すとき（ただし $0 < m < 1$），

均衡国民所得決定式：$Y_0^* = (a - d + \bar{I} + \bar{G} - b\bar{T} + \bar{E}_x) / (1 - b + m)$

政府支出乗数：$1 / (1 - b + m)$

$0 < m < 1$ により，閉鎖経済下の政府支出乗数より小さくなる．

この章で使われる記号

GDP 国内総生産		Y 国民所得		Y^S 総供給	Y^D 総需要
C 消費支出	I 投資支出		$\bar{I}$ 独立投資		G 政府支出
T 政府税収			$Y - T$ 民間可処分所得		
$C(Y)$ Y を変数とする消費関数			a 基礎消費（独立消費）		
Y^* 均衡国民所得		Y^f 完全雇用国民所得		b 限界消費性向	
E_x 輸出	I_m 輸入	d 基礎輸入		m 限界輸入性向	

はじめに

第4章では，国民所得決定のメカニズムの本質を明確に議論するため，民間部門（家計と企業）だけからなる経済を想定し，一国の国民経済活動の規模と所得水準が有効需要の原理にもとづいて決定されることを確認した．

本章前半では，政府の財政政策が国民所得に与える効果とそのメカニズムをみることにする．これまでのモデルに政府部門を追加拡張し，民間部門（家計と企業）と政府部門からなる経済を想定する（海外部門はないと仮定）．経済において，政府には公共財の供給，所得の再分配，および経済の安定化を図ることなどの重要な役割がある．現実の均衡国民所得と望ましい完全雇用国民所得との間に乖離が生じているとき，経済の安定化を前提として，政府による総需要管理政策が求められる．ここでは，拡張したモデルを利用し，政府による財政政策が新たな国民所得決定に与える効果と，そのときに重要な役割を果たす乗数メカニズムについて説明する．

そして本章後半では，さらにモデルに海外部門を追加拡張し，民間部門（家計と企業），政府部門および海外部門からなる現実経済に近似したモデルを用いることにより，財政政策が国民所得決定に与える効果とそのメカニズムを明らかにする．

1　政府部門の導入による国民所得の決定

政府の財政政策が国民所得決定に与える効果とそのメカニズムをみるために，これまでのモデルに政府部門を追加し，民間部門（家計と企業）と政府部門からなる経済を想定する．

いま，総供給 Y^S，国民所得 Y，総需要 Y^D，消費支出 C，投資支出 I，政府支出 G，基礎消費 a（ただし $a > 0$），限界消費性向 b（ただし $0 < b < 1$），政府税収 T とそれぞれを表記する．

$$Y^S = Y \qquad （45 度線；生産と分配の二面等価を表す式） \qquad (5\text{-}1)$$

$$Y^D = C + I + G \qquad \text{(総需要関数)} \tag{5-2}$$

$$Y^S = Y^D \qquad \text{(財市場の需給均衡条件式)} \tag{5-3}$$

これより，国民所得決定の均衡条件式は次のように表される．

$$Y = C + I + G \tag{5-4}$$

また，消費関数，投資関数，政府支出関数および政府税収関数を次のように表す．

$$C = C(Y) = a + b(Y - T) \tag{5-5}$$

$$I = \bar{I} \tag{5-6}$$

$$G = \bar{G} \tag{5-7}$$

$$T = \bar{T} \tag{5-8}$$

ここでは，これまでどおり，投資支出 I を一定とし，また政府支出 G と政府税収 T も一定と仮定する．実際の政府支出のデータをみると，2013 年度の日本の実質国内総生産（GDP）531 兆円に対して政府支出は 124 兆円（政府最終消費支出 102 兆円，公的固定資本形成 22 兆円）であり，GDP に対する比率は23％である．

政府支出の財源は所得税などのさまざまな税によって一部が賄われるが，政府税収は民間部門（家計と企業）にとっては税の支払いであり，そのぶんだけ民間部門が処分できる国民所得（民間可処分所得）が少なくなることを意味する．よって，式 (5-5) の消費関数では，消費は民間可処分所得 ($Y - T$) に依存する形で表される．

このとき，国民所得は図 5-1 の点 E で決まり，その大きさは横軸に示される均衡国民所得 Y^* である[1]．これが，なぜ均衡国民所得であるかについては，第 4 章における説明と同様である（復習を兼ねて読者自身で確認されたい）．

2　総需要管理政策

政府部門を導入した国民所得決定の理論モデルでは，図 5-1 の点 E で均衡国

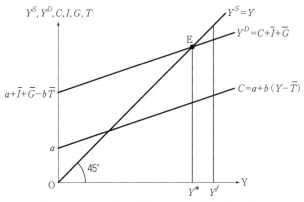

図5-1 政府部門の導入による国民所得の決定

民所得 Y^* が決まることがわかった．次に，一国の国民経済にとって，この所得水準が望ましいかどうかを考えることが必要となる．**完全雇用国民所得 Y^f を望ましい所得水準と考えるならば，図5-1 の Y^* は望ましい所得水準よりも低く，不完全雇用（非自発的失業者や遊休生産設備が存在する）状態である**ことを意味する．この場合，政府に求められる財政・金融政策は，総需要を増大させるべく，消費支出，投資支出および政府支出のそれぞれの有効需要（この段階の議論では海外部門は未導入）を刺激すること，あるいは，減税措置による民間可処分所得増大に伴う消費支出拡大や，金融緩和（金利引き下げ）措置による投資支出及び公共投資への刺激策などである．

図5-1 では，均衡国民所得 Y^* が完全雇用国民所得 Y^f を下回っている場合を示しているが，Y^* が Y^f を上回った場合（たとえば，図5-2 の Y_2^*）について触れる．既に説明したとおり，Y^f は生産資源を完全に利用したときに実現される完全雇用状態に対応する国民所得の水準であるため，その所得水準以上で，さらになお総需要＞総供給となったとしても，もはや生産量の増加を望むことはできない．このとき，物価上昇（インフレーション）[2]によって総需要と総供給の均衡が達成されることになる．したがって，この場合に政府に求められる財政・金融政策は，総需要を減少させるべく，政府支出削減，増税措置による消費支出抑制，金融引き締め（金利引き上げ）措置による投資支出及び公共投資の抑制策などである．

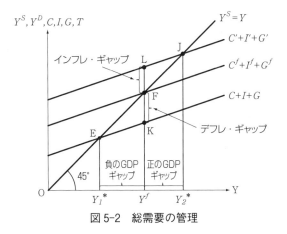

図5-2　総需要の管理

　図5-2では，1つの図のなかに3本の総需要関数と1本の45度線を描いている．それぞれの交点で決まる均衡国民所得は Y_1^*，Y^f および Y_2^* で示され，このうち Y^f は完全雇用国民所得でもある．ここで同図を用いて，政府がとるべき総需要管理の指針を示すことができる．つまり，均衡国民所得 Y_1^* のとき，デフレのなかで総需要を FK の大きさ（**デフレ・ギャップ**（deflationary gap））だけ増やす政策手段をとることにより**負の GDP ギャップ**（negative GDP gaps）を埋めたとき，完全雇用国民所得 Y^f の水準に達することができる．一方，均衡国民所得 Y_2^* のとき，インフレのなかで総需要を FL の大きさ（**インフレ・ギャップ**（inflationary gap））だけ減らす政策手段をとることにより**正の GDP ギャップ**（positive GDP gaps）を埋めたとき，完全雇用国民所得 Y^f の水準に抑えることができる．

　このように，現実の均衡国民所得が**完全雇用国民所得水準**と乖離しているとき，政府が裁量的財政・金融政策により総需要を管理することにより，所得水準を完全雇用国民所得水準に近づけようとする政策のことを**総需要管理政策**（aggregate demand management policy）とよび，この政策の実施に際して，総需要と総供給が変動するなかで生産，雇用，物価等の不安定性を克服することを目標としていることから，**経済安定化政策**（economic stabilization policy）ともよばれる．

3 乗数メカニズム

(1) 政府支出乗数

いま，図5-3でみるように，有効需要の原理にもとづいて一国の所得水準が均衡国民所得 Y^* に決定されたとしよう．このとき，Y^* は不完全雇用状態であることが示され，完全雇用状態（完全雇用国民所得 Y^f の水準）を達成するには，さらに国民所得を ΔY だけ増加させるように総需要を管理することが必要であることがわかる．

ここでは，まず上述の政府部門を導入した国民所得決定の理論モデルを用いて，政府支出の増加がどのようなメカニズムで国民所得の増加につながるかを，モデル式にしたがって逐次みていくことにしよう．

総供給 Y^S，国民所得 Y，総需要 Y^D，消費支出 C，投資支出 I，政府支出 G，基礎消費 a（ただし $a>0$），限界消費性向 b（ただし $0<b<1$），政府税収 T とそれぞれを表記する．

$$Y^S = Y \qquad (5\text{-}1)$$
$$Y^D = C + I + G \qquad (5\text{-}2)$$
$$Y^S = Y^D \qquad (5\text{-}3)$$

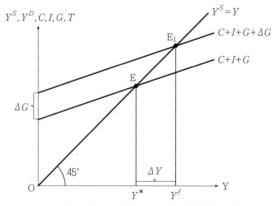

図5-3　政府支出の増加による国民所得の増大

$$Y = C + I + G \quad (国民所得決定の均衡条件式) \tag{5-4}$$

$$C = C(Y) = a + b(Y - T) \tag{5-5}$$

$$I = \bar{I} \tag{5-6}$$

$$G = \bar{G} \tag{5-7}$$

$$T = \bar{T} \tag{5-8}$$

(5-5)(5-6)(5-7)(5-8) の各式を式 (5-4) に代入し，均衡国民所得 Y^* を求めると，

$$Y^* = \frac{a + \bar{I} + \bar{G} - b\bar{T}}{1 - b} \tag{5-9}$$

ここで，政府が民間部門において有効需要を増大させることは難しいとして，有効需要の1つである政府支出（$\bar{G}$）を ΔG だけ増やす**拡張的財政政策**（expanstonary fiscal policy）を実施したとする．その結果，均衡国民所得 Y^{**} が実現されるとして，Y^{**} 決定式を表すと，

$$Y^{**} = \frac{a + \bar{I} + \bar{G} + \Delta G - b\bar{T}}{1 - b} \tag{5-10}$$

この拡張的財政政策の実施によって実現される国民所得増加 ΔY は，式（5-10）から式（5-9）を控除することで求められ，次のように表すことができる．

$$\Delta Y = Y^{**} - Y^* = \frac{\Delta G}{1 - b} = \frac{1}{1 - b} \times \Delta G \tag{5-10}$$

式（5-11）における b は，ケインズ型消費関数の傾き，つまり限界消費性向を表し，前提により $0 < b < 1$ である．$\frac{1}{1 - b}$ を**政府支出乗数**[3]（government expenditure multiplier）とよぶ．国民所得増加の大きさ ΔY は，政府支出の追加的増加 ΔG に政府支出乗数（> 1）を掛けた大きさであることから，つねに最初に実施した ΔG の大きさよりも大きな国民所得増加が見込まれる．この政府支出の追加的増加による国民所得増加プロセスのことを**乗数メカニズム**（multiplier mechanism）とよび，支出増加に乗数を掛けた所得増加を**乗数効果**（multiplier effect）とよぶ．

具体的に数値を用いて説明すると次のようになる。基礎消費 40 兆円、限界消費性向 0.6、投資支出 20 兆円、政府支出 10 兆円、政府税収 10 兆円、均衡国民所得 Y^* 160 兆円のとき、政府支出を追加的に 10 兆円増加させるとしよう。上記の国民所得決定モデルの式（5-10）にこれらの数値を代入して、政府支出を追加的に 10 兆増加させたときに実現される均衡国民所得 Y^{**} を求め、国民所得増加の効果を計算すると次のようになる。

$$Y^{**} = \frac{a + \bar{I} + \bar{G} + \Delta G - b\bar{T}}{1 - b} = \frac{40 + 20 + 10 + 10 - 0.6 \times 10}{1 - 0.6}$$

$$= 185 \ (兆円)$$

$$\Delta Y = Y^{**} - Y^* = 185 - 160 = 25 \ (兆円) \tag{5-A}$$

これは、政府支出の追加的増加の 10 兆円に政府支出乗数 $\frac{1}{1 - 0.6} = 2.5$ を掛けて計算しても同じ解を得ることができる。

したがって、図5-3 のように、不完全雇用状態の所得水準 Y^* から完全雇用国民所得水準 Y^f まで国民所得を増加させることが必要な場合、政府に求められる追加的な政府支出の大きさは式（5-12）のように表される。

$$\Delta G = (1 - b) \times \Delta Y$$

$$= (1 - 限界消費性向) \times \Delta Y = 限界貯蓄性向 \times \Delta Y \tag{5-12}$$

上記の数値例を用いて、この乗数メカニズムを、一国の国民経済活動の経済循環からみると、次のように説明することができる。

いま、政府が政府支出（ここでは公共投資とする）を追加的に 10 兆円増加させると、公共投資という有効需要が 10 兆円だけ増えたことになる。企業（生産者）は 10 兆円の需要増加をみて生産水準を引き上げるため、総供給が 10 兆円だけ増える。その生産増加に必要な生産要素（労働、資本、土地）を提供した人に対しては、雇用者報酬、利子・配当および地代として 10 兆円だけ分配されるため、国民所得が 10 兆円だけ増える（式（5-1）の $Y^S = Y$）。さらに、国民所得が 10 兆円だけ増えると、限界消費性向が 0.6 であることから消費支出は 6 兆円増加する。増加した 6 兆円の消費支出は新たな有効需要であるので、企業は 6 兆円の需要増加をみて生産水準を引き上げるため、総供給が 6 兆円だ

け増える．以下，同様にして循環する．この経済循環を式で表すと式（5-13）のようになる．

$$\Delta Y = \Delta G + b\Delta G + b^2\Delta G + b^3\Delta G + b^4\Delta G + b^5\Delta G + b^6\Delta G + b^7\Delta G + \cdots \cdots \tag{5-13}$$

式（5-13）の両辺に限界消費性向 b を掛けても等号関係は不変であるため，

$$b\Delta Y = b\Delta G + b^2\Delta G + b^3\Delta G + b^4\Delta G + b^5\Delta G + b^6\Delta G + b^7\Delta G + b^8\Delta G + \cdots \cdots \tag{5-14}$$

式（5-13）の右辺第2項以降と式（5-14）の右辺は同一であるため，式（5-13）から式（5-14）を控除して整理すると式（5-15）のように表される．所得増加の大きさは，追加的な政府支出の大きさに政府支出乗数を掛けた大きさに等しくなることを確認することができる．

$$(1 - b)\Delta Y = \Delta G \qquad \therefore \Delta Y = \frac{1}{1 - b} \times \Delta G \tag{5-15}$$

（2）租 税 乗 数

政府による**拡張的財政政策**の別の手段として減税がある．つまり，政府が ΔT の大きさの減税（すなわち，T の値はマイナス）をおこない，民間部門の可処分所得を増大させることで，消費支出増大という有効需要の増大を狙った拡張的財政政策を実施し，均衡国民所得 Y_t^{**} が実現されるとする．これらを式で表すと，

$$Y_t^{**} = \frac{a + \bar{I} + \bar{G} - b(\bar{T} + \Delta T)}{1 - b} \tag{5-16}$$

式（5-16）の Y_t^{**} から式（5-9）の Y^* を控除して求めた減税後の所得増加の大きさ ΔY_t は，式（5-17）のように表される．

$$\Delta Y_t = \frac{-b\Delta T}{1 - b} = \frac{-b}{1 - b} \times \Delta T \tag{5-17}$$

式（5-17）において，b は限界消費性向（$0 < b < 1$）であり，$\dfrac{-b}{1-b}$ を租税乗数[4]（income tax multipler）とよぶ．なお，前提により限界消費性向が $0 < b < 1$ であることから，政府支出乗数 $\dfrac{1}{1-b}$ のほうが租税乗数 $\dfrac{-b}{1-b}$ よりも大きいことが示される．現実の経済においては単純に比較することはできないが，他の事情を一定不変として（ceteris paribus）[5]，同一金額の政府支出の追加的増加と減税を比較すると，政府支出の追加的増加のほうが減税よりも乗数効果が大きいことになる．これは，政府支出を追加的に 10 兆円増加させると，最初の段階で直接効果として有効需要が 10 兆円だけ増えるのに対して，減税を 10 兆円実施すると，民間可処分所得が 10 兆円増加し，最初の段階で，10 兆円に限界消費性向（数値例では 0.6）を掛けた 6 兆円の有効需要（消費支出の追加的増加）が増加するにとどまるためである．

4　海外部門の導入による国民所得の決定

最後に，現実世界に近似させるべく，海外部門を導入した**開放経済**（open economy）[6]の国民所得決定の理論モデルを考える．

総供給 Y^S，国民所得 Y，総需要 Y^D，消費支出 C，投資支出 I，政府支出 G，基礎消費 a（ただし $a > 0$），限界消費性向 b（ただし $0 < b < 1$），政府税収 T，輸出 E_x，輸入 I_m，純輸出（すなわち，輸出 − 輸入）X，限界輸入性向 m（ただし $0 < m < 1$）とそれぞれを表記する．

$$Y^S = Y \tag{5-1}$$

$$Y^D = C + I + G + E_x - I_m \tag{5-2'}$$

$$Y^S = Y^D \tag{5-3}$$

$$Y = C + I + G + E_x - I_m \qquad \text{（国民所得決定の均衡条件式）} \tag{5-4'}$$

$$C = C(Y) = a + b(Y - T) \tag{5-5}$$

$$I = \bar{I} \tag{5-6}$$

$$G = \bar{G} \tag{5-7}$$

$$T = \bar{T} \tag{5-8}$$

$$E_x = \bar{E}_x \tag{5-18}$$

$$I_m = d + mY \tag{5-19}$$
$$X \equiv E_x - I_m \equiv (\bar{E}_x - d) - mY \tag{5-20}$$

　式（5-4'）では，式（5-4）に純輸出，つまり輸出（E_x）から輸入（I_m）を控除した項が追加される．他の事情を一定不変として，輸出の増加は国民所得の増加となる．輸出は国内で生産された生産物に対する**海外需要（外需）**（foreign demand）であるため，海外市場の経済の所得水準に依存する．そこで，輸出は国内所得に対して**外生変数**（exogeneous variable）とみなし，一定と仮定する（式（5-18））．他方，輸入は外国で生産された生産物に対する**国内需要（内需）**（domestic demand）であるので，国内所得水準に依存する．輸入は国内所得に対して内生変数であり，式（5-19）の $I_m = d + mY$ で表される．輸入関数はケインズ型消費関数と類似した形であり，d は国内所得がゼロのときに最低限必要な輸入（基礎輸入）を示し，m を**限界輸入性向**（marginal propensity to import，ただし $0 < m < 1$）とよび，$\Delta I_m / \Delta Y$ を意味する．

　以上から，開放経済下の均衡国民所得 Y_o^* の決定式は式（5-21）で表され，Y_o^* は図 5-4 の点 E で示される．

$$Y = a + b(Y - \bar{T}) + \bar{I} + \bar{G} + \bar{E}_x - (d + mY)$$
$$\therefore \quad Y_o^* = \frac{a - d + \bar{I} + \bar{G} - b\bar{T} + \bar{E}_x}{1 - b + m} \tag{5-21}$$

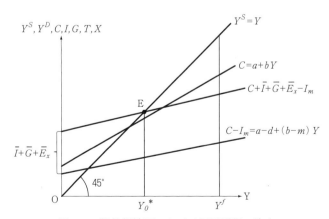

図 5-4　開放経済下における国民所得の決定

今度は，開放経済における国民所得決定理論モデルを用いて，政府の財政政策が国民所得決定に与える効果とそのメカニズムをみることにしよう．まず，閉鎖経済の総需要関数（式（5-2））と開放経済の総需要関数（式（5-2'））を比較すると，前者の傾きは b，後者は $b - m$ であるため，開放経済の総需要関数のほうが閉鎖経済の総需要関数よりも傾きが緩やかとなる（図5-4）．

ここで，政府が政府支出（$\bar{G}$）を ΔG だけ増やす**拡張的財政政策**を実施したとする．その結果，均衡国民所得 $Y_\circ{}^{**}$ が実現されるとして，$Y_\circ{}^{**}$ 決定式を表すと，

$$Y_\circ{}^{**} = \frac{a - d + \bar{I} + \bar{G} + \Delta G - b\bar{T} + \bar{E}}{1 - b + m} \qquad (5\text{-}22)$$

この拡張的財政政策の実施によって実現される国民所得増加 ΔY は，式（5-22）から式（5-21）を控除することで求められ，式（5-23）のうち $1 / (1 - b + m)$ が開放経済下の政府支出乗数を表す．

$$\Delta Y = Y_\circ{}^{**} - Y_\circ{}^{*} = \frac{\Delta G}{1 - b + m} = \left(\frac{1}{1 - b + m} \right) \times \Delta G \quad (5\text{-}23)$$

具体的に，輸出関数と輸入関数以外は前述の閉鎖経済における乗数効果計算と同じ数値例を用いて説明すると次のようになる．基礎消費 40 兆円，限界消費性向 0.6，投資支出 20 兆円，政府支出 10 兆円，政府税収 10 兆円，輸出 20 兆円，基礎輸入 10 兆円，限界輸入性向 0.1，均衡国民所得 $Y_\circ{}^{*}$ 144 兆円のとき，政府支出を追加的に 10 兆円増加させるとしよう．

今回は直接式（5-23）に与えられた数値を代入すると，10 兆円の拡張的財政政策の実施によって実現される国民所得増加 ΔY は 20 兆円と求められる．

$$\Delta Y = Y_\circ{}^{**} - Y_\circ{}^{*} = \frac{10}{1 - 0.6 + 0.1} = 20 \ （兆円） \qquad (5\text{-}B)$$

前述の閉鎖経済の国民所得決定モデルでは 10 兆円の拡張的財政政策の実施によって実現される国民所得増加 ΔY が 25 兆円であったのに対して式（5-A），開放経済の国民所得決定モデルでは 10 兆円の拡張的財政政策によって 20 兆円の国民所得増加となり式（5-B），増加幅が 5 兆円減少した．

これは，政府が公共投資を追加的に10兆円増加させると，有効需要が10兆円だけ増えたことにより，企業が10兆円の需要増加をみて生産水準を引き上げるため，総供給が10兆円だけ増える．その生産増加に必要な生産要素（労働，資本，土地）を提供した人に対しては，雇用者報酬，利子・配当および地代として10兆円だけ分配されるため，国民所得が10兆円だけ増える．さらに，国民所得が10兆円だけ増えると，限界消費性向が0.6であることから消費支出が6兆円増加する一方，限界輸入性向が0.1であることから輸入も1兆円増加するため，次に増加する有効需要は6兆円から輸入の1兆円を控除した5兆円であるので，企業は5兆円の需要増加をみて生産水準を引き上げるため，総供給が5兆円だけ増える．以下，同様にして循環する．この経済循環を式で表すと式（5-24）のようになる．

$$\Delta Y = \Delta G + (b - m)\Delta G + (b - m)^2\Delta G + (b - m)^3\Delta G$$
$$+ (b - m)^4\Delta G + \cdots\cdots \tag{5-24}$$

式（5-24）の両辺に（$b - m$）を掛けても等号関係は不変であるため，

$$(b - m)\Delta Y = (b - m)\Delta G + (b - m)^2\Delta G + (b - m)^3\Delta G$$
$$+ (b - m)^4\Delta G + (b - m)^5\Delta G + \cdots \tag{5-25}$$

式（5-24）から式（5-25）を控除して整理すると，

$$(1 - b + m)\Delta Y = \Delta G$$
$$\therefore \Delta Y = \left(\frac{1}{1 - b + m}\right) \times \Delta G \tag{5-26}$$

式（5-26）は上述の式（5-23）と同一であり，政府支出の追加的増加による所得形成の乗数メカニズムにおいて，輸入に向けられた需要から生まれる所得が漏れてしまうことが示される．したがって，乗数効果の大きさは，他の事情を一定不変として，開放経済下のほうが閉鎖経済下よりも小さくなるものと考えられる．

注

1) 数値例として，基礎消費 40，限界消費性向 0.6，投資支出 20，政府支出 10，政府税収 10 のとき，式（5-4）と式（5-5）より，均衡国民所得 160 を得る．

$Y = C + I + G = a + b(Y - T) + I + G = 40 + 0.6(Y - 10) + 20 + 10 = 64 + 0.6Y$　　$\therefore Y^* = 160$

2) 物価上昇が継続している状態のことを**インフレーション**（inflation）とよぶ．他方，物価下落が継続している状態のことを**デフレーション**（deflation）とよぶ．いずれも動きが継続している状態を意味している点に留意されたい．

3) 1－限界消費性向＝限界貯蓄性向であることから，政府支出乗数は 1／限界貯蓄性向とも表すことができる．

4) 1－限界消費性向＝限界貯蓄性向であることから，租税乗数は限界消費性向／限界貯蓄性向とも表すことができる．

5) ラテン語で「セテリス パリブス」といい，英語の other things being equal の意味に等しい．

6) これに対して，海外部門を含まない経済を**閉鎖経済**（closed economy）という．

7) 前提により，$0 < b < 1$，$0 < m < 1$ である．

第6章

資産市場の分析（1）
貨幣需要と貨幣供給

第6章の要点

月

日

（　）

貨幣の機能

交換媒介機能

価値尺度機能

価値保蔵機能

貨幣（現金＋預金等）の分類

M1　現金通貨＋預金通貨（郵便貯金等を含む）

M2　現金通貨＋預金通貨＋準通貨＋譲渡性預金（郵便貯金等を除く）

M3　現金通貨＋預金通貨＋準通貨＋譲渡性預金（郵便貯金等を含む）

広義流動性　M3＋投資信託等＋国債など

資産

貨幣……流動性が高い／価値が安定

債券……流動性が低い／価値が変動

資本の限界効率関数

$m = m(I)$　mはIの減少関数

投資関数

$I = m(i)$　Iはiの減少関数

貨幣供給
……中央銀行の金融政策で決定

貨幣需要
流動性選好関数 $L = L(Y, i)$　L は Y の増加関数・i の減少関数

$\begin{cases} 取引需要……取引的動機＋予備的動機 \\ \qquad L_1 = L_1(Y) \quad L_1 は Y の増加関数 \\ 資産需要……投機的動機 \\ \qquad L_2 = L_2(i) \quad L_2 は i の減少関数 \end{cases}$

流動性の罠……極めて低い利子率において貨幣需要量が無限大になる

貨幣市場における均衡利子率の決定　$M = L(Y, i)$

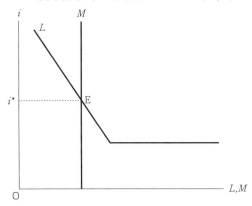

この章で使われる記号

I	投資量（投資額）	i	利子率（市場利子率）	i^*	均衡利子率
m	予想収益率（資本の限界効率）		M	貨幣供給量（マネーサプライ）	
L	貨幣需要量	L_1	貨幣の取引需要	L_2	貨幣の資産需要
Y	国民所得	E	均衡点		

はじめに

本章では，マクロ経済学で分析する3つの市場のうち，**資産市場**（asset market）を扱う．資産には，有価証券や美術品，土地・建物など多くの形態があるが，マクロ経済学においては，分析を単純化・容易にするために，資産は貨幣と債券の2つのみと仮定する．つまり，資産市場は，貨幣市場と債券市場から構成されるとする．ただし，その2つは表裏一体のため，そのうちの1つのみを分析するだけで構わないというワルラスの法則にしたがって，資産市場は主として貨幣市場を中心に議論をすすめることとする．

財市場では均衡国民所得の決定プロセスを学んできたが，貨幣市場，すなわち資産市場では均衡利子率の決定プロセスを学ぶ．

1 貨幣とは

資産市場を構成する2つの市場のうち，**貨幣市場**（money market）で取引される**貨幣**（money）とは，次の3つの機能の備わった資産であると定義されている．すなわち，① 交換媒介機能，② 価値尺度機能，③ 価値保蔵機能である．

① 交換媒介機能（means of exchange）

人類の最初の頃の経済取引は，物々交換であった．すなわち，自分が欲しい物と相手が欲しがっている物を交換することで，お互いが満足するという世界であった．そのような世界では，自分が欲しい物を相手が持っているのと同時に，相手が欲しがっている物を自分が持っていなければならないという欲望の二重の一致がなければ，取引が成立しない．これでは，なかなか経済取引が活発化せず，また極めて不便である．そこで物と物の交換を仲介する形で使われるようになったのが貨幣であり，それによって取引はより効率的に行われるようになった．こうした貨幣を仲介して物と物を交換する経済を，**貨幣経済**（money economy）と呼ぶ．

② 価値尺度機能 (measure of value)

物々交換の世界では，ある物の価値を表すのに，別の物の数で表すことになる．たとえば，リンゴ1個はミカン2個と交換でき，ミカン1個は卵3個と交換できるが，卵1個はニンジン3本と交換できる……といったように，物と物との交換レートで表示されるため，物の価値を認識することがとても複雑かつ困難であり，円滑な取引を阻害してしまう．しかし，貨幣経済においては，全ての財・サービスの価値が貨幣の単位（たとえば，日本ならば円）で表示されるため，各財・サービスの価値を比較しやすく，取引も円滑に行われるようになる．

③ 価値保蔵機能 (store of value)

物々交換の世界では，何かとの交換を意図して物を持っていたとしても，それが劣化してしまえば，価値がなくなり，交換できなくなってしまう．たとえば，いつかミカンと交換しようとリンゴを手元に持っておいた場合，交換する前にリンゴが腐敗してしまえば，ミカンと交換することができなくなってしまう．しかし，それを貨幣として持っておけば，劣化することはなく，価値は安定的に保たれることになる．

さて，定義としては上述の3つの機能を持った資産が貨幣ではあるが，マクロ経済学では貨幣といったときには，「現金」と「預金等」を合わせたものをいう．そして，マクロ経済学では，財・サービスとの交換の容易さを**流動性** (liquidity) と呼び，その流動性が高い（交換がより容易）順に，貨幣を以下のような種類・範囲に分類している．

M1：現金通貨＋預金通貨　（郵便貯金等を含む）
M2：現金通貨＋預金通貨＋準通貨＋譲渡性預金　（郵便貯金等を除く）
M3：現金通貨＋預金通貨＋準通貨＋譲渡性預金　（郵便貯金等を含む）
広義流動性：M3＋投資信託等＋国債など

ここで，現金通貨とは文字通り現金のことであり，預金通貨とは要求払い預金（普通預金や当座預金など）から小切手や手形を除いたものである．また準通貨とは定期預金や定期積金や外貨預金等のことであり，譲渡性預金とは他人

に譲渡可能な定期預金証書（CD：Certificate of Deposits）のことである.[1]

2　債券とは

　資産市場を構成するもう1つの市場である**債券市場**（bond market）で取引される**債券**（bond）とは，簡単に言うと，債務者（借金をする者）が発行（販売）した譲渡可能な借用書のことであり，その債券の保有者（債権者）は記載されている利子（確定利子率）を受取ることができるほか，償還日（借金の返済期限）には元金（額面金額）を受取ることができる.

　債券に記載されている確定利子率は，債券が発行されたときに約束された支払利子率であるため，市場の利子率が変動したとしても，債券の保有者に必ず記載された利子率が支払われることになる.すなわち，債券は将来決まった現金を得ることを保証する権利であり，それは資産運用のために売買される対象となりうるのである.たとえば，現金で100万円を5年間持ち続けても5年後はそのまま100万円にしかならないが，確定利子率10％の100万円の債券で5年間持ち続ければ，5年後には元金と5年間の利子を合せて150万円になる.

　このようにして，資産運用ないしは取引の対象となる債券であるが，その価格は常に額面価格なのではなく，市場の利子率（預金などの利子率）の変動に影響を受ける.つまり，債券の保有者は決まった利子を受け取ることができるため，市場の利子率が上昇すると債券の確定利子率に対する魅力が低下して債券価格は下落し，市場の利子率が下落すると債券の確定利子率に対する魅力が増すため債券価格は上昇することになる.すなわち，**債券価格**（bond price）は市場利子率の減少関数であり，価格が変動することから，債券は投機（安値の時に購入して，高値になったら売りに出し，利益を得る）の対象となりうるのである.

　以上のように，資産の1つである債券は，もう1つの資産の形態である貨幣と比べると，流動性が低く，価格が変動するという特徴がある.

3 投資と利子率

　第4章・第5章の財市場の分析では，均衡国民所得の決定プロセスのみに焦点を当てようと分析を単純化してきたため，企業の投資 I は一定の独立投資 $\bar{I}$ であると仮定してきた．しかしながら，より現実的には企業の投資 I も何らかの要因によって決定されるため，それを分析することは重要である（なお，投資 I は投資量と表現されているが，その単位は金額ベースである）．

　企業は，たとえば機械などの生産設備を購入・更新・増強して生産を行っていくが，これを**投資**（invesement）と呼ぶ．こうした企業の投資は，マクロ経済学では借入金によって行われると仮定される．企業の投資は，その生産設備から得られる将来の予想収益と，その投資のための借入金の利払いを比較・考慮して，決定される．すなわち企業は，予想収益＞利子ならばその生産設備はプラスの利益を生むので投資を行い，逆に予想収益＜利子ならばその生産設備は利益をもたらさないので投資を行わない．つまり，企業の投資は，予想収益＝利子となるまで行われることになるのである．

　いま，企業がある機械設備を購入する投資計画をもっているとする．その機械設備は，購入費用が 10 億円であり，耐用年数が 5 年であるが，毎年 2.6 億円の収益を生み出すと予想される．また，現行の市場利子率 i が年利 5 ％であったとする．そのとき，企業がその投資計画を実行するか否かを決定するには，購入予定の機械設備から得られるであろう予想収益率 m を求め，それを現行の市場利子率 i と比較する必要がある．この予想収益率 m は，購入予定の機械設備の費用に等しくおかれた，購入予定の機械設備の耐用期間中に得られると予想される収益の数列を現在価値に割り引く値として求められる．すなわち，

$$10 = \frac{2.6}{(1+m)} + \frac{2.6}{(1+m)^2} + \cdots + \frac{2.6}{(1+m)^5}$$

の式の中の m を計算によって求めることになる．これを，パソコンの表計算ソフトの IRR（内部収益率）関数を使って求めると，約 0.094 という値が得られる．現行の市場利子率 i が 5 ％（＝ 0.05）であるので，m ≈ 0.094 ＞ 0.05 ＝

iであり，予想収益率 m が利子率 i を上回っているため，この計画は企業にとって有益であり，投資が行われることになる．

一方，もし現行の市場利子率 i が10%（＝ 0.1）に上がったとしたら，予想収益率 m は利子率 i を下回るため，企業にとってこの計画は不利となり，投資は行われないことになる．

なお，現在価値に割り引くとは，機械設備を購入する時期と収益が得られる時期に時間差があるため，同じ額でも現在の金額と将来の金額とでは価値が異なるために行われる処理である．すなわち，将来の金額（将来価値）を 1 ＋利子率で割ることで現在の金額と比較可能にすることであり，これによって求められた値を**割引現在価値**（discounted present value）と呼ぶ．

以上のことを一般化すると，いま C 円の投資が n 年間にわたって R_1, R_2, $\cdots$, R_n 円の収益をもたらすと予想されるとき，予想収益率 m は，

$$C = \frac{R_1}{(1 + m)} + \frac{R_2}{(1 + m)^2} + \cdots + \frac{R_n}{(1 + m)^n} \tag{6-1}$$

という式の解として求められる．ケインズは，この予想収益率 m のことを**資本（投資）の限界効率**（marginal efficiency of capital）と呼び，その値と**利子率**（interest rate）の比較から投資が決定されるとした．すなわち，資本の限界効率 m ＜利子率 i ならば，損失が生じるため，投資は不利である．逆に，m ＞ i ならば利益が得られるため投資は有利であり，結局 m ＝ i となる水準で投資が決定されるのである．

この資本の限界効率 m と投資 I の関係は，資本の限界効率関数 m ＝ m(I) と呼ばれ，図6-1 に示されたように右下がりの曲線で表される．これは，投資量が I_0 のときは資本の限界効率が m_0 の投資が行われるが，投資量が I_1 に増えると資本の限界効率のより低い m_1 も投資しなければならなくなることを意味している．

上述したように，投資は m ＝ i となる水準で決定されるため，図6-1 の投資量 I_0 は資本の限界効率 m_0 が利子率 i_0 と一致する水準になっており，また投資量 I_1 は資本の限界効率 m_1 と利子率 i_1 が一致する水準となっている．そこで，図6-1 の縦軸を資本の限界効率 m ではなく，利子率 i に置き換えて描いたのが，

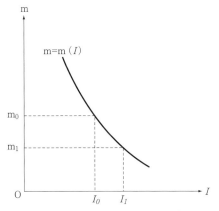

図 6-1　投資と資本の限界効率

図 6-2 の**投資関数**（investment function）$I = I(i)$ である．図 6-2 において，投資関数は右下がりの曲線（投資曲線）で描かれているが，これは利子率 i が下落すると，資本の限界効率のより低い投資も可能となり，投資量 I が増加するということを意味している．つまり，投資は利子率の減少関数なのである．そして，その利子率は，次節以降で学ぶ貨幣市場における貨幣供給と貨幣需要のバランスで決まるのである．

ところで，資本の限界効率 m は，企業経営者の現時点の投資に対する将来の収益予想に基づいている．つまり，将来の収益が高いと予想すれば m の値

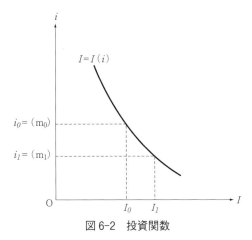

図 6-2　投資関数

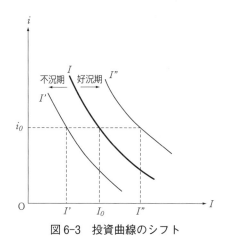

図 6-3 投資曲線のシフト

が大きくなり，低いと予想すれば m の値は小さくなる．ケインズは，こうした収益の予想は，企業経営者の動物的な勘である**アニマル・スピリット**（animal spirit）によるものと考えた．アニマル・スピリットによると，不況のときは，将来の収益が低く予想される傾向があるため，資本の限界効率 m の値は小さくなり，これまでと同じ利子率では投資量が減らざるを得なくなり，したがって投資曲線は左方 I' にシフトすることになる（図 6-3）．一方，好況のときは，将来の収益が高く予想される傾向があるため，利子率が同じであっても投資量を増やすことができるため，投資曲線は右方 I'' にシフトする．

4 貨幣供給

貨幣市場において，貨幣の供給主体は，**中央銀行**（central bank）である（中央銀行の役割は第7章で学ぶ）．**貨幣供給量**（money supply）M は，経済社会に流通している貨幣の総量（総額）である．中央銀行は，経済の状況を見て，金融政策として貨幣供給量 M をコントロールしている．すなわち，図 6-4 において，貨幣供給は，利子率と無関係に中央銀行の裁量で決まるため，垂直の直線で表される．

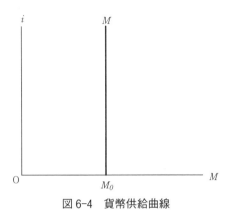

図 6-4　貨幣供給曲線

5　貨幣需要

　貨幣市場において，**貨幣需要**（money demand）とは，家計や企業が手元に保有しようとする貨幣の量（金額）である．ケインズは，経済主体の貨幣に対する需要を大きく 2 つに分けて考えた．すなわち，① 取引需要，② 資産需要である．

① 取引需要（transactions demand）

　家計や企業が日常の経済活動を円滑に行うためには，ある程度の量の貨幣を保有する必要がある．こうした日々の経済活動に必要な貨幣に対する需要は，人々が経済取引を行おうとする動機（取引的動機）とともに，不測の事態の出費に備えて，余分に多く貨幣を保有しておこうとする動機（予備的動機）の双方に基づいている．

　こうした貨幣の取引需要は，国民所得が増加すると（すなわち，GDP が大きくなると），経済取引が活発化するため，大きくなる．逆に，経済が不況で国民所得が減少すると，貨幣の取引需要も減少する．すなわち，貨幣の取引需要は，国民所得の増加関数である．貨幣の取引需要を L_1 と示すと，それは国民所得 Y の増加関数であるため，図 6-5 における $L_1 = L_1(Y)$ のように右上がりのグラフで表される．

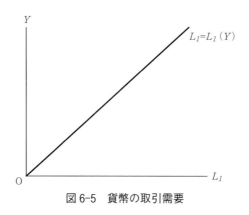

図 6-5 貨幣の取引需要

② 資産需要（asset demand）

債券は手元に置いておくと利子を得ることができるが（第 2 節参照），貨幣は手元に置いておいても利子を得ることはできない．人々は，自らの資産を，債券の形で保有するか，あるいは貨幣の形で保有するかを選択する．その選択は，**債券価格**の変動に対する人々の予想，すなわち期待に依存することになり，また債券価格は市場利子率の減少関数である．したがって，いま市場の利子率 i が上昇すると債券価格が下落するため，人々は割安となった債券を購入して今後の値上がりを期待することから，貨幣を手放して債券で資産を形成しようとする（つまり，貨幣需要は減少する）．その逆に，いま市場の利子率 i が下落すると債券価格が上昇するため，人々は割高となった債券が今後値下がりしてしまうことを恐れることから，債券を手放して貨幣で資産を形成しようとする（つまり，貨幣需要は増大する）．このように，人々は，市場の利子率の変化による債券価格の変動を通して，より有利に資産を形成しようと投機的に貨幣を保有しようとする．こうした投機的動機に基づく貨幣需要は，資産需要と呼ばれる．

貨幣の資産需要は，上述したように，基本的には**利子率**の減少関数である．ところが，市場の利子率が著しく低い水準 i_0 においては，債券価格は最高値となっており，誰もが今後の債券価格の下落を予想するような状態となり，全ての人々が債券を売って安全な貨幣を保有しようとするため，投機的動機に基づく貨幣の資産需要は無限大ないしはそれに近い状態となる．

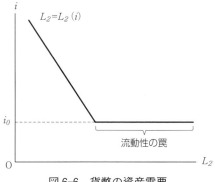

図6-6 貨幣の資産需要

図6-6は，市場の利子率と投機的動機に基づく貨幣の資産需要の関係を示したものである．図6-6において，貨幣の資産需要をL_2と示すと，それは利子率iが下がるにつれて増加していくが，市場の利子率が極めて低いi_0の水準に達すると無限大になり，したがって水平の線で表される．こうした極めて低い利子率水準において貨幣需要が無限大になる状態を，**流動性の罠**（liquidity trap）と呼ぶ．

以上，2つの種類の貨幣需要（**取引需要**と**資産需要**）を合計した$L_1(Y) + L_2(i)$が，全体としての貨幣需要Lである．全体としての貨幣需要Lは，

$$L = L(Y, i) \tag{6-2}$$

と表され，これは**流動性選好関数**（liquidity preference function）と呼ばれる．流動性選好関数，すなわち全体としての貨幣需要は，国民所得Yの増加関数，利子率iの減少関数である．図6-7は，全体としての貨幣需要曲線Lを表している．貨幣需要Lは利子率が下がるにつれて増加するが（貨幣需要曲線が右下がり），極めて低い利子率水準i_0で流動性の罠の状態になる（貨幣需要曲線が水平）．また，国民所得Yが増大すると貨幣需要Lは増大するため，貨幣需要曲線は右方シフトし，L'となる．その逆に，国民所得Yが減少すると貨幣需要Lも減少するため，貨幣需要曲線は左方シフトし，L''となる．

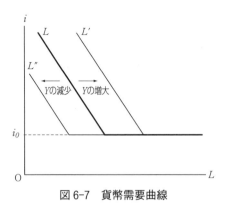

図 6-7　貨幣需要曲線

6　均衡利子率の決定

資産市場ないしは貨幣市場においては，第 4 節で導出した**貨幣供給** M と，第 5 節で導出した**貨幣需要** L が均衡するところで，**利子率** i^* が決定されることになる．すなわち，

$$M = L(Y, i) \qquad (6\text{-}3)$$

であり，こうした利子率が貨幣の需要と供給で決まるという理論はケインズの**流動性選好理論**（liquidity preference theory）と呼ばれる．これを図示したの

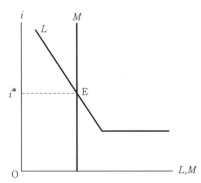

図 6-8　流動性選好理論による利子率の決定

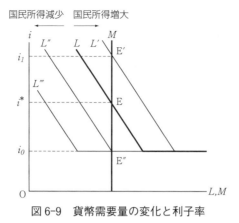

図6-9 貨幣需要量の変化と利子率

が図6-8であり，貨幣供給曲線Mと貨幣需要曲線Lの均衡点Eの水準で均衡利子率i^*が決定されることがわかる．

いま貨幣市場において，国民所得Yの変化によって貨幣需要Lが変化した場合を考えよう．**図6-9**において，国民所得Yの増大は，第5節で学んだように，取引動機および予備的動機に基づく貨幣需要を増大させるため，貨幣需要曲線をLからL'へシフトさせる．そのため，貨幣供給曲線と貨幣需要曲線の交点はEからE'へと移動し，均衡利子率はi^*からi_1へと上昇する．

一方，国民所得Yの減少は貨幣需要を減少させるため，貨幣需要曲線をLからL''へシフトさせる．そのため，貨幣供給曲線と貨幣需要曲線の交点はEからE''へと移動し，均衡利子率はi^*からi_0へと下落する．ここでさらに国民所得が減少し，貨幣需要曲線がL''からL'''へとシフトしたとする．しかしながら，シフト後の貨幣需要曲線L'''と貨幣供給曲線Mの交点は依然としてE''のままであるため，均衡利子率はi_0よりも下落することはない．つまり，既に利子率が極めて低く**流動性の罠**の状態にある場合は，国民所得が減少して貨幣需要が減少しても，利子率はこれよりも下がることはないのである．

次に，貨幣市場において，中央銀行が貨幣供給Mを変更した場合を考えよう．第7章で詳細な説明はするが，**中央銀行**は金融政策として，貨幣供給量を増減することで，利子率の変化を促す．

図6-10において，中央銀行が貨幣供給をMからM'へと削減したとすると，

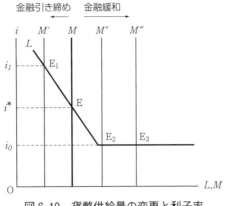

図 6-10　貨幣供給量の変更と利子率

貨幣供給曲線と貨幣需要曲線の交点は E から E_1 へ移り，利子率が i^* から i_1 へと上昇する．このように，中央銀行が貨幣供給量を削減させることを，**金融引き締め政策**（restrictive monetary policy）と呼び，それによって利子率が上昇し，第 3 節で学んだように企業の投資 I の減少を促すことになる．

一方，中央銀行が貨幣供給を M から M' へ増大させたとすると，貨幣供給曲線と貨幣需要曲線の交点は E から E_2 へ移り，利子率が i^* から i_0 へと下落する．このように，中央銀行が貨幣供給量を増大させることを，**金融緩和**（monetary relaxation）政策と呼び，それによって利子率が下落し，投資 I の増加を促すことになる．さて，ここで中央銀行が，さらに金融を緩和し，貨幣供給量を M' から M''' へと増大させたとする．そうすると，貨幣供給曲線と貨幣需要曲線の交点は E_2 から E_3 へと移るが，しかし貨幣需要曲線が**流動性の罠**の状態にあるため，利子率は i_0 のままであり，これよりも下落させることはできない．このように，金融緩和政策は，著しく利子率が低い水準にあるときは，投資を促進させることができず，ひいては有効需要を増大させる効果を持たなくなるのである．

注
1）　日本銀行の統計では，かつては貨幣の種類を M1，M2 + CD，M3 + CD，広義流動性の 4 種類としていたが，郵政民営化に伴う統計概念の変更によって 2008 年 5 月から現行の 4 種類となった．詳しくは，日本銀行調査統計局（2018）『マネーストック統計の解説』を参照されたい．

第7章

資産市場の分析（２）　金融政策

第7章の要点

月
日
（　）

中央銀行の機能

発券銀行
銀行の銀行
政府の銀行

貨幣供給（マネーサプライ）の仕組み

・預金創造（信用創造）

中央銀行がハイパワード・マネーを注入

→市中銀行が民間に貸付

……民間に現金＋市中銀行に預金

→市中銀行から中央銀行に準備，民間に貸付 ...

貨幣乗数

$$m = \frac{M}{H}$$

$$= \frac{\frac{C}{D} + 1}{\frac{C}{D} + \frac{R}{D}}$$

ハイパワード・マネーと貨幣供給の関係

$$M = \frac{\frac{C}{D} + 1}{\frac{C}{D} + \frac{R}{D}} \times H$$

第7章　資産市場の分析（2）　107

金融政策手段

公開市場操作
- 買いオペ……マネーサプライ増加
- 売りオペ……マネーサプライ減少

法定準備率操作
- 準備率引き下げ……マネーサプライ増加
- 準備率引き上げ……マネーサプライ減少

政策金利操作
- 金利引き下げ……投資増加
- 金利引き上げ……投資減少

金融政策の効果

・マネーサプライの変化～利子率の変化→

　　　　　　　投資の変化～有効需要の変化～国民所得の変化

	経済不況期	経済過熱期
	拡張的金融政策（金融緩和） （貨幣供給量増大～利子率下落）	金融引き締め政策 （貨幣供給量減少～利子率上昇）
公開市場操作	買いオペレーション	売りオペレーション
法定準備率操作	法定準備率の引き下げ	法定準備率の引き上げ
政策金利操作	政策金利の引き下げ	政策金利の引き上げ

この章で使われる記号

M　貨幣供給量（マネーサプライ）	H　ハイパワード・マネー
m　貨幣乗数（信用乗数）	C　現金
D　預金	R　準備
Y^D　総需要	Y^S　総供給
Y^f　完全雇用国民所得	L　貨幣需要量
i　利子率	I　投資

はじめに

　国内の物価の安定や経済成長・雇用の維持を目的に，**金融政策**（monetary policy）を行うのが中央銀行である．金融政策は，財政政策と並んで，国のマクロ経済政策の二本柱であるが，財政政策が総需要の水準に直接的に影響を与えて国民所得を誘導するのに対して，金融政策は貨幣市場を通じて間接的に総需要に影響を与えることになる．

　本章では，中央銀行の役割や，貨幣市場（資産市場）において中央銀行が行う金融政策について学ぶ．

1　中央銀行

　中央銀行（central bank）とは，貨幣供給のコントロールを通じて国の金融政策を担う機関である．中央銀行には，一般の銀行（市中銀行）と異なり，次の3つの機能（役割）が備わっている．すなわち，① 発券銀行，② 銀行の銀行，③ 政府の銀行である．

① 発券銀行（bank of issue）

　中央銀行は，その国の通貨（銀行券）を独占的に発行する機関であり，その[1]発行量の調整を通じて貨幣（現金＋預金）の供給量をコントロールすることができる．中央銀行は，この機能によって，景気対策を行ったり，貨幣価値の維持，すなわち物価の安定化に努めたりする．

② 銀行の銀行（bank of banks）

　中央銀行は，市中銀行から預金を受け入れたり，市中銀行に資金を貸し出したりするなど，市中銀行と取引を行う．また，中央銀行は，第2節で述べるように，市中銀行に対して預金額の一定率を中央銀行に預けるよう義務を課している（準備預金制度）．これらを通じて中央銀行は，市中銀行の支払不能や倒産を未然に防ぎ，金融システムの維持ないしは貨幣経済の保持に努めている．

③ 政府の銀行（bank of government）

中央銀行は，税などの政府の資金収支を管理するとともに，政府に貸し出しを行ったり，国債の償還・利払いの事務を行う．

以上，3つの機能を備えた中央銀行は，我が国においては**日本銀行**（日銀：Bank of Japan）であり，アメリカにおいては連邦準備銀行（FRB：Federal Reserved Bank）であり，ヨーロッパ連合（EU）ではヨーロッパ中央銀行（ECB：European Central Bank）である．

ところで，多くの国において，中央銀行ないしは金融政策の決定は，政府から独立している．中央銀行の金融政策は，国民生活への影響が大きいことから，民主主義的な制度，すなわち選挙で選ばれた議会や政府の決定に委ねられるべきだとの考えもあるかもしれない．しかしながら，議会や政府が金融政策を管理した場合，短期的な選挙対策（いわゆる人気取り）で通貨を乱発しかねず，そうなると著しい物価の上昇（インフレーション）が続き，国民経済を混乱させる恐れがある．こうした危険を回避することから，多くの先進諸国では，中央銀行の独立性という考えに基づき，金融政策を行っているのである．なお，日本の場合も，その考えに基づき，日本銀行は政府機関ではなく，特殊法人という位置づけで，政府・国会から独立して金融政策を行っている．

2　貨幣供給の仕組み

国の経済の安定化のために，中央銀行は金融政策として国内に流通する**貨幣供給量**（マネーサプライ：money supply）をコントロールする．この貨幣供給をコントロールするのに重要な概念が**ハイパワード・マネー**（high-powered money）と**準備**（reserve）である．

ハイパワード・マネーとは，中央銀行が市中銀行に対して提供する現金のことであり，**ベース・マネー**（base money）や**マネタリー・ベース**（monetary base）とも呼ばれる．中央銀行がハイパワード・マネーを市中に注入する方法は第4節で述べるが，この中央銀行からもたらされた"現金"（ハイパワード・マネー）はその何倍もの"預金"を創出し，国内の貨幣（現金＋預金）の量，

すなわち貨幣供給を何倍にも増大させることになる.

ところで,市中銀行は人々から預金を集め,それを企業等に貸し出すことで利息を得るという営業を行っている.したがって,市中銀行の利益は,預金者への支払利息と貸手からの受取利息の差額である.そのため,市中銀行が利潤最大を意図するならば,集めた預金を全て貸し出すことが合理的な行動である.ところが,前節でも触れたように,集めた預金額の全てを貸し出してしまうと市中銀行の金庫には現金が存在しなくなり,そうなると急な預金の引き出しに対応できず,混乱を招いてしまう恐れが出る.こうした銀行の支払不能といった危険を防ぐために,市中銀行は集めた預金額の一定率を預金者への支払の準備として中央銀行に原則として無利子で預けることが義務付けられており,これを**準備預金制度**(reserve requirements system)と呼んでいる.この準備預金制度の下で,法律によって定められた預金額に占める準備の割合を**法定準備率**(legal reserve ratio)と呼んでいる.なお,市中銀行は,法定準備率よりも多くの準備を中央銀行に預けることも可能であり,その実際の準備率を**支払準備率**(reserve ratio)と呼ぶ.この法律に定められた準備を超えた実際の支払準備の差(実際の支払準備−法定準備)は,過剰準備(超過準備)と呼ばれている[2].

さて,ここで中央銀行が市中銀行に提供した**ハイパワード・マネー**が,何倍もの貨幣供給量となっていくプロセスを図7-1で見ていこう.

いま,B会社が設備投資の資金として市中銀行であるA銀行に100億円を借り,A銀行はその100億円を中央銀行からの提供で賄った場合を考える.

図7-1において,法定準備率が5%であると仮定して,中央銀行が100億円のハイパワード・マネー(現金)をA銀行に提供したとする(ハイパワード・マネーを提供する方法については,第4節で述べる).A銀行は,その100億円の資金の全てをB会社に貸し出したとする.B会社は,その100億円を設備投資の代金としてC会社に支払ったとする.すなわち,ここで中央銀行が市中に提供したハイパワード・マネーは,100億円であることに留意されたい.

さてC会社は,代金として受け取った100億円のうち,10%に相当する10億円を操業資金として手元に置き,残りの90億円をD銀行に預金したとする.すなわち,ここで,市中には現金10億円+預金90億円の貨幣が存在すること

第7章　資産市場の分析（2）　*111*

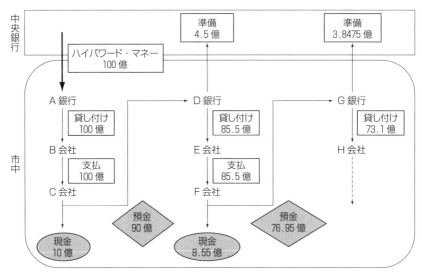

図 7-1　預金創造

になる．

　次にD銀行は，C会社から預かった90億円のうち，法定準備率の5％に相当する4.5億円を準備として中央銀行に預け，残りの85.5億円をE会社に貸し付けるとする．すなわち，ここで4.5億円の準備が中央銀行に戻されることになる．

　E会社は，D銀行から借りた85.5億円を取引先であるF会社への支払に充てたとする．85.5億円の支払いを受けたF会社は，そのうちの10％に相当する8.55億円を操業資金として手元に置き，残りの76.95億円をG銀行に預金したとする．すなわち，ここでさらに市中には，現金8.55億円＋預金76.95億円の貨幣が発生することになる．

　さらにG銀行は，F会社の預金76.95億円のうち，法定準備率の5％に相当する3.8475億円を準備として中央銀行に預け，残りの73.1億円をH会社に貸し付けたとする…といったように，貸し付けと預金・現金，準備といったプロセスが際限なく続いていく．

　以上のように，ハイパワード・マネーによって市中に現金が注入され，それが貸し付けを経て，預金が増えていくというプロセスを**預金創造**（deposit creation）あるいは**信用創造**（credit creation）と呼ぶ．**図 7-1** の例では，100億円のハイパワード・マネーに対して，C 会社の預金 90 億円＋F 会社の預金76.95 億円＋…＝166.95 億円＋…の預金が創造されたことになる．なお，市中の現金は C 会社の 10 億円＋F 会社の 8.55 億円＋…であり，また D 銀行の 4.5億円＋G 銀行の 3.8475 億円＋…が準備として中央銀行に戻されている．ここで，**ハイパワード・マネー**と現金の関係は，

$$\text{ハイパワード・マネー} = \text{現金} + \text{準備} \tag{7-1}$$

という式で表され，これはハイパワード・マネーの総量（金額）のうち，中央銀行に戻される準備の金額分を差し引いた額が市中に現金として流通することを意味している．すなわち，ハイパワード・マネーによって増えるのは，貨幣供給のうち，現金ではなく，預金であることに注意されたい．

3 貨 幣 乗 数

前節で見たように，中央銀行がハイパワード・マネーを市中銀行に提供すると，**預金創造**のプロセスを通じて，その何倍もの貨幣供給（マネー・サプライ）が生み出される．このハイパワード・マネーが生み出す貨幣供給の倍数は，**貨幣乗数**（money multiplier）あるいは**信用乗数**（credit multiplier）と呼ばれる．

いま**ハイパワード・マネー**（high-powered money）を H，**貨幣供給**（money supply）を M とすると，貨幣乗数 m は，ハイパワード・マネーに対する貨幣供給の比である

$$m = \frac{M}{H} \tag{7-2}$$

と定義される．ここで，貨幣 M とは**現金**（cash）C と**預金**（deposit）D からなり，またハイパワード・マネー H は現金 C と準備（reserve）R を合せたものであるため，

$$m = \frac{M}{H} = \frac{C + D}{C + R} \tag{7-3}$$

と表すことができる．式（7-3）の最右辺を預金 D で割ると，

$$m = \frac{\dfrac{C}{D} + \dfrac{D}{D}}{\dfrac{C}{D} + \dfrac{R}{D}}$$

$$= \frac{\dfrac{C}{D} + 1}{\dfrac{C}{D} + \dfrac{R}{D}} \tag{7-4}$$

を得る．ここで，$\dfrac{C}{D}$ は現金預金比率と呼ばれ，また預金に占める準備を表す $\dfrac{R}{D}$ は**支払準備率**のことである．

　つまり，国民が預金 D よりも現金 C を多く持つならば現金預金比率 $\dfrac{C}{D}$ が小さく，したがって貨幣乗数 m の値は大きくなる．また，支払準備率 $\dfrac{R}{D}$ が小さくなると，貨幣乗数 m の値は大きくなるのである．

　さて，中央銀行が提供するハイパワード・マネー H は，その m 倍の貨幣供給 M をもたらすため，その関係は

$$M = m \times H \tag{7-5}$$

すなわち，

$$M = \frac{\dfrac{C}{D} + 1}{\dfrac{C}{D} + \dfrac{R}{D}} \times H \tag{7-6}$$

と表すことができる．この式は，貨幣供給量 M が，ハイパワード・マネー H の規模か，貨幣乗数 m の大きさ（すなわち，現金預金比率 $\dfrac{C}{D}$ や支払準備率 $\dfrac{R}{D}$）に依存するということを示している．

4　金融政策手段

　　中央銀行は，第6章で述べた貨幣供給（マネー・サプライ）の変更を通じて，国内の経済を安定化する役割を担っている．これを**金融政策**と呼び，財政政策と並んで，国のマクロ経済政策の二本柱となっている．

　　政府が行う財政政策が総需要の水準に直接的に影響を与えて国民所得を誘導するのに対して，中央銀行の行う金融政策は金融市場を通じて間接的に総需要に影響を与えることになる．すなわち，中央銀行は，ハイパワード・マネー（マネタリー・ベースまたはベースマネー）等の操作を通じて貨幣供給量（マネー・サプライ）を増減し，利子率を調整することで，財市場における有効需要を増減させ，均衡国民所得を誘導するのである．

　　中央銀行は，こうした**金融政策**を実施するにあたって，主として，① 公開市場操作，② 法定準備率操作，③ 政策金利操作，の3つの手段を用いている．

① 公開市場操作（open market operation）

　　公開市場操作とは，中央銀行が金融市場に参加して，流通している債券や手形などを売買することで，第2節で述べたハイパワード・マネーの量を変化させ，貨幣供給量をコントロールする金融政策手段である．すなわち，式（7-5）で示したように，貨幣乗数をm，ハイパワード・マネーをHとすると，貨幣供給量Mは，

$$M = m \times H$$

と表される．この式から，たとえ貨幣乗数mが不変であったとしても，中央銀行はハイパワード・マネーHを操作することで，市中の貨幣供給量Mを増減させることができるということがわかる．

　　さて，いま国内経済が不況となっており，有効需要を増大させる必要があるとするならば，財市場において企業の投資等を促進するためには利子率の低下が求められる．利子率は，第6章で述べたように，貨幣供給量Mの減少関数であるため，貨幣供給量Mを増やす必要がある．そこで，中央銀行は，市中にお

いて債券・手形等を購入することで，その債券等の代金として売り手に現金を支払うという行動をとる．こうした中央銀行による債券・手形等の購入は，市中への現金の投入，すなわちハイパワード・マネー H の増大になる．したがって，注入された H の m 倍だけ貨幣供給量 M が増加することになる．このような公開市場操作は，**買いオペレーション**（buying operation）あるいは買いオペと呼ばれている．

一方，国内経済が過熱しており，有効需要を減少させる必要があるとするならば，財市場において企業の投資等を抑制するためには利子率の上昇が求められる．そして，利子率を上昇させるためには，貨幣供給量 M を減らす必要がある．そこで，中央銀行は，保有している債券・手形等を市場で売却することで，その債券等の代金として買い手から現金を受け取るという行動をとる．こうした中央銀行による債券・手形等の売却は，市中からの現金の回収，すなわちハイパワード・マネー H の削減になる．したがって，回収された H の m 倍だけ貨幣供給量 M が減少することになる．このような公開市場操作は，**売りオペレーション**（selling operation）あるいは売りオペと呼ばれている．

② 法定準備率操作（legal reserve ratio control）

中央銀行は，市中銀行に対して保有する預金額の一定割合を中央銀行に預け入れさせることを法律で義務付けている（**準備預金制度**）が，市中銀行が保有する預金に対する中央銀行へ預けなければならない金額の最低限の割合のことを法定準備率と呼ぶ（銀行が保有する預金に対する中央銀行への実際の預入額の割合は**支払準備率**と呼ばれ，支払準備率が法定準備率を上回ることもある）．

法定準備率操作とは，中央銀行が法定準備率を変更することで，市中銀行の支払準備率の変化を促し，それによって貨幣乗数を変化させて貨幣供給量をコントロールするという金融政策手段である．

第3節で学んだように，貨幣乗数 m は，

$$m = \frac{\text{現金預金比率} + 1}{\text{現金預金比率} + \text{支払準備率}} = \frac{\dfrac{C}{D} + 1}{\dfrac{C}{D} + \dfrac{R}{D}}$$

となる．したがって，ハイパワード・マネー H と貨幣供給 M の関係は，式
(7-6) のとおり

$$M = \frac{\dfrac{C}{D}+1}{\dfrac{C}{D}+\dfrac{R}{D}} \times H$$

と表すことができる．

　ここで，$\dfrac{R}{D}$ が支払準備率を示すことから，中央銀行はハイパワード・マネー
H を変化させなくても，法定準備率を変更することで支払準備率 $\dfrac{R}{D}$ を変化さ
せ，市中の貨幣供給量 M を増減させることができるのである．すなわち，中央
銀行へ預ける準備 R の変更（法定準備率の変更）は，上式の右辺分母の値を変
化させることから貨幣乗数 m の値を変化させるため，中央銀行はハイパワー
ド・マネー H を変化させなくても，貨幣供給量 M を増減することができるの
である．なお，中央銀行による法定準備率の変更が市中銀行の支払準備率の変
化を促すことから，この金融政策手段は**支払準備率操作**（reserve ratio
control）とも呼ばれる．

　さて，いま国内経済が不況となっており，有効需要を増やすために利子率の
下落が求められるならば，貨幣供給量 M を増やす必要がある．そのとき，中央
銀行は，法定準備率を引き下げることで市中銀行の支払準備率 $\dfrac{R}{D}$ を小さくさせ，
したがって貨幣乗数 m の値が大きくなるため，ハイパワード・マネー H を変
更しなくとも，新たに大きな値となった貨幣乗数 m 倍だけ貨幣供給量 M を増
加させることができるのである．

　一方，国内経済が過熱しており，有効需要を減少させる必要があるとするな
らば，利子率の上昇が求められる．そのとき，中央銀行は，法定準備率を引き
上げることで市中銀行の支払準備率 $\dfrac{R}{D}$ を大きくさせ，したがって貨幣乗数 m
の値が小さくなるため，ハイパワード・マネー H を変更しなくとも，新たに小
さな値となった貨幣乗数 m 倍だけ貨幣供給量 M が減少し，利子率の上昇を促
すことができるのである．

③ 政策金利操作（bank rate operation）

中央銀行は，市中銀行に対して資金を貸し付けることができるが，その際に適用される利子率を**政策金利**（bank rate）と呼んでいる．中央銀行の政策金利の利率は，市中銀行を通して市場の利子率に直接的に影響を及ぼすことになる．

すなわち，いま国内経済が不況となっており，有効需要を増やすために市場の利子率の下落が求められるならば，中央銀行は政策金利を引き下げる．政策金利が下落すると，市中銀行は中央銀行からより多くの資金を借りることができ，したがって市中銀行は民間に貸し付ける利子率も低くすることができる．

一方，国内経済が過熱しており，市場の利子率を上昇させる必要があるならば，中央銀行は政策金利を引き上げる．政策金利の引き上げは，中央銀行から資金を借りている市中銀行に対して，より多くの利息を支払わせるようになるため，市中銀行は民間に貸し付ける利子率もそれに連動して高く設定することになる．

なお，日本の政策金利は，かつては**公定歩合**（official discount rate）と呼ばれていた．日本の利子率は，1980年代までは日本銀行が決定する公定歩合を基準に市場利子率が決まるという**規制金利**（regulated interest rate）となっていた．こうした規制金利のもとでは，日本銀行の公定歩合の操作は，市中銀行を通して直接的に市場利子率を調整することが可能であった．

しかしながら，現在の日本では，貨幣市場における需給バランスによって市場利子率が決定される自由金利となっている．こうした自由金利のもとでは，政策金利の操作は市場利子率に直接的な影響をもたなくなっている．ただし，政策金利の変更は，日本銀行の金融政策のスタンスを市場関係者に知らしめるシグナルになり，それによって市場が動いたりする．すなわち，政策金利の引き下げは日本銀行が貨幣供給量を増やして金利を下げたいというシグナルになり，その逆に政策金利の引き上げは日本銀行が貨幣供給量を減らして金利を上げたいというシグナルになる．こうしたシグナルによって市場に影響を与えることを"政策金利操作のアナウンス効果"と呼ぶ．

なお，日本の政策金利は，2008年に公定歩合という名称から，「基準割引率および基準貸付利率」という名称に変更となった．

5　金融政策の効果

中央銀行は第4節で学んだ金融政策手段等によって，貨幣市場ないしは資産市場における均衡利子率を変化させ，間接的に財市場における有効需要に影響を与えることで，均衡国民所得を誘導することができる．表7-1は，国の経済状況に応じて中央銀行がとるべき金融政策手段をまとめてある．ここでは，経済状況ごとに，金融政策の効果のプロセスを見ていくことにする．

（1）不況の場合

国内経済の不況とは，有効需要が少ないため国民所得が小さく，失業が発生している状況であり，第5章で学んだように，財市場において図7-2のようなデフレ・ギャップ（deflationary gap）が生じている状態である．

表7-1　経済状況と金融政策

	経済不況期	経済過熱期
	拡張的金融政策（金融緩和） （貨幣供給量増大〜利子率下落）	金融引き締め政策 （貨幣供給量減少〜利子率上昇）
公開市場操作	買いオペレーション	売りオペレーション
法定準備率操作	法定準備率の引き下げ	法定準備率の引き上げ
政策金利操作	政策金利の引き下げ	政策金利の引き上げ

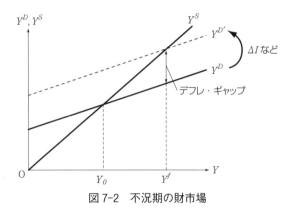

図7-2　不況期の財市場

したがって，経済が不況となっている場合は，中央銀行は貨幣市場においてハイパワード・マネーを増やして貨幣供給量を増大させ，市場利子率を下落させることで，企業の投資 I などの有効需要を刺激して総需要曲線を Y^D から $Y^{D'}$ へ上方シフトさせ，デフレ・ギャップを解消して完全雇用国民所得 Y^f を実現させることが求められる．こうした貨幣供給量を増やす金融政策を**金融緩和**（monetary relaxation）あるいは**拡張的金融政策**（expansionary monetary policy）と呼ぶ．

不況期に実施される中央銀行の金融緩和政策の各政策手段（**表7-1**）は，第6章で学んだように，**図7-3**で示したような貨幣市場において，貨幣供給曲線を M から M' へ右方シフトさせることで，均衡利子率を i^* から i' へと下落さ

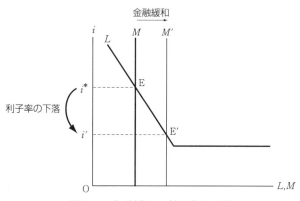

図7-3　金融緩和と利子率の下落

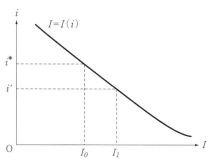

図7-4　利子率と投資量の関係

ることができる．利子率 i は，図 7-4 で示したように，企業の投資 I 等に影響を与える．図 7-4 から，利子率 i が下落すると企業の投資 I が増えることがわかる．そして，企業の投資 I の増加（ΔI）は，図 7-2 において総需要曲線を上方シフトさせ，国民所得 Y を増大させる．

（2）経済が過熱している場合

国内経済が過熱している状態とは，有効需要が大き過ぎるためにその国の生産能力の上限に達してしまっており，超過需要が物価の上昇を引き起こしている状況であり，第 5 章で学んだように，財市場において図 7-5 のような**インフ**

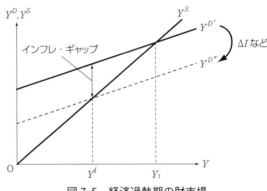

図 7-5　経済過熱期の財市場

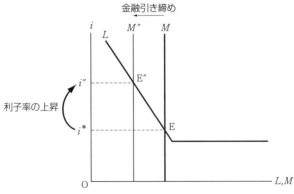

図 7-6　金融引き締めと利子率の上昇

レ・ギャップ（inflationary gap）が生じている状態である.

したがって，経済が過熱している場合は，中央銀行は貨幣市場においてハイパワード・マネーを減らして貨幣供給量を減少させ，市場利子率を上昇させることで，企業の投資 I などの有効需要を抑制して総需要曲線を Y^D から $Y^{D''}$ へ下方シフトさせ，インフレ・ギャップを解消して完全雇用国民所得 Y^f を実現させることが求められる．こうした貨幣供給量を減らす金融政策を**金融引き締め政策**（restictive monetary policy）と呼ぶ.

経済過熱期に実施される中央銀行の金融引き締め政策の各政策手段（**表7-1**）は，第6章で学んだように，**図7-6** で示したような貨幣市場において，貨幣供給曲線を M から M'' へ左方シフトさせることで，均衡利子率を i^* から i'' へと上昇させることができる．利子率 i は，**図7-4** で示したように，企業の投資 I 等に影響を与える．**図7-4** から，利子率 i が上昇すると企業の投資 I が減ることがわかる．そして，企業の投資 I の減少（ΔI）は，**図7-5** において総需要曲線を下方シフトさせるため，超過需要が解消され，物価が安定化する.

注
1）国・地域や時代によっては，複数の銀行によって通貨が発行されていたケースもある.
2）2008年より日本銀行は，超過準備に対して利子を付すことになった（補完当座預金制度）．しかし，その利子率は，プラスのみならず，マイナスになる場合もある.

第 8 章

IS-LM 分析

第8章の要点

IS 曲線
・財市場を均衡させる利子率と国民所得の組み合わせの軌跡

LM 曲線
・貨幣市場を均衡させる利子率と国民所得の組み合わせの軌跡

IS-LM 分析

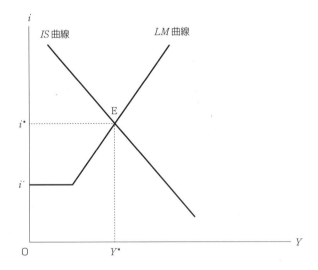

拡張的財政政策の効果

・IS 曲線が右方シフト
  - 国民所得の増大
  - 利子率の上昇 ── → クラウディング・アウトの発生
    ……投資が利子非弾力的な場合はクラウディング・アウトは発生しない

金融緩和政策の効果

・LM 曲線が右方シフト
  - 国民所得の増大
  - 利子率の下落
    ……流動性の罠では金融政策が無効
    ……投資が利子非弾力的な場合は金融政策が無効

ポリシー・ミックス

・財政政策と金融政策を同時に行う
    ……クラウディング・アウトを回避可能

この章で使われる記号

Y^D	総需要	Y^S	総供給
Y^{f*}	均衡国民所得	L	貨幣需要量
M	貨幣供給量	i^*	均衡利子率
I	投資	S	貯蓄

は じ め に

第4章・第5章では，財市場の分析を行い，総需要と総供給の等しくなるところで均衡国民所得が決定されることを学んだ（ただし，利子率は不変と仮定されていた）．次いで第6章・第7章では，資産市場（貨幣市場）の分析を行い，貨幣需要と貨幣供給の等しくなるところで均衡利子率が決定されることを学んだ．

本章では，これまで個別に分析してきた財市場と資産市場（貨幣市場）について，それらを同時に分析していく．

1　財市場の均衡と IS 曲線

第4章・第5章で学んだ財市場では，45度線分析を用いて，総需要 Y^D と総供給 Y^S の等しくなるところで均衡国民所得 Y^* が決定されることをみた．この45度線分析では，財市場のみに焦点を当てたため，貨幣市場で決定される利子率は不変として扱っていた．

しかしながら，本章では，貨幣市場も同時に分析するため，貨幣市場で決定される利子率も変化するものとして扱わなければならない．すなわち，貨幣市場における利子率の変化が，財市場における均衡国民所得をどのように変化させるのかを考える．

第6章の第6節において，貨幣市場では貨幣需要 L と貨幣供給 M が等しくなるところで均衡利子率 i^* が決定されることをみた（流動性選好理論）．そして，第6章第3節では，その利子率 i によって投資 I が決定されることをみた（投資関数 $I = I(i)$）．さらに，第4章の第3節では，貯蓄 S は国民所得 Y によって決定され（貯蓄関数 $S = S(Y)$），また貯蓄 S と投資 I が等しくなる（つまり，$S(Y) = I(i)$）ところで均衡国民所得 Y^* が決定されることをみた（すなわち，そこにおいては，総供給 Y^S と総需要 Y^D も等しくなる）．これらの関係をまとめたものが，図8-1である．図8-1においては，第Ⅰ象限から第Ⅳ象限の全ての縦軸・横軸は，原点0から離れるにつれて値が大きくなる．

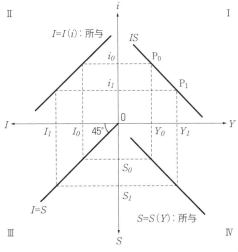

図 8-1　*IS* 曲線の導出

　図 8-1 の第Ⅱ象限は，利子率 i と投資 I の関係（投資関数 $I = I(i)$）を表しており，利子率 i が下落すると投資 I が増大することを示している．図 8-1 の第Ⅲ象限は，貯蓄 S と投資 I の関係を表しており，貯蓄 S と投資 I が等しい（すなわち，$S(Y) = I(i)$）ということを 45 度の傾きの直線で示している．図 8-1 の第Ⅳ象限は，貯蓄 S と国民所得 Y の関係（貯蓄関数 $S = S(Y)$）を表しており，国民所得 Y が増大すると貯蓄 S も増加することが示されている．そして，図 8-1 の第Ⅰ象限は，財市場を均衡（すなわち，$Y^S = Y^D$ であり，$S(Y) = I(i)$）させる利子率 i と国民所得 Y の組み合わせの軌跡を表しており，この軌跡が *IS* 曲線（*IS* curve）と呼ばれるものである．

　ここで，この *IS* 曲線の導出過程を図 8-1 で見ていこう．まず，第Ⅱ象限（投資関数）において，ある利子率 i_0 が与えられたならば，曲線 $I = I(i)$ からそれに対応する投資量 I_0 が決まる．投資量が I_0 であるならば，第Ⅲ象限において $I = S$ であるので，それに等しい貯蓄 S_0 が決まる．貯蓄が S_0 であるならば，第Ⅳ象限の貯蓄関数 $S(Y) = I(i)$ から，その S_0 を生み出す国民所得 Y_0 が決まる．こうして決定された利子率 i_0 と国民所得 Y_0 との組み合わせを第Ⅰ象限にプロットすると点 P_0 が得られる．同様にして，利子率 i_1 を与えると，I_1 が決まり，

S_1 が決まり，Y_1 が決まるので，第Ⅰ象限に点 P_1 が得られる．以下，さまざまな利子率の水準について，こうしたプロセスを経て得られる点 P_0, P_1, … をつなぎ合わせた線が，IS 曲線になる．

ここで，図 8-1 より第Ⅰ象限のみを取り出したものが図 8-2 の IS 曲線になる．**IS 曲線**の名称の I は**投資**（Investment）を，S は**貯蓄**（Saving）を意味しており，利子率 i（縦軸）と国民所得 Y（横軸）の関係を表す図の中でそれは右下がりの曲線として示される．IS 曲線とは財市場の均衡（$I = S$）をもたらす利子率 i と国民所得 Y の組み合わせの軌跡であり，それは利子率 i が下落すると投資 I が増え，それに応じて貯蓄 S が増えなければならないため，国民所得 Y も増加するということを示している．もちろんその逆に，利子率 i が上昇すると投資 I は減り，したがって貯蓄 S も減るため国民所得 Y も減少する．別の見方をすると，図 8-2 の IS 曲線上の全ての i と Y の組み合わせの点では，財市場において総供給は総需要に等しくなっている（$Y^S = Y^D$）．しかし，IS 曲線よりも右方に位置する i と Y の組み合わせの任意の点では，IS 曲線上の点よりも Y（すなわち，総供給）が大きいため，財市場に超過供給（$Y^S > Y^D$）が生じている．その逆に，IS 曲線よりも左方に位置する i と Y の組み合わせの任意の点では，財市場に超過需要（$Y^S < Y^D$）が生じている．

ところで，経済状況がとても悪く，企業が経営の先行きに大きな不安を持っているような状況では，第 6 章の第 3 節で説明した**資本の限界効率**（marginal efficiency of capital）がゼロないしはマイナスとなり，利子率が変化しても企

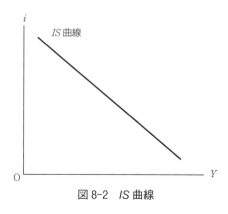

図 8-2　IS 曲線

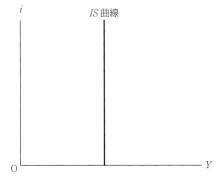

図 8-3　投資が利子非弾力的な場合の IS 曲線

業が投資量を変えない状況が生じる可能性がある．このような経済不況の状況で，投資が利子率の変化に反応しないことを，投資の利子弾力性が非弾力的と表現する．こうした投資が利子非弾力的な場合，利子率が変化しても投資が不変であり，したがって国民所得も変化しないため，IS 曲線は垂直になる（図 8-3）．

2　貨幣市場の均衡と LM 曲線

第 6 章・第 7 章で学んだ資産市場ないしは貨幣市場では，貨幣供給 M と貨幣需要 L の等しくなるところで均衡利子率 i^* が決定されることをみた．したがって，貨幣市場の均衡を示す式 $M = L(Y, i)$ から，この関係を満たす国民所得 Y と利子率 i の組み合わせを求めることができる．これを図示したものが，図 8-4 の第Ⅰ象限に描かれた **LM 曲線**（LM curve）である．

図 8-4 においては，第Ⅰ象限から第Ⅳ象限の全ての縦軸・横軸は，原点 O から離れるにつれて値が大きくなる．図 8-4 の第Ⅱ象限は，利子率 i と貨幣の資産需要 L_2 の関係（$L_2 = L_2(i)$）を表しており，利子率 i が下落すると貨幣の資産需要 L_2 が増大することを示している．なお，ここで L_2 曲線が水平に描かれている区間は，流動性の罠を表している．図 8-4 の第Ⅲ象限は，貨幣の取引需要 L_1 と資産需要 L_2 を合せた全体としての貨幣需要 L が，ある一定の貨幣供給量 $\bar{M}$ に等しくなるように（$L = L_1 + L_2 = \bar{M}$）描かれている．図 8-4 の第Ⅳ象

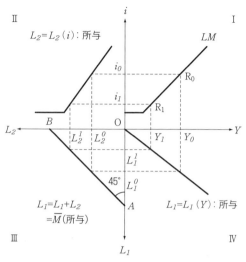

図 8-4　*LM* 曲線の導出

限は，国民所得 Y と貨幣の取引需要 L_1 の関係（$L_1 = L_1(Y)$）を表しており，国民所得 Y が増加すると貨幣の取引需要 L_1 が増大することを示している．そして，図 8-4 の第 I 象限は，貨幣市場を均衡（すなわち，$M = L$）させる利子率 i と国民所得 Y の組み合わせの軌跡を表しており，この軌跡が *LM* 曲線と呼ばれるものである．

ここで，この *LM* 曲線の導出過程を図 8-4 で見ていこう．まず，第 IV 象限において，ある国民所得 Y_0 が与えられたならば，貨幣の取引需要曲線 $L_1 = L_1(Y)$ からそれに対応する貨幣の取引需要量 L_1^0 が決まる．貨幣の取引需要量が L_1^0 であるならば，第 III 象限における $L = L_1 + L_2 = \bar{M}$ から，貨幣の資産需要量 L_2^0 が決まる．貨幣の資産需要量が L_2^0 であるならば，第 II 象限の貨幣の資産需要曲線 $L_2 = L_2(i)$ から，それを満たす利子率 i_0 が決まる．こうして決定された利子率 i_0 と国民所得 Y_0 との組み合わせを第 I 象限にプロットすると点 R_0 が得られる．同様にして，国民所得 Y_1 を与えると，L_1^1 が決まり，L_2^1 が決まり，i_1 が決まるので，第 I 象限に点 R_1 が得られる．以下，さまざまな国民所得の水準について，こうしたプロセスを経て得られる点 R_0, R_1, … をつなぎ合わせた線が，*LM* 曲線になる．

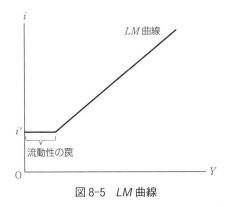

図 8-5 *LM* 曲線

ここで，図 8-4 より第Ⅰ象限のみを取り出したものが図 8-5 の *LM* 曲線になる．*LM* 曲線の名称の L は**流動性選好**（Liquidity preference）すなわち貨幣需要を，M は**貨幣供給**（Money supply）を意味しており，利子率 i（縦軸）と国民所得 Y（横軸）の関係を表す図の中でそれは右上がりの曲線として示される．*LM* 曲線とは貨幣市場の均衡（$M = L$）をもたらす利子率 i と国民所得 Y の組み合わせの軌跡であり，それは一定の貨幣供給 $\bar{M}$ の下で利子率 i が下落すると貨幣の資産需要 L_2 が増え，したがって貨幣供給 $\bar{M}$ と均等になるためには貨幣の取引需要 L_1 が減らねばならず，それは国民所得 Y が減少することによって達成されるということを示している．もちろんその逆に，利子率 i が上昇すると貨幣需要 L_2 は減少し，したがって貨幣供給 $\bar{M}$ の下では貨幣需要 L_1 は増大せねばならず，そのため国民所得 Y が増大する．別の見方をすると，図 8-5 の *LM* 曲線上の全ての i と Y の組み合わせの点では，貨幣市場において貨幣需要は貨幣供給に等しくなっている（$M = L$）．しかし，*LM* 曲線よりも右方に位置する i と Y の組み合わせの任意の点では，*LM* 曲線上の点よりも Y が大きいため貨幣需要 L が多くなり，貨幣市場に超過需要（$M < L$）が生じている．その逆に，*LM* 曲線よりも左方に位置する i と Y の組み合わせの任意の点では，貨幣市場に超過供給（$M > L$）が生じている．なお，利子率 i が著しく低い水準 i' において，*LM* 曲線が水平になっているのは，**流動性の罠**（liquidity trap）のためである．

3 財市場と貨幣市場の同時均衡

前節までで，財市場の均衡をもたらす利子率と国民所得の関係を示す *IS 曲線*と，貨幣市場の均衡をもたらす利子率と国民所得の関係を示す *LM 曲線*が導出された．図8-6は，図8-2の IS 曲線と図8-5の LM 曲線を同じ図面上に描いたものである．

図8-6において，IS 曲線上の全ての点では財市場が均衡していることを示しており，また LM 曲線上の全ての点では貨幣市場が均衡していることを示している．したがって，IS 曲線と LM 曲線の交点Eは財市場と貨幣市場が同時に均衡状態にある唯一の点であり，この点Eにおける利子率と国民所得の組み合わせは財市場と貨幣市場の同時均衡をもたらす均衡利子率 i^* と均衡国民所得 Y^* なのである．

こうした図8-6を使って財市場と貨幣市場の同時均衡を分析する方法は，*IS-LM 分析*（IS-LM analysis）と呼ばれ，イギリスの経済学者でノーベル経済学賞受賞者の**ヒックス**（John Richard Hicks, 1904-1989）によって初めて提示された．

この図8-6において，財市場における有効需要の増加は IS 曲線を右方シフトさせ，逆に有効需要の減少は IS 曲線を左方シフトさせる．また，貨幣市場における貨幣供給量の増加は LM 曲線を右方シフトさせ，逆に貨幣供給量の減少

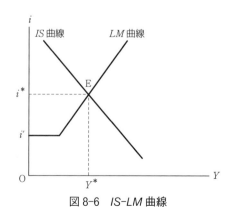

図8-6　*IS-LM* 曲線

は LM 曲線を左方シフトさせる．もちろん，各曲線がシフトすると，IS 曲線と LM 曲線の交点は移動することから，財市場と貨幣市場の同時均衡をもたらす利子率と国民所得の組み合わせもまた変化する．この IS-LM 曲線の性質をもとに，以下では経済の状況に応じたマクロ経済政策の効果について考えていく．

4　不況期の財政・金融政策の効果

　経済が不況に陥っている状況では，財市場において総需要が完全雇用国民所得を下回る超過供給の状況にあり，そうなると失業が発生してしまう．このような経済状況にあるとき，国は失業を解消し完全雇用を実現するために，景気を拡大させるようなマクロ経済政策（拡張的財政政策・拡張的金融政策）を行う必要がある．

（1）拡張的財政政策（expansionary fiscal policy）の効果
　経済不況期に景気を拡大するために政府が行う財政政策は，政府支出の増大や減税といった拡張的財政政策である（第 5 章参照）．いま，図 8-7 を使って，拡張的財政政策の効果を見てみよう．拡張的財政政策を実施すると，図 8-7 において，IS 曲線が IS_1 から IS_2 へと右方シフトする．その結果，IS 曲線と LM 曲線の交点も，点 E_1 から点 E_2 へと変わり，利子率は i_1 から i_2 へと上昇し，国民所得は Y_1 から Y_2 へと増大する．この国民所得の増大（すなわち，経済規模

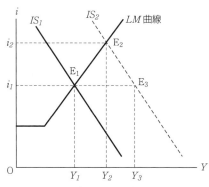

図 8-7　拡張的財政政策の効果

の拡大）が拡張的財政政策の効果である．

　しかしながら，この国民所得の増大といった効果を，第5章で学んだ45度線分析と比べてみると，IS-LM 分析の方が効果が小さいことがわかる．すなわち，財市場のみに焦点を当てていた45度線分析では，貨幣市場を考慮しないために利子率は不変であると仮定していたため，その拡張的財政策の効果を図8-7で考えてみると，IS 曲線が右方シフトしても利子率が i_1 のままであるため，交点が E_1 から E_3 にシフトすることになり，新たな国民所得は Y_3 になる．

　一方で，貨幣市場も考慮する IS-LM 分析では，拡張的財政政策による国民所得の増加は，貨幣の取引需要を増大させることから，利子率を上昇させる．そして，利子率の上昇は，投資を減少させることになり，総需要を減らすため，国民所得も減少する．

　こうした貨幣市場も考慮した場合の利子率の上昇による国民所得の減少は，図8-7における交点 E_3 から E_2 のシフトで示される．すなわち，拡張的財政政策は，IS 曲線を IS_1 から IS_2 へと右方シフトさせ，利子率が i_1 のまま不変であるならば LM 曲線との交点は E_1 から E_3 に移り，国民所得も Y_1 から Y_3 に増大するが，しかし国民所得の増大は貨幣需要を増大させるため，利子率が i_1 から i_2 へと上昇し，したがって LM 曲線との新たな交点は E_3 から E_2 へとシフトし，最終的に国民所得は Y_2 へと決定される．

　このように，拡張的財政政策が，利子率を上昇させることを通じて民間投資の一部を抑制してしまい，その政策効果が小さくなってしまうこと（すなわち，図8-7において交点が E_3 から E_2 へと押し戻されること）は，**クラウディング・アウト**（crowding out）と呼ばれる．

（2）拡張的金融政策（expansionary monetary policy）の効果

　経済不況期に景気を拡大するために中央銀行が行う金融政策は，貨幣供給を増大させる拡張的金融政策である（第7章参照）．いま，図8-8を使って，その金融緩和の効果を見てみよう．拡張的金融政策を実施すると，図8-8において，LM 曲線が LM_1 から LM_2 へと右方シフトする．その結果，IS 曲線と LM 曲線の交点も，点 E_1 から点 E_0 へと変わり，利子率は i_1 から i_0 へと下落し，利子率の下落が投資を促進するため，国民所得は Y_1 から Y_2 へと増大する．この国民

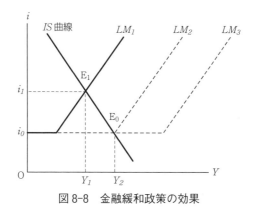

図8-8　金融緩和政策の効果

所得の増大（すなわち，経済規模の拡大）が金融緩和の効果である．

　ところが，さらに金融緩和を実施し，LM曲線をLM_2からLM_3へとシフトさせたとしても，IS曲線との交点はE_0のままであり，利子率もi_0のまま低下せず，したがって国民所得もY_2のまま変化しないことがわかる．これは，LM曲線が流動性の罠の状態になっているところでIS曲線と交差しているためである．流動性の罠の状態においては，既に利子率が最低水準に達しているため，貨幣供給を増大させたとしても利子率はもはや下落することはなく，したがって投資を促進することもないため，国民所得もこれ以上は増大しないのである．経済が**流動性の罠**に陥っている場合は，拡張的金融政策は効果を発揮できないため，拡張的財政政策を単独で実施することになる．

（3）ポリシー・ミックス（policy mix）

　拡張的財政政策はクラウディング・アウトにより効果が希薄になるが，これを回避するためには同時に**拡張的金融政策**を実施することが考えられる．図8-9において，拡張的財政政策を実施するとIS曲線がIS_1からIS_2にシフトし，LM_1曲線との交点がE_1からE_2になるため，国民所得はY_1からY_2へ増大する．しかし，利子率が不変であれば，この拡張的財政政策は国民所得をY_3まで増大させることができた．このクラウディング・アウトを回避するためには，拡張的財政政策と同時に拡張的金融政策を実施して，LM曲線をLM_1からLM_2へシフトさせることで利子率をi_1のままに維持することが必要である．そうす

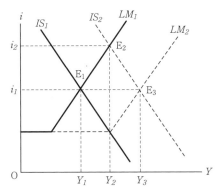

図 8-9　不況期のポリシー・ミックスの効果

ることで，新たな IS_2 曲線と LM_2 曲線の交点 E_3 のもと，利子率は当初と変わらず i_1 のまま維持し，国民所得を Y_3 にまで増大させることができるのである．こうした財政政策と金融政策の両方を組み合わせて実施することをポリシー・ミックスと呼ぶ．

5　経済過熱期の財政・金融政策の効果

経済が過熱している状況では，財市場において総需要が完全雇用国民所得を上回る可能性があり，そうなるとインフレーションが起こる恐れがある．このような経済状況にあるとき，国は物価を安定化させるために景気を冷やすようなマクロ経済政策（緊縮財政政策・金融引き締め政策）を行う必要がある．

（1）緊縮財政政策（restrictive fiscal policy）の効果

経済過熱期に景気を冷やすために政府が行う財政政策は，政府支出の削減や増税といった緊縮財政政策である．いま，図 8-10 を使って，緊縮財政政策の効果を見てみよう．緊縮財政政策を実施すると，図 8-10 において，IS 曲線が IS_2 から IS_1 へと左方シフトする．その結果，IS 曲線と LM 曲線の交点も，点 E_2 から点 E_1 へと変わり，利子率は i_2 から i_1 へと下落し，国民所得は Y_2 から Y_1 へと減少する．この国民所得の減少（すなわち，経済規模の縮小）が緊縮財政政策の効果である．

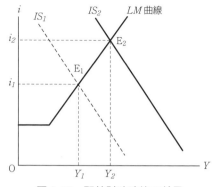

図8-10　緊縮財政政策の効果

（2）金融引き締め政策（restrictive monetary policy）の効果

　経済過熱期に景気を冷却するために中央銀行が行う金融政策は，貨幣供給を減少させる金融引き締め政策である（第7章参照）．いま，図8-11を使って，金融引き締め政策の効果を見てみよう．金融引き締め政策を実施すると，図8-11において，LM 曲線が LM_2 から LM_1 へと左方シフトする．その結果，IS 曲線と LM 曲線の交点も，点 E_0 から点 E_1 へと変わり，利子率は i_0 から i_1 へと上昇し，利子率の上昇が投資を減少させるため，国民所得は Y_2 から Y_1 へと減少する．この国民所得の減少（すなわち，経済規模の縮小）が金融引き締め政策の効果である．

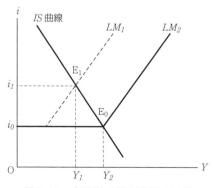

図8-11　金融引き締め政策の効果

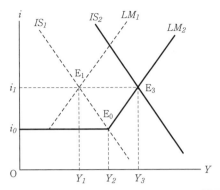

図 8-12 好況期のポリシー・ミックスの効果

（3）ポリシー・ミックス

緊縮財政政策もクラウディング・アウトにより効果が希薄になる．これを回避するためには同時に金融引締め政策を実施するポリシー・ミックスが考えられる．図 8-12 において，緊縮財政政策を実施すると IS 曲線が IS_2 から IS_1 にシフトし，LM_2 曲線との交点が E_3 から E_0 になるため，国民所得は Y_3 から Y_2 へ減少する．しかし，利子率が不変であれば，この緊縮財政政策は国民所得を Y_1 まで減少させることができた．このクラウディング・アウトを回避するためには，緊縮財政政策と同時に金融引締め政策を実施して，LM 曲線を LM_2 から LM_1 へシフトさせることで利子率を i_1 のままに維持することが必要である．そうすることで，新たな IS_1 曲線と LM_1 曲線の交点 E_1 のもと，利子率は当初と変わらず i_1 のまま維持し，国民所得を Y_1 にまで減少させることができるのである．

6 投資が利子非弾力的な場合の IS-LM モデル

本章の最後に，投資の利子弾力性が非弾力的な場合を考えよう．第1節で見たように，投資が利子非弾力的な場合は IS 曲線が垂直になる．

まず，投資が利子非弾力的な場合の財政政策について見てみよう．図 8-13 には，垂直な IS 曲線と通常の LM 曲線が描かれている．IS 曲線が IS_1 のとき，LM 曲線との交点は E_1 であり，したがって利子率は i_1，国民所得は Y_1 である．

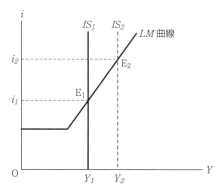

図8-13 投資が利子非弾力的な場合の財政政策

いま,拡張的財政政策によってIS曲線がIS_1からIS_2へと右方シフトした場合,LM曲線との新たな交点はE_2となり,したがって利子率はi_2へ上昇し,国民所得はY_2に増大する.しかし,投資が利子非弾力的であるということは,利子率が上昇しても投資が減少しないため,**クラウディング・アウト**は発生しない.

次に,投資が利子非弾力的な場合の金融政策について見てみよう.**図8-14**には,垂直なIS曲線と通常のLM曲線が描かれている.LM曲線がLM_1のとき,IS曲線との交点はE_1であり,したがって利子率はi_1,国民所得はY_1である.いま,金融緩和によってLM曲線がLM_1からLM_2へと右方シフトした場合,IS曲線との新たな交点はE_0となり,したがって利子率はi_0へ下落する.

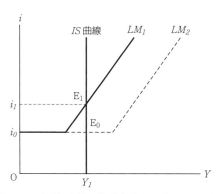

図8-14 投資が利子非弾力的な場合の金融政策

しかし，投資が利子非弾力的であるということは，利子率が下落しても投資が増加しないため，国民所得は Y_1 のままである．つまり，投資が利子非弾力的な場合（IS 曲線が垂直な場合），金融政策は無効となるのである．

第9章

労働市場の分析（1）

第9章の要点

月
日
（ ）

労働市場

労働需要＝雇用量

賃金＝労働の価格

これら雇用量と賃金水準が，労働市場で決定される

賃金の違い

名目賃金：賃金として受け取る，額面そのものの賃金（社会環境は関係
しない）

　→ケインズは名目賃金を重視.

実質賃金：物価水準で名目賃金を割った値の賃金

　→古典派は実質賃金を重視.

古典派の第一公準：労働需要

労働の限界生産物（MPL（Marginal product of Labor））

　→労働者が1単位（1人）増加したときに，アウトプット（生産量）
　　が増加した部分.

実質賃金は，労働の限界生産物に等しく決定（古典派の第一公準）.

古典派の第二公準：労働供給

効用：財やサービスを消費することで快楽，満足を得ること.

不効用：効用の反対で，苦痛や不満足を得るような事象.

効用最大化と制約条件

無差別曲線
労働供給は，実質賃金率＝限界不効用で決定（古典派の第二公準）．

古典派の二分法
伸縮的な賃金：労働の需給に応じて瞬時に調整されるような賃金体系．
　→市場メカニズムでの「神の見えざる手」が影響．
完全雇用：失業者が存在しない状況．
古典派の二分法：雇用量，実質賃金が他の市場と関係なく決定される．

ケインズによる労働市場
ケインズ＝古典派の第二公準を痛烈に批判．
古典派＝市場メカニズムが働くことが前提．
しかし，機能しない場合もあることにケインズは着目．
ケインズの主張
　→「名目賃金」のみを労働者は見て意思決定．
　　「貨幣錯覚がある」ことを提唱．
　　「セイ法則」＝供給が自らその需要を産み出す．を否定．
　　ケインズは，需要が供給を産み出すことを提唱．

この章で使われる記号

π	利潤	K	資本
P	価格（物価）	X	財・サービスの消費量
w	（名目）賃金	H	余暇
w/P	実質賃金（率）	U	効用
L	労働者数	T	総時間
F	労働の限界生産物		

はじめに

経済学においては，市場での交換という概念を通じて，さまざまな経済活動について見ていくという特徴がある．たとえば，私たちが日常生活に必要な財やサービスを購入しようとする場合には財・サービス市場を通じて求めることになるだろう．しかしながら，日常生活に必要な財やサービスを生産している企業を考えると，そこには従業員あるいは労働者といった実際その企業で雇用され働いている人々がいることは明らかである．また，ニュースなどで経済状況を示すものとして物価水準や失業率といったことが報じられるように，労働者の状態——雇用されているか失業している，あるいは正社員（正規雇用）かパートタイマー（非正規雇用）か——は非常に重要な概念になる．

本章では，労働市場についての基礎的・基本的な考え方について説明していく．財・サービス市場の場合には，ある財・サービスが欲しいという需要に対して，それを生産する供給量との関係で価格が決定されるので直感的に分かり易いが，労働市場の場合の需要と供給，そしてその労働から得られる賃金はどのように決定されるのだろうか．ここでは，労働市場について見ていくこととしよう．

1 労働市場とは

一般的に，経済学ではそこに登場する経済主体ごとに市場が存在しており，それぞれ想定された市場において均衡が存在し，均衡点での最適な供給量，需要量，価格などが決定される．労働市場の場合には，雇用量および賃金が決定される．よく言われるように，家計は企業に対し労働力を提供し，その対価として賃金を受け取るというフレームワークは，まさに労働市場を表したものである．さらには，労働者を受け入れる，企業の側から見ると好況や不況といった，その企業が直面する経済環境に応じて企業の経営を判断するであろう．もしも，好況であれば雇用量や生産量を増やす，あるいは賃金を増加させるという判断をするであろうし，不況であれば雇用量や生産量を減少させる，賃金を

第9章　労働市場の分析（1）　　*145*

減少させることで，企業が直面するコスト（費用）を削減するであろう．

　本章では，労働市場の考え方の基礎的な部分について概観する．ここでは古典派経済学とケインズ（ケインジアン）の考え方について，双方の内容が現れるが，一般的に古典派経済学は，現代で言うところのミクロ経済学の考え方に依拠しているのに対し，ケインズ（ケインジアン）はむしろ古典派を批判し新たな経済学の枠組みを作った，現代でいうところの基本的なマクロ経済学の考え方を提供するものであるということをまずは理解しておこう．具体的には，本章の中で重要な用語である「古典派の第一公準」や「古典派の第二公準」とは，経済学に大きな影響を与えたイギリスの経済学者であるケインズ（J. M. Keynes, 1883-1946）によって提唱された用語であるが，ここでいう「古典派」とは，アダム・スミス（Adam Smith, 1723-1790）からマーシャル（A. Marshall, 1842-1924）に至るまでの，当時の主流な経済学のことをいう[1]．ケインズは古典派の理論を批判的に検討することによって，マクロ経済学に代表されるような経済学の新しい領域を拓いたといえる．特にケインズが1936年に著した**『雇用・利子および貨幣の一般理論**（The general theory of employment interest and money）』は単に『一般理論』とも言い表されるが経済学において非常に有名な文献である．

　ケインズは，今までの古典派の代表的な経済理論において前提にされてきた，「神の見えざる手」や「小さな政府」に代表されるように，市場メカニズムは自動的に調整され，需要と供給が自然に一致（均衡）するということを批判的に捉えた．これは古典派が供給の側面を重要視していたのに対し，ケインズにおいては需要の側面から検討したことに大きな特徴がある．以下では，それぞれの理論について労働市場をどのように考えていたかについて見ていくこととしよう．

2　労働需要

（1）古典派の第一公準（first postulate of the classical economics）

　労働市場における古典派とケインズの基本的な考え方として，賃金の違いつまり**名目賃金**（nominal wage）と**実質賃金**（real wage）という賃金に関する

考えの違いが大きい.

たとえば，賃金が 10 万円であった場合，「金額そのもの」のことを「名目賃金」という．つまり，「名目賃金＝実際の額面あるいは金額」，とイメージすればよいだろう.

一方で，例えば最低賃金（1 時間当たりの賃金の最低額）のように都道府県ごとに異なるような場合には，名目賃金のみで比較することが難しい場合がある．いま仮に，アルバイトの時給がA県では 1,000 円／時でB県では 800 円／時であるが，コンビニで購入するアイスの価格はともに 100 円であったとする．このときA県とB県のそれぞれの時給を，アイスの価格（物価）で割れば，10 と 8 となる．つまり，地域などによって価格が異なるような場合や，物価が変動している場合について，その賃金を物価で割ることによって得られた値のことを「実質賃金」という[2].

以下では，古典派による企業の労働需要について簡単なモデルを用いて説明する．なおここでは単純化のために資本は変化しないという「短期（short term）」の場合で検討するため，企業の生産には労働のみを用いるとする．ここでの利潤関数は，

$$\pi = P \cdot Y - w \cdot L \qquad (9\text{-}1)$$

として表される．ここで，π は利潤，P は生産される財・サービスの価格（社会全体でみれば物価），Y は，財・サービスの生産量，w は名目賃金，L は労働量（従業員数）をそれぞれ意味している．なお，ここで財・サービスの生産に必要な技術を $Y = F(L)$ で表し，これを**生産関数**（product function）という．式（9-1）に生産関数 $Y = F(L)$ を代入すれば，

$$\pi = P \cdot F(L) - w \cdot L \qquad (9\text{-}2)$$

となり，式（9-2）を労働量 L で微分し，その式を ＝ 0 とおけば（これを最適化するという．専門的な言い方では利潤最大化の 1 階の条件より），

$$P \cdot F'(L) - w = 0 \qquad (9\text{-}3)$$

が得られる．式（9-3）を変形すれば，

$$F'(L) = \frac{w}{P} \tag{9-4}$$

が得られる．ここで $F'(L)$ を**労働の限界生産物**（MPL：Marginal products of labor）という．ここで労働の限界生産物とは，労働者が 1 人増加したときにいくら生産量が増加するかということを表している．

式（9-4）の右辺の $\frac{w}{P}$ は，価格（物価）で名目賃金を割った（除した）ものであり，これが**実質賃金**である．つまり式（9-4）で表した数式を言葉で言い換えてみると「労働の限界生産物は実質賃金に等しい」あるいは「実質賃金は労働の限界生産物に等しく決定される」となる．これをケインズは「**古典派の第一公準**」と名付けた．

（2）労働需要曲線の導出

ここでは労働需要曲線の導出について，実質賃金 $\left(\frac{w}{P}\right)$ と労働量（雇用者数）(L) の関係を考えて見よう．例えば労働者数が増加すれば（実質）賃金はどうなるだろうか．いま，アルバイトを雇い入れたい経営者についてイメージしてみると，アルバイトが少なく働きたい人がいないならば，雇用する側（経営者側）は雇い入れる賃金を増加させるだろうが，反対に働きたい人が多くいるならば，賃金を減少させるだろう．このように働きたいと思う人（労働に対する需要）が少なければ賃金は高く，需要が多ければ賃金は低いという関係を表したのが図 9-1 である．このように右下がりのグラフとなり，これを労働の需要曲線という．

つまり，財・サービス市場において数量の少ない財・サービスは価格が高いが，数量が多いと価格が低いということについて，財・サービスを労働者，価格を（実質）賃金に言い換えてみるとイメージしやすいだろう．つまり働く人がいない（人手が足りない）ならば賃金は高いが，働き手が多すぎるような場合には賃金は低くなるので右下がりのグラフになる．

先に，ケインズは古典派の理論を批判していたと述べたが，しかしケインズも労働市場の需要曲線が右下がりになり，「労働の限界生産物と実質賃金は等しい」ということについては，古典派と意見が同じである．つまり，図 9-1 に描いた右下がりの需要曲線は，**古典派もケインズも共通**している．

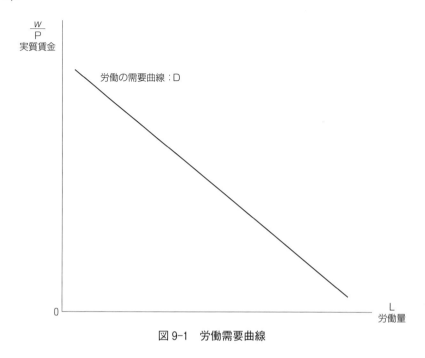

図9-1 労働需要曲線

3 労働供給

(1) 古典派の第二公準 (second postulate of the classical economics)

次に，家計による労働の供給（労働力を提供したいと考える側：つまり仕事をしたいと考えている家計）について古典派の考えを見ていくこととしよう．

当然の事ではあるが，私たちの1日は24時間と決まっている．この1日あたり24時間をどのように時間を配分し有効に使うかということは，非常に重要なことである．

ここでイメージしやすいように，日中に，仕事をするのと，好きなことをする（これを**余暇**（leisure）と言う），という場合を考えて見よう．このとき，どちらの選択肢を取る方が私たちは快楽を感じるであろうか．多くの人は，余暇という選択肢の方を選ぶであろう．この快楽を感じるということを経済学では**効用**（utility）という．これは主にミクロ経済学で詳しく学ぶ内容であるが，

第9章 労働市場の分析（1）　*149*

　私たちは効用最大化を求めて行動する（あるいは，合理的な選択をする）．一方で上の例では，労働に快楽を感じるというのは少ないであろう．このように快楽を感じない（言い換えれば，苦痛を感じる）ということを**不効用**（disutility）という．このように私たちは，労働をするか余暇を求めるか，という選択肢に直面している．

　仮に1日8時間，時給1,000円である下で，労働と余暇のどちらを選択するか，という場面を考えて見よう．そのとき労働を選択したならば8時間分の所得として8,000円が得られるが，余暇を選択した場合には所得を得ることはできない．また，先ほど説明した効用と不効用に労働と余暇を当てはめてみると，8時間の労働という不効用の結果，8,000円を得たことになる．この1時間当たりの（実質）賃金は労働の不効用によって決まることとなる．

　しかし，私たちは労働をすることで所得（収入）を得て，それをもとに生活に必要な財・サービスを購入したり，余暇を楽しんだりしなければならない．この状況について，以下では簡単なモデルで考えて見よう．

　家計は，財・サービスの消費（X）と余暇（H）から効用を得ると仮定すれば，効用関数は，

$$U = U(X, H) \tag{9-5}$$

で表される．家計としては効用をより高めることが求められるが，先に述べたように1日は24時間というように予め決められており，さらには一定期間内に使える予算もあるだろうから，これらを制約として考慮しなければならない（これを**制約条件**という）．

　時間についての制約条件は，総時間（T）で表し，その内で労働に費やす時間（T_L）と余暇に費やす時間（T_H）とすれば，時間に関する制約条件は以下のように定式化される．

$$T = T_L + T_H \tag{9-6}$$

　一方，財・サービスの消費に関する制約条件は，財・サービスの価格（物価）（P），賃金（w）とすれば，式（9-7）のように表すことができる．

$$w \cdot T_L = P \cdot X \qquad\qquad\qquad (9\text{-}7)$$

ここで式（9-7）の左辺はこの家計の収入を表し，右辺は支出を意味している．上の例では時給 1,000 円で 8 時間の労働をした場合には，$w = 1000$，$T_L = 8$ であるから，$w \cdot T_L = 1000 \times 8 = 8000$ となる．

　上の効用関数に関して，**限界代替率**（MRS：Marginal ratio of substitution）[3] を求めると，$\dfrac{U_X}{U_H} = \dfrac{w}{P}$ つまり $MRS = \dfrac{w}{P}$ である．この MRS とは，無差別曲線の接線の傾きに等しいという特徴があるが，この場合には，余暇を 1 単位（例えば 1 時間あるいは 1 日）増加させることで，その分の労働時間が減少することで賃金が減少するため，それに見合うだけの財・サービスの消費（X）を減少させなければならないことになる．このことを経済学的な用語を用いて述べると「実質賃金は，労働と余暇の限界代替率（労働の限界不効用）と等しく決定される」ということになる．ここで労働の限界不効用とは，1 時間当たりあるいは 1 日当たりの追加的な労働時間の増加のことを表す用語である．このような古典派の主張をケインズは「**古典派の第二公準**」と名付けた．

（2）供給曲線の導出

（i）古典派の供給曲線

　上では，「古典派の第二公準」として，労働の限界不効用が実質賃金の決定に大きな影響を与えていることを説明した．ここでは古典派における労働市場の供給曲線について見ていこう．労働の限界不効用が実質賃金水準を決定させるということは，労働（の不効用）が増加すれば実質賃金水準も増加させるということを意味する．その関係を図に表したものが図 9-2 である．つまり労働が増える（余暇が少なくなる）ことによって，実質賃金水準も増加する．そのため実質賃金と労働量は比例的な，右上がりのグラフとして描かれる．これが，古典派の労働市場の供給曲線ということになる．

（ii）ケインズの供給曲線

　ケインズは古典派の理論について，労働需要については「古典派の第一公準」，労働供給は「古典派の第二公準」というようにわざわざ「古典派の」と冠する

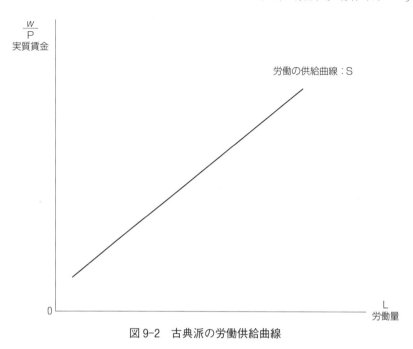

図 9-2 古典派の労働供給曲線

名前をつけた．前節で見たようにケインズは「古典派の第一公準」は認めるものの，古典派の第二公準については否定的であり，それに対抗し独自の理論を明示した．

つまりケインズは，賃金水準が労働市場の需給関係で調整されるのではなく，図 9-3 に表すように労働者は名目賃金のみを知っており，それを見て労働供給（労働力の提供）が生じることから一定であると考えた．つまり，労働者は実質賃金で表されているような物価と賃金の比率で働くかどうかを検討するのではなく，実際の額面（名目賃金）を見て判断すると考えたのである．言い換えれば，働きたいと考えている人々は「何を何個買えるだけの賃金（実質賃金）」というよりは，「いくら貰えるか（名目賃金）」のみを考えるものだと想定したのである．

図 9-3 においてケインズの理論では名目賃金は完全雇用の状態までは一定であり（つまり横軸と平行），完全雇用で上昇する（横軸と垂直）と考えた．このグラフの形状の特徴は，賃金は完全雇用の状態では上昇するものの，一度決ま

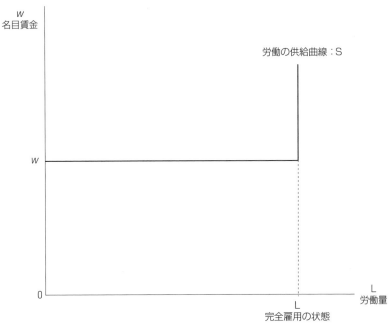

図 9-3 ケインズによる労働供給曲線

った賃金水準は下がることはないということである.このことを「**賃金の下方硬直性**(downward nominal wage rigidity)」という(ケインズの労働市場の需給については11章で改めて説明する).

古典派の場合の(実質)賃金は,あくまでも労働者の効用(不効用)を通じて決定されるが,ケインズでは,第2章で学んだ「有効需要」に見られるように,需要の側から,つまりは労働者を採用する企業の側から,労働市場を検討した.そのため古典派が主張した労働の不効用はケインズでは想定していないのが特徴である.

4 労働市場——労働市場の需給均衡:賃金と雇用量の決定

(1) 古典派の理論における労働市場の需給均衡

ここまでは,第2節で労働市場の需要を,第3節で労働市場の供給を,それ

第9章　労働市場の分析（1）　*153*

ぞれ古典派とケインズについて説明してきた.

　古典派の理論においては，完全競争市場を前提としており，図9-4（これは図9-1と図9-2を合わせたグラフ）より労働の需要と供給は均衡することとなる（点Eでの w とLの水準に決定）．このことはアダム・スミスが『国富論（諸国民の富）』で述べたように，市場での価格の決定において「神の見えざる手」が働くという枠組みを継承してきたといえる（詳細は経済学史に譲る）．それと同様に古典派では労働市場においても労働の価格つまり実質賃金が変化したとしても，「小さな政府」に代表されるように政府の市場への介入（政策）が無くても，「神の見えざる手」によって，その均衡点（E）は瞬時にあるいは自動的に賃金水準が変化することで，市場メカニズムが調整され，新しい均衡点が見つかるのである．つまり古典派の理論においては「伸縮的な賃金」によって決定される．これは，「供給が自らそれに等しい需要を産み出す」という「セイの法則（Say's law）」を前提としていることに由来する．つまり供給量が多いという超過供給の状態であったとしても，価格（この場合においては実質賃金）を下げることによって需給が一致する点を見出すことができるのである．

　やや抽象的な議論が続いたので，数値例をあげてイメージしてみよう．名目賃金（w）が1,000円から800円に下がったとしよう．ただし物価（P）は200円で不変である．この時の実質賃金は $1000 / 200 = 5$ から $800 / 200 = 4$ に減少することになる．その時には労働供給量が減り，労働需要量が増える．一方で，名目賃金 w が1000円のまま変わらないが，物価 P が200円から400円に上昇したとしよう．すると実質賃金は $1000 / 200 = 5$ から $1000 / 400 = 2.5$ に減少する．そのときも労働供給量が減り，労働需要量が増える．このように実質価格の変化に労働者も企業も敏感に対応し，新たな均衡点が生まれ，その都度，自動的に調整（伸縮的に決定）されるというのが古典派の理論である．

　同時に古典派の理論における労働市場の特徴としては，**完全雇用**（full employment）となっていることである．ここでいう完全雇用とは，失業する人々は存在しないということである（失業については，続く10章で説明するが，ここでの完全雇用とは，働く意思が無いために失業しているという自発的失業以外は存在しないということを意味する）．

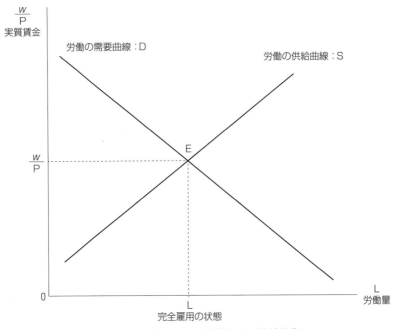

図 9-4　古典派による労働市場の需給均衡

（2）ケインズの理論における労働市場の需給均衡

　一方で，先に見たように，ケインズは労働の需要曲線が右下がりであること（古典派の第一公準）は認めるものの，供給曲線については，完全雇用水準までは水平（横軸と平行）で，完全雇用水準からは上昇（横軸と垂直）すると主張した．

　図 9-5（図 9-1 の縦軸を名目賃金に変えたグラフと図 9-3 を合わせたグラフ）で表した労働の需要曲線と供給曲線の均衡点（E）をみれば明らかなように，この労働市場で決定される雇用水準（L'）は必ずしも完全雇用（L）とはならない．つまり，完全雇用の状態から市場で決定される雇用水準の間に「差」が生じている．この「差」のことを「非自発的失業」といい，これは「働く意思があるものの，働く場所がない」という人々が存在することを意味する．そのため，ケインズの理論では，失業を減少させるには，労働需要の側への政策（需要曲線を右方シフトさせること）の必要性を説いたといえる．

　このようにケインズの場合には，あくまでも非自発的失業が発生しているこ

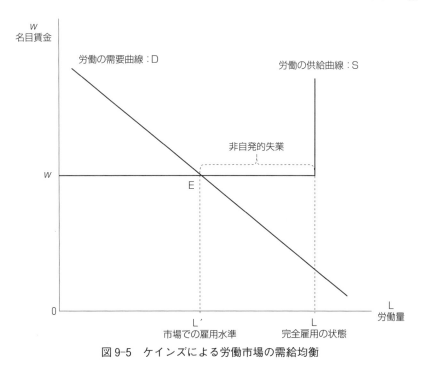

図 9-5 ケインズによる労働市場の需給均衡

とが前提となっている．古典派の理論では上で見たように市場メカニズムによって，完全雇用が実現することが前提となっているが，ケインズが従来までの（つまりケインズが言うところの古典派）経済学，特に労働の供給（古典派の第二公準）について懐疑的であったのは，1929年の世界恐慌により失業者が多く発生したにもかかわらず，市場メカニズムが機能しなかったことに直面し，そこに疑問を抱いたことによる．そして，古典派では実質賃金を見て人々は行動するとしたが，ケインズは名目賃金をみて人々は行動すると考えたのである．このような違いをケインズは「**貨幣錯覚（money illusion）**」という言葉を使い，労働者が実質賃金をのみを考慮する場合を「**貨幣錯覚がない**」といい，反面，名目賃金のみを考慮し行動する場合を「**貨幣錯覚がある**」と表現した．またケインズの理論は，労働市場の供給でもみたように古典派を批判的に考える事で発展したといえる．あわせて，ケインズは古典派の理論の枠組みについて，労働市場のみで雇用量と賃金水準が決定されており，財・サービス市場など他の

市場とは，これらの変数が独立的に決定されることを批判し，これを「**古典派の二分法**（classical dichotomy）」と呼んだ．古典派の理論とケインズの理論をまとめると以下のようになる．

表9-1　古典派の理論とケインズの理論の要約

	賃金	需要曲線	供給曲線	賃金の伸縮性	セイ法則	失業
古典派理論	実質賃金	右下がり	右上がり	伸縮的	受け入れる	なし
ケインズ理論	名目賃金	右下がり	水平・垂直	下方硬直的	受け入れない	あり

　ここまで，古典派の理論とケインズの理論について見てきたが，実際の経済政策においては，どちらの方が正しいのだろうか．その1つの考えとして，古典派の理論は「長期的」な経済現象の分析に有益であるのに対し，ケインズの理論は「短期的」な経済現象の分析に有益であるとの議論がある（例えば，井堀（2002），p.20参照）．また，ノーベル経済学賞を受賞したアメリカの経済学者である**サムエルソン**（P. A. Samuelson, 1915-2009）は，不況のときはケインズの理論に基づいた政策，好況のときは古典派の理論に基づいた自由放任というように，経済状況に応じて使い分ける**新古典派総合**（neoclassical synthesis）という考えを提唱した[4]．

注
1）　なお，ここでケインズが言うところの「古典派」と経済学史等で解説される「古典派」との分類がやや異なっている．一般的には，「古典派」とは代表者なところではA. スミス，J. B. セイ，D. リカードなどを指し，「新古典派」は，A. マーシャル，A. C. ピグー等を指す．これらの根底に共通する概念は，「セイ法則」を受け入れることである．経済学史では，詳細に分類されており，「古典派」，「新古典派」の枠組みで捉えると，ケインズの批判の矛先になっているのは現在でいうところの「新古典派」を示しているといえる．またケインズによる，労働の需給については本章第4節および第11章第2節で説明する．
2）　名目，実質，物価はマクロ経済学では重要な概念である．これについて詳しくは，本書第2章第5節を参照されたい．
3）　限界代替率の求め方については，ミクロ経済学の参考書（例えば西村和雄（1990）『ミクロ経済学』，東洋経済新報社など）を参照されたい．
4）　新古典派総合については，根井雅弘（2018）『サムエルソン『経済学』と新古典派総合』，中央公論新社に詳しい．

第 10 章

労働市場の分析（2）
インフレーションと失業

第 10 章の要点

月
日
（　）

インフレーション

インフレーション（インフレ）＝物価の上昇が継続する現象

ディマンド・プル・インフレーション

　→需要量が供給量を上回ることで発生するインフレーション

コスト・プッシュ・インフレーション

　→労働者の賃金，原材料費，燃料費など生産コストの上昇によって発
　　生するインフレーション

ハイパー・インフレーション

　→インフレ率が年率 20％以上の急速なスピードで物価の上昇が続く
　　インフレーション

ギャロッピング・インフレーション

　→インフレ率が年率 10〜20％増加するインフレーション

クリーピング・インフレーション

　→インフレ率が 5〜10％増加するインフレーション

インフレ率

$$\text{インフレ率}(t\,年) = \frac{\text{物価水準}(t\,年) - \text{物価水準}(t-1\,年)}{\text{物価水準}（t-1\,年）} \times 100$$

失業の種類

自発的失業：労働者自らの意思で就業しないという選択をした場合での
　　　　　　失業

摩擦的失業：労働のミスマッチによって生じる失業
非自発的失業：有効需要の不足によって生じる失業

フィリップス曲線
インフレ率（物価上昇率）と失業率には，トレードオフの関係を説明
物価版フィリップス曲線

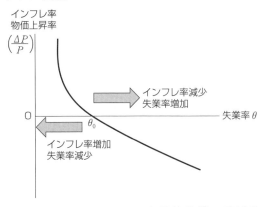

失業率が完全にゼロにならないのは，自発的失業，摩擦的失業による

オークンの法則
失業率と産出量の関係を示す
失業率の減少が，産出量を増加させる

この章で使われる記号

θ	失業率	$\Delta w/w$	賃金上昇率
θ_0	自然失業率	P	価格（物価）
w	（名目）賃金	$\Delta P/P$	物価上昇率

は じ め に

第9章では，労働市場の理論的なフレームワークについてみてきた．労働市場においては，労働需要について，古典派経済学では実質賃金に注目し，労働供給では時間と予算の制約の下で家計の効用を最大化することで実質賃金率と労働の限界不効用が等しいところで雇用量が決定される（古典派の第二公準）．これらは，セイの法則が根底にあり，つまり供給が需要を産み出すといった供給側に立った分析である．しかし，特にセイの法則，古典派の第二公準を批判的に捉え，新たな枠組みを提供したのがケインズであった．

とくに，ケインズにあっては古典派が依拠している実質賃金を否定し名目賃金によって決定されることを説いた．実質賃金，名目賃金のどちらを考慮して行動するかを「貨幣錯覚」という用語で表している．さらには，セイの法則が供給側に立っているのに対し，需要が供給を決定づけるという，古典派経済学とは反対の概念を打ち出した．これを「有効需要」という言葉で表し，有効需要を通じて経済環境を説明しようとしたと言えるだろう．

第9章では，理論的な考え方について見てきたが，しかし，現実の経済は日々変化している．特に景気が良い・悪い，失業率が高い・低い，ということは経済学を学んだことがない人でも関心のあるニュースであろう．なぜ多くの人々は，経済状況に関心を有するのであろうか．それは，私たちの日常生活に密接にかかわる問題であるからとも言えるだろう．たとえば，アルバイトの時給，財・サービスの値段（物価），新製品の研究開発など多くのトピックスが私たちの普段の生活に関わっているといえる．

本章では，インフレーション（経済状況とくに物価の変動）や失業といった，私たちの身の回りに直結する問題について，マクロ経済学での考え方についての話題を提供する．

1 インフレーションの概念

第9章では，労働市場について，その市場メカニズムの基本的な内容につい

て見てきた．そこでは，いわゆる古典派経済学においては，伸縮的な賃金によって，労働の需給が決定されるという市場メカニズムが働くことを紹介した．つまり，労働市場において需給が均衡しているということは，全ての労働者が就業している「完全雇用」の状態にあるといえる．しかしながら，現実的には失業率の増減がニュースになることが多い．一方で，第9章の冒頭でも見たように，好況，不況は外生的な要因に由来するところも大きい．

（1）インフレーションの分類

はじめに，物価が継続して（2年以上）上昇し続けるような現象であるインフレーション（inflation）について見ていくが，一言にインフレーションと言ってもさまざまな種類がある．たとえば，中央銀行が経済の安定化を図るために目標とするインフレ率に近づけようと，敢えてインフレーションを導き，景気を上向きにさせようとする「インフレターゲット論」が金融政策の有効な策とされているが，その一方でデノミ（デノミネーション：通貨単位の変更）が必要なほどの急激なインフレーションが発生する場合も存在する．そのようにインフレーションには良い面と悪い面があるように思われる．

ここでは，岩田（2014）に倣ってインフレーションについて分類する．

① ディマンド・プル・インフレーション（demand pull inflation）

需要量（demand）が供給量上回ることで発生するインフレーション．つまり，需要量が多くなることで物価の上昇が引き起こされる状況．たとえば，何かの財・サービスに対する需要が増加し，それを生産する，つまり供給が追い付かないことから発生する物価の上昇である．一般的に，好況期に発生し易い．

② コスト・プッシュ・インフレーション（cost push inflation）

企業において賃金，原材料，燃料費などの生産費用（cost）が上昇することによって引き起こされる物価の上昇．つまり，財・サービスの生産にかかるコストの上昇率が労働生産性の増加率よりも上回ることによって発生するインフレーションのことである．たとえば，1970年代に発生した石油ショックのような場合に発生する．つまり，財・サービスの生産要素のコストが増加することで発生するものである．一般的には，景気に左右されず，不況期でも発生する

特徴がある.

③ ハイパー・インフレーション（hyper inflation）

急速なスピードでインフレ率が増加するようなインフレーション．インフレ率が年率にして20%以上増加するようなインフレーションを指す．著名な例として，第1次世界大戦後にドイツが経験したハイパー・インフレーションが有名である．物価の上昇が非常に早く，午前と午後で同じ財・サービスの価格が増加するような，急激に物価が上昇するようなインフレーションのことをいう．

④ ギャロッピング・インフレーション（galloping inflation）

インフレ率が，年率で10〜20%増加するようなインフレーションのことをいう．

⑤ クリーピング・インフレーション（creeping inflation）

インフレ率が，年率で5〜10%のゆるやかな増加を持つインフレーションのことをいう．

以上①と②は外生的な国際情勢や慣行などが原因で発生するインフレーションであり，③〜⑤はインフレ率の増加の程度によって分類したものである．インフレーションについては，これら5つに分類されるものの，インフレーションになれば急激に物価が上昇してしまうというイメージがあるが，これはハイパー・インフレーションのイメージが大きいからであろう．

さらには，インフレーションは，物価水準が持続的に上昇する現象であるため，たとえば天候不順で野菜の値段が上がる，東京オリンピックの競技場などの建設のために建設資材の需要が増えることで値上がりする，といった一時的な値上がりはインフレーションとはいわないことに注意しておこう．インフレーションとは，財・サービスの値段が，ある特定の財・サービスに限定されることなく全体的に値上がりすることをいうのである．

（2）インフレ率と物価指数

インフレ率（rate of inflation）は，1年間にどれだけ物価が上昇しているか

を見たものである．これは，以下の式のように定義される．

$$\text{インフレ率}_{(t\text{年})} = \frac{\text{物価水準}_{(t\text{年})} - \text{物価水準}_{(t-1\text{年})}}{\text{物価水準}_{(t-1\text{年})}} \times 100$$

つまり，インフレ率は前年（$t-1$）の物価水準で，今年（t）と前年（$t-1$）の物価水準の差を除したものである．ここで，**物価水準**（price level）あるいは物価とは，さまざまな財・サービスの価格を購入される財・サービスの割合を加重平均することによって得られたものである．私たちの身の回りでは，家計が消費する消費財について見た消費者物価指数や，企業が生産する生産財についての卸売物価指数などとして馴染みがあるであろう．また，一国経済の物価水準を表す重要な指標として GDP デフレーターもある．さらには，計算方法としては，パーシェ指数，ラスパイレス指数，フィッシャー指数などさまざまな種類がある．これらは，入手できるデータなどにより計算方法が異なるものである．

私たちは，財・サービスの価格の上昇（つまり値上げ）については，購入の際に意識するであろうが，インフレーションになっているのか，そうでないのかは日常生活において実感することは少ない．実際，インフレーションの基調が見られるかどうかについては，物価水準を見て判断することになる．

しかし，物価水準が増加するということは，**ディマンド・プル・インフレーション**のように市場全体での財・サービスに対する需要が高まり，経済を押し上げることで経済活動が活性化することに対する期待がある半面，インフレーションは，経済的には物価の変動があることから，必ずしも望ましいことではない．

たとえば，**ハイパー・インフレーション**においては，急激なインフレ率の上昇によって，今まで長い間に渡って貯蓄した額面が紙切れ同然になる可能性もある．仮に 30 年間働き 1000 万円の貯蓄を持っている人が，もしハイパー・インフレーションに直面し，その時パン 1 個の値段が 1200 万円であったとすれば，30 年間の貯蓄であってもパン 1 個も買えないということになってしまう．

一方で，インフレーションの対になる言葉として**デフレーション**（deflation）（デフレ）がある．近年，我が国の経済状況がデフレ基調になったことで，デフ

レからの脱却が中央政府や日本銀行の主要な経済政策の1つであったことは記憶に新しい．デフレーションとは，物価を持続的に下げ続ける状況をいう．生活のために消費財のみを近くの小売店から購入する消費者の視点から見れば，物価の下落（つまり値下げ）は一見歓迎すべき現象のようにも見えるだろうが，しかし一国経済全体で見ると，必ずしも経済成長にプラスの要因をもたらすことはない．いわゆる**デフレ・スパイラル**（deflationary spiral）と呼ばれる連鎖が発生する．つまり，消費者は，デフレにより将来的にはもっと物価が下がるだろうという考えから，今購入しないで後で購入しようという意識が働くであろう．つまり，買え控えによる支出を少なくする．一方で，企業も生産しても買い控えにより，販売額が落ち込むことで，企業の収益の悪化，従業員の賃金の減少にもつながり，経済活動が広く行われないという，経済活動にとってマイナスの要因が置く発生するのである．

そのようなことからも，経済の安定化を図ることが，私たちの生活や企業の経済活動にとって非常に重要なことなのである．

2　失業の概念（失業の種類）

第9章の古典派経済学の考えは，市場メカニズムに任せておけば完全雇用が達成されるというものであった．**完全雇用**（full employment）とは，就業を希望している人々全てが就業している状態の事をいう．しかしながら，完全雇用という考え方は，現実的なのであろうか．

たとえば，失業率の数値については，ニュースなどでも報道されように非常に関心が高い概念である．アメリカでの失業率が当初の予想よりも高くなった，低くなったということが為替市場にも影響を及ぼす．また，我が国では，長引く不況により失業率について注目されているが，世界の主要国の失業率を**表10-1**で見ると，主要国の中では失業率は低い方である．それでは，失業とはどのような状況を指すのであろうか．

失業（unemployment）とは，単純に「就業していない者」として捉えた場合，多くの問題があることに気が付くであろう．そのため，経済学で言うところの「失業」は，以下の3種類に分類されている．

第 10 章　労働市場の分析（2）　*165*

表 10-1　主要国の失業率（%）

	日　本	韓　国	アメリカ	カナダ	イギリス	ドイツ	イタリア	フランス
2014 年	3.6	3.5	6.2	6.9	6.2	5.0	12.7	10.3
2015 年	3.4	3.6	5.3	6.9	5.4	4.6	11.9	10.4
2016 年	3.1	3.7	4.9	7.0	4.9	4.1	11.7	10.1
2017 年	2.8	3.7	4.4	6.3	4.4	3.8	11.2	9.4

（出所）労働力調査（総務省統計局），主要国の失業率より

① **自発的失業**（voluntary unemployment）：労働者自らの意思で就業しないという選択をした場合での失業のこと．
② **摩擦的失業**（frictional unemployment）：労働のミスマッチによって生じる失業のこと．たとえば，求人があったとしても，すぐさま通勤圏に引っ越すことができないなどの理由から生じる失業のことをいう．
③ **非自発的失業**（involuntary unemployment）：有効需要の不足によって生じる失業のこと．たとえば，不景気で企業が求人を見合わせていることから生じる失業のことをいう．

これらの内，①と②は伝統的に存在している失業であるが，③はケインズが提唱した失業の概念である．つまり，古典派経済学では，①はそもそも失業者自らの意思で労働市場に加わっていないが，②については，第 9 章で見たように市場メカニズムによって伸縮的な（実質）賃金によって瞬時に調整されるものの，雇用先が離れている，特別な資格を有していなければ就業できないなど，市場メカニズムが及ばないところで発生している失業であるといえる．③については，古典派経済学では有効需要の概念がなく，供給にウェイトを置いている．しかしながら，市場メカニズムでは賃金の変化によって雇用量が調整されるものであるから，自発的失業と同義である．しかし，ケインズにあっては，有効需要の不足（つまり不況）によって発生したものであるため，古典派経済学では考慮されていない失業の種類であるとされる．

　しかし，非自発的失業について考えることは非常に重要である．なぜなら，有効需要が少ない局面においては，当然，経済状況も良くない（つまり不況）．そのような不況にあっては，一国の GDP も好景気よりも少なくなっているだ

ろう．仮に，完全雇用が実現している場合の GDP を「完全雇用 GDP」と呼ぶ．第 9 章でも見たように，労働供給は家計の効用に依存する．つまり，家計が多く労働力を提供しようと考えれば，当然雇用者も増加することになるため，GDP は大きくなる．しかし，不況時の均衡 GDP（IS-LM 分析で求められた GDP）は，完全雇用 GDP より小さいという特徴がある（完全雇用 GDP ＞均衡 GDP）．その差に相当する労働者の減少分が「非自発的失業者」ということになる．

3　インフレーションと失業の関係──フィリップス曲線

　インフレーションは，物価が持続的に上がり続ける現象であることは説明したが，これを**有効需要**を通じて見れば，有効需要の増加は，景気を上昇させるため，需要が増加し**ディマンド・プル・インフレーション**を引き起こす．反対に，物価が持続的に下がり続けるデフレーションにおいては，有効需要は少ないといえる．さらには，有効需要の減少は，需要が減少すると考えると売れ残りが発生し，数量で調整すると考えれば生産規模を縮小させることから景気を悪くするため，失業が増加する．つまり，インフレーションと失業との関係は，有効需要を通じて見れば，トレードオフの関係にあるといえそうである．

　もっとも，このインフレ率（あるいは物価上昇率）と失業率との関係を見出したのは，**フィリップス**（Alban W. Phillips, 1914-1975）によって 1958 年に初めて紹介されたものである[1]．フィリップスは，1861〜1957 年までのイギリスのデータを基にして，失業率が低くなると賃金上昇率は高くなり，失業率が高くなると賃金上昇率は低くなる，という関係を統計的に見出したのである．

　第 9 章に登場したケインズの『一般理論』は，マクロ経済学の発展に大きな影響を与えた．特に，第 8 章の IS-LM 分析で見たように，財政金融政策に大きな影響を与えた．つまりケインズは，政府が積極的に経済に介入する「大きな政府」を想定していたといえる．しかし，財政や金融ばかりではなく貨幣の重要性を説いたのが，M. フリードマン（Milton Friedman, 1912-2006）に代表される「マネタリスト（monetarist）」である．このマネタリストの基本的な考えは，古典派経済学に依っている．以降で見ていくフィリップス曲線に関する

賃金上昇率と失業率等に代表される分析は，このマネタリストによる研究を通じて発展してきた．

（1）賃金水準と失業率

この関係を，図示したのが図 10-1 のフィリップス曲線（Phillips curve）である．失業率（θ）が θ_0 より低い（つまり図中の θ_0 より左側）とき，労働の需要が供給を上回るために賃金が増加 $\left(\dfrac{\Delta w}{w} > 0\right)$ するが，反対に失業率が θ_0 より大きくなると（図中で言うところの θ_0 より右側の範囲），労働の供給が需要を上回るために賃金は減少する $\left(\dfrac{\Delta w}{w} < 0\right)$（すなわち名目賃金は減少する）．しかし，失業率が θ_0 であるならば，賃金は変化しない $\left(\dfrac{\Delta w}{w} > 0\right)$．このような点にある場合の θ_0 を，**自然失業率**（natural rate of unemployment）という．ここでいう自然失業率とは，自発的失業や摩擦的失業あるいは転職などのために現在職業を探している場合の失業者である．そのため，自然失業率の下では，労働の需要と供給は一致している．また，フィリップス曲線は右下がりのグラフとなる．

そのため，自然失業率を θ_0 との関係で表すと，図 10-1 で示されたフィリップス曲線の関数は，式（10-1）のように与えられる．

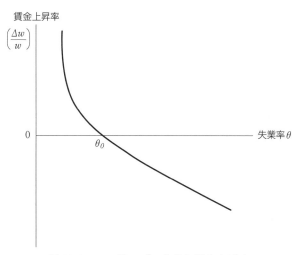

図 10-1　フィリップス曲線と賃金上昇率

$$\frac{\Delta w}{w} = -\phi(\theta - \theta_N) \quad \phi > 0 \tag{10-1}$$

（2）物価版フィリップス曲線

さて，上の（1）では，賃金と失業との関係を見てきた．しかしながら，インフレーションと失業の関係はどうなっているのだろうか．この関係を見るには，先に説明した**図10-1**のグラフの縦軸の賃金上昇率を，インフレ率（物価上昇率）に置き換えるだけで得られる．

なぜならば，賃金の上昇は，需要の側から見ると物価水準を押し上げる（つまり，賃金収入の増加により，人々の財・サービスに対する需要が高まることで価格が上がる）ことにつながる．一方，供給の側から見ると，賃金の上昇は，その財・サービスを生産している企業の生産コストを増加させることになるため，生産物価格を上昇させる．つまり，第9章の式（9-3）で見たように，$F' = \frac{w}{P}$ の関係があった．第9章で示した，式（9-3）を変形すれば，

$$P = \frac{w}{F'} \tag{10-2}$$

となることから，この式は，（生産物）価格＝名目賃金／労働の限界生産力，という意味になる．もし，企業が従業員の賃金の上昇や，それにともない生産物価格の上昇を見越して，あらかじめ生産物価格にそれらの要素を上乗せして価格を付けるような行動をとる（このような行動を，フルコスト原理，マークアップ原理，とよぶ）ならば，名目賃金の上昇は生産物価格の上昇に直接的に関係するであろう．つまり，式（10-2）を基に考えると，右辺の賃金 w の値が大きくなると，価格（物価）P の値も大きくなる．さらには，財・サービスの物価水準の上昇率は賃金上昇率に等しくなるため，式（10-3）が成立する．

$$\frac{\Delta P}{P} = \frac{\Delta w}{w} \tag{10-3}$$

そのため，賃金上昇率 $\frac{\Delta w}{w}$ と価格（あるいは物価）上昇率 $\frac{\Delta P}{P}$ は等しいことから，**図10-1**の縦軸を物価上昇率に置き換えても，全く同一のものである．こ

のように，フィリップス曲線を物価上昇率（つまりインフレ率）と失業率との関係で表したものを物価版フィリップス曲線とよぶ[2]．

この場合，物価上昇率（インフレ率）と自然失業率（θ_0）との関係は，式(10-4)で表すことができる．

$$\frac{\Delta P}{P} = -\phi(\theta - \theta_0) \quad \phi > 0 \tag{10-4}$$

物価水準と失業との関係を図10-2を見ながら説明すると，失業率（θ）が θ_0 より低い（つまり図中の θ_0 より左側）とき，労働の需要が供給を上回るために物価上昇率（インフレ率）が増加 $\left(\frac{\Delta P}{P} > 0\right)$ するが，反対に失業率が θ_0 より大きくなると（図10-2では，θ_0 より右側の範囲），労働の供給が需要を上回るために物価上昇率・インフレ率は減少する $\left(\frac{\Delta P}{P} < 0\right)$．しかし，失業率が θ_0 であるならば，物価上昇率・インフレ率は変化しない $\left(\frac{\Delta P}{P} = 0\right)$．

このことからも明らかなように，本章の冒頭で述べたような，経済政策あるいは金融政策としてのインフレターゲット論は，インフレーションに導くことで失業率を減少させる，あるいは賃金を上昇させることに寄与するために行わ

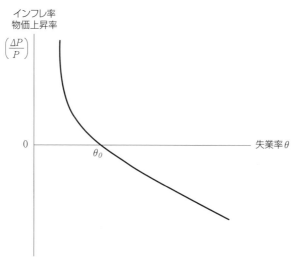

図10-2　物価版フィリップス曲線

れるのである．しかしながら，失業者を減少させようとすれば賃金上昇率，物価上昇率（同様にインフレ率）も大きくなり，反対に賃金上昇率，物価上昇率を抑えようとすると失業率が高まるというインフレーションと失業率の間にはトレードオフの関係がある．そのため，いかに経済を安定させるかが経済政策の重要な役割であるといえるだろう．

4 「期待」の概念とインフレーション

今までは，インフレーションと失業について見てきた．その中で，第1節でのハイパー・インフレーションにおいては瞬く間に物価が上昇することから，日によって同じ財・サービスの価格が異なるなど日常生活では信じがたい変動が起こりうることを見た．ここでは，より具体的にハイパー・インフレーションの生々しい状況を少し紹介しておこう．

- サラリーマンは日に2度とか3度にわたって給与の支払いを受け，昼休みを利用して買い物に出かける．会社が終わってから買い物しようなどと暢気なことはいっていられない．昼にもらったサラリーは，夜までに2割とか3割とかいった率で値打ちがなくなってしまうからである（岩田（2012），p. 26）.
- 人々はレストランで1度にビールを2本以上注文した．ビールの気が抜けるよりも早くビールの価格が激しく上昇するからである（岩田（2012），p. 27）.

これらの場合，サラリーマンの例では，その都度給与の支払いを受け，昼休みには買い物に出かけるのは，昼休みよりも終業後の方が同じ物の値段が上がっているからだろうし，ビールの例では，1本目を飲んでいる間に2本目の値段が上がっているだろう，といった将来に対する予想が含まれている．この予想こそ，言葉を言い換えると「期待（expectation）」ということになる．また，デフレーションの場合でも，物価が持続的に下がり続けるならば，今日よりも明日，今月よりも来月の方が，より安くなるだろうという一種の「期待」が含まれているから，買い控えが発生するとも言えるだろう．このように考えると，「期待」の概念は，特にインフレーションやデフレーションといった，私たちの身の回りに直結するような経済環境においては重要な概念であるといえるだ

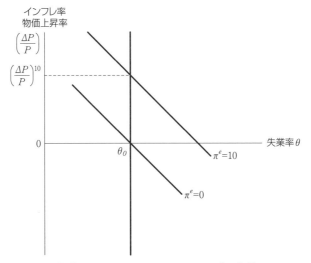

図10-3 期待インフレの下でのフィリップス曲線のシフト

ろう．実際に，マクロ経済学でも「**期待インフレ**（expected inflation）」は非常に重要な概念である．ここでは，期待インフレについて説明する．

第9章でケインズは，労働者は名目賃金を要求する「**貨幣錯覚がある**」ことについて述べた．しかし，もし月々の給与が20万円で固定されている時，インフレが進行していたらどうなるであろうか．今までは，20万円で必要なものを買ったり，家賃を払ったりできたであろうが，インフレが進行することで，給与は据え置きで，他の財・サービスの価格が値上がりしているようならば，より高い給与を求めるであろう．つまり，名目賃金よりも**実質賃金**（real wage）を基に考えた方が，より合理的と言えるだろう．もし，インフレ率が10％今後進むとすれば，名目賃金は10％上昇するであろうが，物価水準も10％増加すれば今までの状況を維持することはできるであろう．そのような，これから起こるであろう**インフレ率**を考慮すれば，**フィリップス曲線**は期待インフレ率に従ってシフトするはずである．この関係を図示したのが，図10-3である．縦軸で，$\left(\frac{\Delta P}{P}\right)^{10}$ とあるが，これは10％の期待インフレを意味する．つまり，10％の物価水準が想定されるならば，その分，フィリップス曲線は上方にシフトする．そのため，期待インフレ率を考慮すれば，先に見た式（10-4）

は次のように書き改めることができる.

$$\frac{\Delta P}{P} = -\phi(\theta - \theta_0) + \pi^e \quad \phi > 0 \tag{10-5}$$

このように，期待インフレ率が存在している場合には，フィリップス曲線は期待インフレ率分だけ上方にシフト（平行移動）することとなる.

5　オークンの法則

今までは，フィリップス曲線を通じて，インフレーションと失業とのトレードオフの関係について見てきた．インフレ率，失業率ともに経済においては重要なキーワードである．当然インフレ率の急激な上昇の抑制や失業率の減少は経済政策にあっても非常に重要な政策として位置づけられるだろう．ここでは，失業率の減少が経済活動にどのような影響をもたらすのかについて見ていく.

失業者を減少させることは，経済活動においてどのようなメリットがあるだろうか．1つは，経済学の基本であるが，生産要素として労働，資本，土地が挙げられる．これは，経済活動にとって欠くべからざる要素である．その一翼を担っているのが「労働」である．失業者が復職することで，生産性が増加することは明らかである．たとえば，第9章でも生産関数にふれたが，生産関数 $Y = F(K,L)$ において，資本と労働を投入することで製品を産み出している．その時，労働力が1単位増加した時のことを，**労働の限界生産性**（marginal product of labor）といった.

この時，労働力が1単位増えると（つまり1人増えると），生産量が増加する，という関係があった．さらには，多くを投入しすぎると労働の限界生産力が逓減するという法則があった．しかし，失業者を5％減少した場合，就業人口が5％増加することになる．また，その分の労働時間が増加することとなる．つまり，今，失業者が100人減少したとすれば，就業者は今までの数プラス100人である．さらに1日8時間勤務するとすれば，延べ時間で1日当たり800時間増加することになる．このように，失業率の減少は，就業者の人口を増やす

ばかりではなく，生産にかかる時間も増加していることになる．

このようなことに着目し，アメリカのデータを基に失業率と産出量について調べたのが，**オークン**（Arthur M. Okun, 1928-1980）である．その結果，「アメリカ経済においては，1％の失業率の減少が3％の産出量の増加をもたらす」ことを発見した．この失業率と産出量の関係を**オークンの法則**（Okun's law）と呼ぶ．より詳しく述べると，オークンの法則とは，労働市場の需給関係と財市場の需給関係については，逆相関の関係がある，ということが知られている．

6　失業対策としてのケインズ政策

ケインズは，『雇用・利子および貨幣の一般理論』をウォール街で端を発した世界恐慌による失業者の増加を目の当たりにして，市場メカニズムが有効に働かないことに着目して執筆されたといわれる．本章では失業，インフレーションなどについて見てきたが，ここでは失業対策としてのケインズ政策（経済政策）について見ていく．

（非自発的）**失業**の発生は，経済活動においては，本来，生産に寄与すべき人々が生産に従事できないことから，労働資源の浪費という意味で不効率的な資源配分である（例えば石川（2007），p. 228）．また，ケインズが打ち出した雇用の理論は，非自発的失業が常に生じているという意味で不完全雇用の状態を分析したものである．そのようなことから，ケインズは失業対策が重要であることを提唱した．ケインズは，失業対策の処方箋として，**拡張的財政政策**（expansionary fiscal policy）や**拡張的金融政策**（expansionary monetary policy）といった景気対策が必要であると提唱した（例えば滝川（2010），p. 70）．このことからも，アダム・スミス以来の古典派経済学の「小さな政府」を否定し，むしろ経済活動に政府が積極的に関わる「大きな政府」として考えたのがケインズの経済学の特徴であるともいえる．

拡張的財政政策とは，減税や政府支出の拡大によって景気の回復を図ろうという政策である．特にケインズの経済政策で有名なのが，世界恐慌時に大量にアメリカで発生した失業者を雇用し行われた**ニュー・ディール政策**（New

Deal）である．これは，現在で言うところの公共事業である．この公共事業は，失業対策としてどのように有効なのだろうか．公共事業の実施は，政府支出が増加することで有効需要の増加（需要の増加）につながり，それが企業の生産を増加させることで，GDPの増加につながり，結果的に雇用量を増加させるのである．特に，公共事業における雇用の効果は深刻な不況時の方が完全雇用に接近するときよりもずっと大きい（間宮訳（上巻），p.175-176）とケインズは提唱している．ここで，公共事業による政府支出の拡大は，単にその公共事業そのものの雇用量が増加するだけでなく，公共事業を通じた有効需要の拡大によって社会全体の雇用量が増加することを意味している（これについては，第5章第3節の「乗数メカニズム」を参照されたい）．

　一方で，拡張的金融政策（金融緩和）が雇用に与える影響について見ていくと，金融緩和によってマネーサプライが増加することで，利子率の下落につながる．利子率が下落することによって企業の投資が増加することで，生産の増加や所得の増加がもたらされる．つまり，マネーサプライの増加によって有効需要が増加することで，企業における雇用量の増加につながるという意味で，金融緩和政策が失業率の改善に役立つというものである．

注

1） A. W. Phillips（1958）'The Relation between Unemployment and the Rate of Change of Money Wage. Rates in the United Kingdom, 1861-1957.', *"Economica"*, Vol. 25, No. 100, pp. 283-299.

2） P. A. Samuelson and R. M. Solow（1960）'Analytical Aspects of Anti-Inflation Policy', *"American Economic Review"*, Vol. 50, No. 2, pp. 177-194.

第 11 章

AD-AS 分析
総需要・総供給による分析

第11章の要点

AD-AS

AD ＝総需要 ⎫
　　　　　　⎬ 複数の市場の需要と供給の総計
AS ＝総供給 ⎭

ケインズの労働供給曲線と労働需要曲線の関係

ケインズの労働供給曲線＝完全雇用水準まで水平
　　　　　　　　　　　（名目）賃金は需給によって変化しない
物価水準の影響＝需要曲線のみが影響を受ける（セイの法則の否定）
労働需要曲線の右方シフト→失業率の減少（完全雇用に近づく）

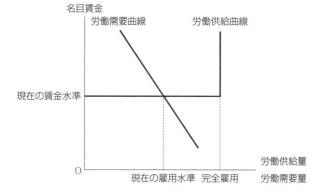

総需要と IS-LM 曲線の関係

IS-LM 曲線の均衡点＝利子率と国民所得が決定
総需要（AD）曲線＝財市場，貨幣市場の均衡を表す．

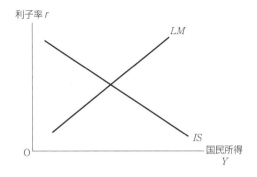

総供給 (AS) 曲線

物価水準，総生産量，雇用量，実質賃金に依存

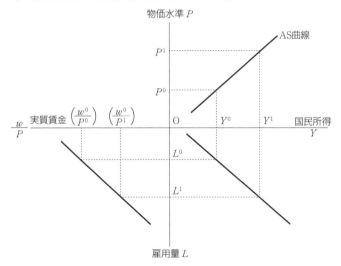

この章で使われる記号

I	投資量（投資額）	P	物価
i	利子率（市場利子率）	w/P	実質賃金
Y	国民所得	C	消費
G	政府支出	y	総生産量

はじめに

第9章では労働市場の理論的な背景を，第10章ではインフレーションと失業，フィリップス曲線などについてそれぞれ見てきた．本章では，様々な市場を統合した概念，つまり「総供給」と「総需要」について考えていくこととする．この「総」という概念は，マクロ経済学特有のものであるが，たとえば，ある人がある財・サービスの購入を欲しつつ，同時にある企業への就業を欲しているような場合には，この人は財市場と労働市場の両方に需要があるといえる．さらには，この人ばかりではなく，多くの人々も同じように考えている場合もあるだろう（就職活動などで自分が就職したい企業の説明会にも多くの学生が出席しているだろうし，その時，TV 番組などで何かが紹介されたとすれば，同じモノを同時に持っている人々もいるだろう）．そのように，細かく分かれている市場，細かく分かれている個人（あるいは経済主体）を統合して考えようとするのが総需要（AD），総供給（AS）である．つまり，マクロ経済学の特徴でもある，国民所得のように一国経済として広い視点で見ていこうというものである．

本章では，総需要と総供給とは何か，さらにはそれらから決定される，物価水準，利子率，実質賃金，総生産量の関係などについて説明をしていくことする．

1 AD-AS 分析とは

AD-AS 分析（AD-AS analysis）という，あまり馴染みのない用語が，本章のタイトルとなっているが，AD-AS とはどのようなものであろうか．はじめに，AD とは Aggregate Demand すなわち「**総需要**」という．一方で，AS とは Aggregate Supply すなわち「**総供給**」である．

総需要とは，消費，投資，政府支出の合計のことで，総供給とは資本ストック，土地，労働の合計のことである．ミクロ経済学では，個別に財市場，労働市場などを考えてきたが，マクロ経済学ではこれらの個別の需給関係をまとめ

第 11 章　AD–AS 分析　　*179*

上げ，あたかも一国全体の経済活動を需要と供給にひとまとめに集計して分析しようというものである．

　その時，これらをグラフで表したもの，すなわち総需要曲線（AD 曲線），総供給曲線（AS 曲線）については，今まで学んできた需要と供給と概念的には同じである．総需要と総供給の均衡で何が決定されるのだろうか．これは，物価水準と国民所得が決定されるのである．

　第 10 章で見たようにインフレーションは物価水準が持続的に上昇する現象である．同時に，フィリップス曲線を通じて，インフレ率（すなわち物価上昇率）と失業率にはトレードオフの関係があることが分かった．当然，物価水準と雇用量にも何らかの関係はあるはずである．ケインズは『雇用・利子および貨幣の一般理論』において物価水準と雇用の同時決定を試みた．特に，総供給曲線は労働市場の状況によって大きく形状が異なる．

　本章では，ケインズの労働需給と雇用量，総需要，総供給について見ていくこととする．

2　ケインズの労働需給

　第 9 章で見たように古典派の第一公準と同様に，ケインズは実質賃金ではなく名目賃金によって判断するという違いはあるにせよ，労働の需要曲線は右下がりのグラフで描かれる．しかしながら，労働の供給量については，古典派と異なり新たなケインズ独自の理論を打ち出した．古典派経済学の右上がりの供給曲線の場合，労働に限らず全ての財・サービスに対する需給の調整は実質賃金や価格の上下により瞬時に調整されることが前提となっているが，ケインズにおいては，不況時にあっても名目賃金は下がりにくいということを見出した．つまり，不況時（失業者が多い）では，名目賃金はすぐさま変化せず，不況前と同じということである．

　そのため，ケインズは，**労働供給曲線**（labor supply curve）を図 11-1 のように定義した．

　図 11-1 を見ると明らかなように，完全雇用までは労働供給曲線が一定である（水平である）．しかし，完全雇用の水準に達するとグラフが垂直方向に変

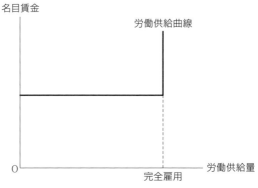

図11-1　ケインズによる労働供給曲線

化する．つまり，ケインズにおいては完全雇用以外の賃金水準と完全雇用での賃金水準のみであり，古典派経済学のように賃金水準が細かく変動し調整されるメカニズムになっていない．なぜ，ケインズの場合には，このようなことが起こりえるのだろうか．これは，第9章でも見たように，ケインズにおいては，名目賃金を労働者は考慮しているためである．つまり，労働者は名目賃金（額面）のみを注意していることから，物価水準の上昇・下落については影響を受けないところに特徴がある．そのため，物価水準の変動は需要曲線のみシフトするため，**名目賃金**は変わらず，労働供給量のみが変化することになる．

一方，労働供給曲線の水平部分，つまり不景気でも名目賃金は下がりにくいことを**名目賃金の下方硬直性**（downward nominal wage rigidity）という．賃金の下方硬直性とは，現在の賃金水準から上昇する時は伸縮的に上昇するが，下落するに際しては伸縮的にならない，ということである．たとえば，政府などによる最低賃金の保障や労使間交渉による賃金交渉など経済システム以外のところで決定される制度的な要因が大きいためである．

先に述べたようにケインズは，労働供給曲線には古典派に異を唱えたものの，**労働需要曲線**（labor demand curve）については，古典派経済学の考えを受け継いでいる．**図11-2**は，先に示した**図11-1**に労働需要曲線を加えたものである．

図11-2では，労働需要曲線と労働供給曲線の交点で現在の雇用水準が決定

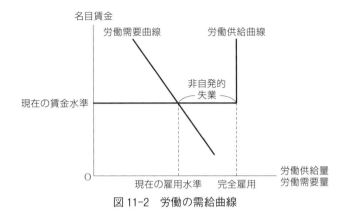

図 11-2　労働の需給曲線

されているが，完全雇用には至っていない．「完全雇用」-「現在の雇用水準」の差に当たる部分が非自発的失業者である．一方で労働需要曲線の右側は有効需要の拡大による物価上昇，左側は物価下落（有効需要の減少）を意味している．そもそも，**非自発的失業**（involuntary unemployment）とは，第10章で見たように労働意欲があるものの就業していない人のことをいう．これは，ケインズが見出し，古典派経済学には存在しない失業の概念である（なぜならば，古典派にあっては非自発的失業は自発的失業と同義であるとみなされているため）．ここでは，労働需要＜労働供給という，不完全雇用の状態となっている．この不完全雇用とは，確かに需要曲線と供給曲線の交点で雇用水準は決定されているが，それでも働く意欲はあるものの就業できない人の存在を表している．つまり，現在の雇用水準では，労働市場での需給が均衡しているものの，生産される財・サービスに対する需要が低いことから超過供給（つまりは，買い余り，在庫）が発生していることに起因する．したがって，現時点での労働需要に見合った労働供給が実現されているにすぎないのである．

　第9章でも見たが，ケインズはセイの法則を批判し，需要が供給を産み出すことを説いた．図11-2においては，需要が（本来生産するべき）供給よりも少ないために非自発的失業者の発生ならびに有効需要の増大といった解決すべき余地が残されていることになる．特に，労働需要曲線を右側にシフトさせることによって，完全雇用に近づけることができ，賃金水準も変化しない．しかし

ながら新たに雇用される非自発的失業者が現在の賃金水準だけの賃金を享受できることから需要が産まれ，その結果，供給量も増加する．さらには，需要が高まることで，財・サービスの価格上昇が期待でき，その結果，物価水準も上昇させることが期待される．そのため，ケインズは，労働需要曲線を右側にシフトさせる方策として，政府による景気対策の重要性を説いている．

3　総需要と総供給

今までは，ケインズの労働市場について簡単に見てきた．以下では，総需要（AD），総供給（AS）について詳しく見ていくこととしよう．

（1）総　需　要

総需要とは，一国全体で需要された合計の事をいう．需要の範囲として，家計による消費（消費財の購入など），企業の投資（設備投資など），政府支出（公共サービス，財政投融資など）が挙げられる．総需要は，多くの財・サービスにも言えるように，価格が下げると需要が増えるのと同様に，物価水準が低くなるほど総需要は増える傾向にある．それでは，総需要はどのようにして求めることができるのだろうか．総需要は，第8章で学んだ，IS-LM曲線によって決定される．

今，Yを国民所得（GDP），Cを消費，Iを投資，Gを政府支出，iを利子率とすると，IS曲線は，式（11-1）で表される．

$$Y = C(Y) + I(i) + G \tag{11-1}$$

式（11-1）は，消費はYの増加関数，投資はiの減少関数であるとする．

一方で，LM曲線は，式（11-2）で定義される．

$$M = L(Y, i) \tag{11-2}$$

Mは貨幣供給量，Lは貨幣需要関数をあらわす．LはYの増加関数かつの減少関数である．これら式（11-1）および式（11-2）について，物価水準Pで両辺を割ると，

$$\frac{Y}{P} = \frac{C(Y)}{P} + \frac{I(i)}{P} + \frac{G}{P} \Rightarrow y = c(y) + i(i) + g \qquad (11\text{-}1)'$$

$$\frac{M}{P} = \frac{L(Y, i)}{P} \qquad \Rightarrow \frac{M}{P} = L(y, i) \qquad (11\text{-}2)'$$

である．式 (11-1)′ および式 (11-2)′ より，図 11-3 のように IS-LM 曲線が描かれる（これまでの IS-LM 分析についてのより詳しい内容については，第 8 章を参照のこと）．

　総需要曲線（aggregate demand curve）とは，図 11-3 の IS 曲線と LM 曲線との交点で決定される総生産量が物価水準 P の変化とともにどのように変化するかを表したものである（図 11-4）．式 (11-2)′ より，P が増加すると $\frac{M}{P}$ は減少する．つまり，物価水準が上昇することで，実質での貨幣残高が減少する．それによって，LM 曲線は左方にシフトすることで，利子率が増加し，生産量は減少する（図 11-4）．そのことから，総需要曲線が右下がりになっているのである（図 11-4 参照）．

　つまり，図 11-4 の作図例で示すように，IS 曲線，LM 曲線の交点は財市場，貨幣市場が同時に均衡している点である．さらには，LM 曲線は，物価水準の変化に反応し（式 (11-2)′ を参照），この時の均衡点も，IS 曲線に沿って変化する．このようにして IS-LM 曲線から総需要曲線を求めることができる．また，総需要は，換言すれば，財市場・貨幣市場の均衡である．

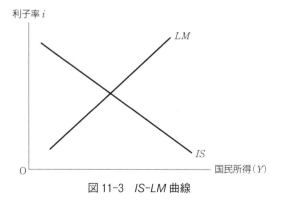

図 11-3　*IS-LM* 曲線

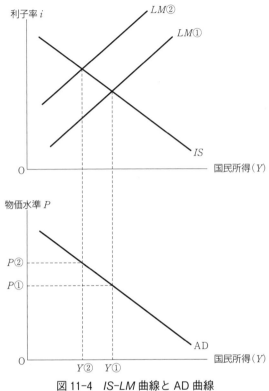

図 11-4 *IS-LM* 曲線と AD 曲線

（2）総 供 給

　総供給とは，一国の供給（つまり生産）を表す．つまり，国内で供給されているものの総額を集計したものである．

　そのため，総供給＝企業の生産総額，という図式ができるが，企業の生産活動にとって生産要素となるのが資本ストック，労働である．ここで，資本（機械や生産設備，建物など）を不変である（つまり，簡単に買い替えたり，建て直したりできない）とすれば，労働が変化すれば生産量にも変化が生じる．つまり，労働を多く投入すれば生産量は増加し，総供給も増加することにつながる．しかし，労働投入量が少ないならば，生産量は少なく，総供給も減少する．

　このように，総供給にあっては，資本ストックを不変とした場合，労働投入

量によって影響を受けることが明らかとなった．つまり，第2節で見たように非自発的失業者が多い場合には，有効需要を高めるために労働需要曲線を右側にシフトさせることで失業率を減少させ，かつ物価水準を押し上げる働きがあるのは，総供給をいかに増加させるかということと密接に関わっている問題である．

これらのことを踏まえて，**総供給曲線**（aggregate supply curve）の作図の仕方について見ていくことしよう．第9章において，労働需要，生産関数について見てきた．これら労働需要，生産関数の性質を利用して，総供給曲線を描くことができる．つまり，総供給とは，労働市場の均衡を表している．

図11-5は，第Ⅲ象限に労働需要，第Ⅳ象限に雇用量と国民所得の関係，第Ⅰ象限に総供給曲線が描かれている．はじめに，第Ⅲ象限の労働需要について第9章で見たように，企業の利潤最大化行動から労働の限界生産物（MPL）と実質賃金が等しくなることが求められた．

つまり，利潤関数において

$$\pi = P \cdot F(L) - w \cdot L$$

より，利潤最大化の1階の条件（利潤関数の L について微分し，その結果を＝

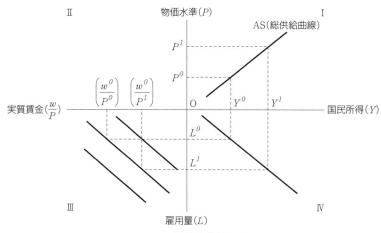

図11-5 総供給曲線の作図

0 と置いたもの．これを最適化するという）より，$F' = \dfrac{w}{P}$ が求まる．これが MPL である．一方で，利潤関数の $F(L)$ は生産関数そのものである．今，実質賃金が $\left(\dfrac{w^0}{P^0}\right)$ の水準であり，その後，$\left(\dfrac{w^0}{P^1}\right)$ に変化したとしよう．なお，$P^0 < P^1$ である．そうすると，実質賃金においては，名目賃金は w^0 で一定であることから，実質賃金は $\left(\dfrac{w^0}{P^0}\right) > \left(\dfrac{w^0}{P^1}\right)$ である．また，**図 11-5** より実質賃金の減少に応じて雇用量は増加する．その時，生産関数を媒介として生産量が決定される（特に生産関数の中の生産要素は労働のみであることに注意）．そして，その時の物価水準に対応して，物価水準が増加すれば，総供給関数はそれに応じて増加する，つまり右上がりのグラフとして描くことができる．

ここで，$\left(\dfrac{w^0}{P^0}\right) > \left(\dfrac{w^0}{P^1}\right)$ であり，名目賃金が w^0 で一定であるのは，先に見た，**名目賃金の下方硬直性**にあるように，名目賃金の変化が硬直的であるということを反映したものである．

また，本章で見てきた AD-AS は，*IS-LM* では，物価水準を一定（変化しない）としていたが，AD-AS は，物価，国民所得等，労働市場の均衡（AS）と財市場・貨幣市場の均衡（AD）との同時決定を表したものである．

4　代表的な経済政策における AD-AS 曲線から見た効果

先に見たように，AD-AS 分析においては，物価水準と国民所得が同時に決定されるという特徴がある．第 8 章で説明した，*IS-LM* 分析においては，物価水準を一定として財市場と貨幣市場の均衡を見たが，AD-AS 分析によって物価水準と国民所得の決定に拡張したものである．AD は，財・貨幣市場の均衡を，AS は労働市場の均衡をそれぞれ表したものである．さらには，AD-AS 分析自体が *IS-LM* 分析と密接に関わっていることから，*IS* 曲線，*LM* 曲線の変化が，AD-AS 曲線にも影響をもたらす．

しかし，*IS-LM* 分析と AD-AS 分析は，同一の経済政策であっても，その政策上の効果が一見異なって見えることにも注意が必要である．特に，物価水準を考慮する AD-AS 分析においては，その経済政策による効果が *IS-LM* 分析と異なる場合が想定される．以下では，代表的な拡張的金融政策と拡張的財政政策の AD-AS 分析の効果について見ていこう．

（1）拡張的金融政策（金融緩和）の効果

例えば，図 11-6 に見るように，政府が拡張的金融政策を発動したことにより，市場に流通する貨幣供給量が増加した場合には，利子率が下がることになる（i^0 から i^1 へ）．その時の LM 曲線の動きとして，LM ⓪から LM ①に右方シフトした時に IS-LM では物価水準が一定（の状態に固定）であるが，AD-AS においては，均衡点でない．しかし，その均衡点を通るように，AD 曲線が AD

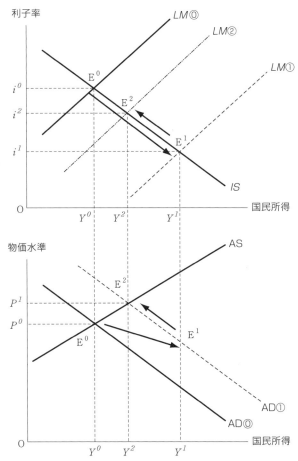

図 11-6 金融緩和における IS-LM および AD-AS 曲線の動き
（出所）石川（2011），p.255 を基に作成．

⓪から AD①に上方にシフトすることで，AD①と AS の交点である E^2 が AD-AS 曲線での金融緩和政策における均衡点になる．つまり，国民所得は Y^0 から Y^1 に一度増加するものの，AD 曲線が IS 曲線の変化に伴い，E^1 を通るようにシフトすることから物価の上昇が発生する（P^0 から P^1 へ）ことで実質貨幣供給量 $\frac{M}{P}$ が減少するため，金融緩和上の効果は小さくなるという特徴がある（IS-LM 分析では国民所得を金融緩和によって Y^1 に増加させる効果が見ら

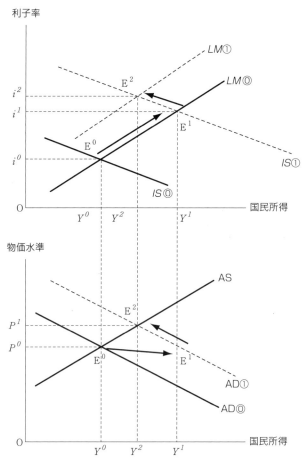

図 11-7 拡張的財政政策における IS-LM および AD-AS 曲線の動き
(出所) 石川 (2011), p.256 を基に作成．

れるが，AD-AS 分析によって物価水準を考慮した場合には，金融緩和による国民所得増加の効果は Y^2 である（$Y^1 > Y^2$）．この時の均衡点の推移は $E^0 \rightarrow E^1 \rightarrow E^2$ と変化する．

（2）拡張的財政政策への効果

　財やサービスの需要喚起のために発動される，減税や政府支出の増加に代表される拡張的財政政策がもたらす，影響は，図 11-7 に示すように利子率の上昇に伴い（IS 曲線が IS ⓪から IS ①に上方シフト，利子率が i^0 から i^1 に上昇），国民所得が Y^0 から Y^1 に増加する．しかし，IS-LM では先述のように物価水準は一定（P^0 のまま）であることから，AD-AS を示した下図より，E^1 を通るよう AD 曲線が AD ⓪から AD ①にシフトする．またその時の物価水準が P^0 から P^1 に増加することで，貨幣供給量 $\dfrac{M}{P}$ が減少する．そして最終的には国民所得（IS 曲線，AD 曲線のシフトに伴う，LM 曲線の左方シフトの影響）が Y^2 の水準に減少してしまうということになる．また，均衡点も $E^0 \rightarrow E^1 \rightarrow E^2$ と変化する．

第 12 章

景 気 循 環

第 12 章の要点

月
日
（　）

景気循環

……経済活動の周期的変動

景気動向指数

- コンポジット・インデックス（CI）
- ディフュージョン・インデックス（DI）

景気循環の周期

- 在庫循環（キチン・サイクル）：3 〜 4 年周期
- 設備投資循環（ジュグラー・サイクル）：8 〜10 年周期
- 建設循環（クズネッツ・サイクル）：約 20 年周期
- 長期循環（コンドラチェフ・サイクル）：約 50 年周期

戦後日本経済の景気循環

拡張期

- ① いざなみ景気（73 カ月：2002 年 1 月〜2008 年 2 月）
- ② いざなぎ景気（57 カ月：1965 年 10 月〜1970 年 7 月）
- ③ 平成景気（51 カ月：1986 年 11 月〜1993 年 10 月）

後退期

- ① 第 2 次オイルショック（36 カ月：1980 年 2 月〜1983 年 2 月）
- ② 平成不況（32 カ月：1991 年 2 月〜1993 年 10 月）
- ③ 二番底不況（20 カ月：1997 年 5 月〜1999 年 1 月）

主な景気循環理論の分類

$\begin{cases} \text{ケインズ経済学} \\ \quad \text{IS-LM モデル} \\ \text{新古典派経済学} \\ \quad \text{マネタリズム} \\ \quad \text{リアル・ビジネス・サイクル理論} \end{cases}$

加速度原理

…… GDP が増加すると投資が誘発される

$I = \beta \Delta Y$　投資は GDP 1 単位の増加に対して加速度係数 β だけ増加

加速度原理と乗数効果の相互作用モデル

$Y^* = I_E / (1 - b)$　定常状態における GDP は乗数効果と設備投資によって決まる

ストック調整モデル

$Y = D + I_v = D + I_v^* - \Delta D(\beta + 1)$　GDP は負の在庫投資の影響を受ける

この章で使われる記号

I	投資	I_E	外生的な設備投資
β	加速度係数	I_v	在庫投資
Y	GDP	D	最終需要
C	消費	K_v	在庫ストック
b	限界消費性向	$*$	定常状態を表す

はじめに

「景気がよいので大学生の就職率が上がった」,「景気の低迷によって企業の設備投資が低調である」などと言われるように,経済の状況とそれに関連する現象を述べるとき,「景気」という言葉がよく用いられる.景気とは,経済のどのような側面をどのように測ったものなのだろうか.また,景気と労働環境や企業の状況が密接な関係をもつものとして語られるのはなぜだろうか.さらに,景気が「よい」状態と「悪い」状態が繰り返し生じる原因は何だろうか.

本章では,景気循環の様子とメカニズムに焦点をあてる.はじめに,景気循環をとらえる概念と指標を説明し,戦後の日本の景気循環を概観する.次に,なぜこのような景気循環が生じるかを説明するさまざまな景気循環理論が,主にどのような要因に着目しているかを整理する.そのなかで,投資が景気変動を引き起こすメカニズムを明らかにする加速度原理とストック調整の理論をとりあげる.

1 景気循環

(1) 景気循環とは

経済活動の水準は時間の経過とともに変動する.GDP,失業率,物価などのマクロの経済変数を観察すると,それぞれ上昇・増加する時期と下降・減少する時期があることがわかる.これは,個々の企業や産業の成長や衰退とは別に,経済活動全体の水準が変動することを示している.このような経済活動の変動のうち,一定の期間をもって周期的変動を繰り返すものがある.そのような変動を**景気循環**(business cycle)とよぶ.

景気循環には,拡大する局面(expansion)と後退する局面(recession)がある.拡大局面が「好況」あるいは「景気がよい」といわれる時期であり,後退局面は「不況」あるいは「景気が悪い」といわれる時期である.**図12-1**は,景気循環の局面を表したものである.GDP成長率などの経済活動水準を表す変数が,時間の経過とともにどのような動きを示すかを表している.景気拡大

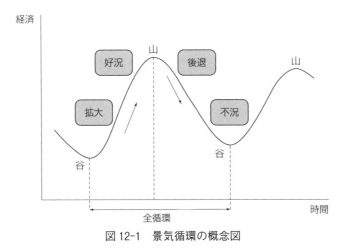

図 12-1　景気循環の概念図

局面の最高点を「山（ピーク）」，景気後退局面の最低点を「谷（トラフ）」といい，谷から谷までが景気の1循環となる．

（2）景気動向指数

マクロの経済活動水準の変動をとらえるためには，多くの経済変数の変動を観察する必要がある．それらの経済変数の指標は，景気の現状を判断したり，将来を予測したりするための**景気動向指数**（indexes of business conditions）に統合される．日本では，内閣府が毎月発表する景気動向指数をもとに景気基準日付を判定し，それによって景気循環の山，谷，周期などが決まる．

景気動向指数には，**コンポジット・インデックス**（**CI**：Composite Index）と**ディフュージョン・インデックス**（**DI**：Diffusion Index）がある．CIが景気変動の大きさやテンポを測定することを目的とするのに対し，DIは景気拡張の動きが各経済部門へどの程度波及しているかを測定することを目的としている．日本では従来，景気判断のための主な指数としてDIが用いられてきたが，景気変動の大きさやテンポを把握する重要性が増してきたことから，2008年4月よりCIによる基調判断を主に用いることとなっている．

CIとDIの算出に用いられる指標は共通である．景気と一致して動く経済変数の系列である「**一致指数**（coincident index）」，景気に数カ月先行して動く

「先行指数（leading index）」，そして景気に遅れて動く「**遅行指数**（lagging index）」がある．それぞれの指数に採用する系列は，現状をよりよく反映できるように景気がほぼ一循環（谷-山-谷）するごとに改定されてきている．一致指数には「鉱工業生産指数」，「耐久消費財出荷指数」，「所定外労働時間指数」，「商業販売額」，「有効求人倍率」などが含まれる．先行指数は「最終需要財在庫率指数」，「新規求人数」，「新設住宅着工床面積」，「消費者態度指数」，「東証株価指数」などから成る．そして遅行指数には，「常用雇用指数」，「実質法人企業設備投資」，「家計消費支出」，「法人税収入」，「完全失業率」などがある．

　これらの景気指標は，数量表示であったり価格表示であったり，それぞれ表示単位が異なるため，毎月のデータを単純に比較することはできない．そのため，それぞれの景気指標を統合するための計算が必要となる．CIは景気の強弱を定量的に把握することを目的とするため，各系列の変量や変化率を用いて合成指標を作る．DIは各経済部門への波及の程度を把握することを目的とするため，景気拡張を示す系列数が全系列に占める割合を計算する．DIは，系列の値が増加しているか，減少しているか，横ばいかという変化の方向のみをみるため，CIのように景気の変動の大きさや勢いといった「量感」を把握することはできないが，どの系列が拡張しているかという経済部門の相違を把握することができる．**表12-1**にCIおよびDIの作成方法の概略を示した．CIが各系列の変化率，変化の幅，過去からのトレンドと比べた変動の程度といった変化の程度の情報をもとに計算されていること，一方のDIは，変化の有無と方向のみの情報で計算されているためにどの系列の影響かが把握しやすいことがわかる．

　図12-2は，1985年から2018年までの景気動向指数の一致系列による日本の景気循環を示したものである．DIは，従来，景気の「山」と「谷」を判断する際に用いられてきた．DIの一致系列が50%ラインを左下から右上に向けて切るときが景気の山であり，反対に，左上から右下に切るときが景気の谷となる．一方，CIは景気の「基調判断」に用いられる．基調判断には，①改善，②足踏み，③局面変化（上方／下方），④悪化，⑤下げ止まり，の5つの種類があり，それぞれCIの動向を基準として定義づけられている．たとえば，「①改善」はCIが「原則として3カ月以上連続して，3カ月後移動平均が上昇」し

表12-1 景気動向指数の作成方法

CI	① 各系列の前月と比べた変化率（対象変化率）を求める． 対象変化率＝(当月値－前月値)／{(当月値＋前月値)／2}×100 ② 各系列の変化の量感を求める．対象変化率の振れ幅・トレンドを計算し，基準変化率を算出する． ・振れ幅：各系列を対称変化率が大きい順に並び替え四分位範囲を求める． 　四分位範囲＝上位25％値－下位25％値 ・トレンド：対象変化率について，今月を含む過去60カ月を平均する． ・基準化：対象変化率の振れ幅とトレンドを統合して量感指標とする 　基準変化率：(対象変化率－対象変化率のトレンド)／四分位範囲 ③ 各系列の量感（基準変化率）を合成する． 合成変化率＝対象変化率のトレンドの採用系列の平均＋四分位範囲の採用系列の平均×基準化変化率の採用系列の平均 ④ 前月のCIに累積する．前月と比較した変化の量感である合成変化率を，指数に戻す． 当月のCI＝前月のCI×(200＋合成変化率)／(200－合成変化率)
DI	① 各系列の値を3カ月前の値と比較して，増加（＋），横ばい（0），減少（－）を表す変化方向表を作成する． ② 先行・一致・遅行の系列ごとに，増加した指標を「拡張系列」とし，拡張系列の数が採用系列数に占める割合を計算する． DI＝(拡張系列数／採用系列数)×100（％） たとえば，一致系列のうち，5つの景気指標が3カ月前より上昇・増加し，残りの5つの指標が下降・減少したとすると，DIは50％と計算され，経済活動の上昇と下降がバランスした状態であることを示している．

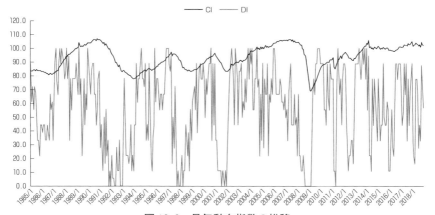

図12-2　景気動向指数の推移

ており，「当月の前月差の符号がプラス」であるときに，「景気拡張の可能性が高い」と定義されている.

CIとDIの違いを，**図 12-2** を用いて確認しよう．日本経済は，1980 年代後半のバブル経済が崩壊し，1991 年 3 月から「失われた 10 年」と呼ばれる経済低迷期に入ったとされる．その約 10 年間の DI をみると，1992 年 12 月付近，1997 年後半から 1998 年 3 月にかけて，2001 年後半で何回か 0 を記録している．つまり，3 カ月前と比べて改善した景気指標がなかったことを示している．その後，国際的な金融危機に端を欲した世界同時不況であった 2008 年から 2009 年にかけて，再び DI は 0 を記録している．これらの時期の CI をみると，いずれの時点でも DI が 0 となった少しあとに CI が谷のような底を記録している．ただし，その指数をみると，失われた 10 年の 3 つの時期には指数は 80.0 から 100.0 の間にあるが，世界同時不況の際には 70.0 付近まで落ちていることがわかる．また，その落ち方も 3 つの時期よりも急激である．このように，DI は景気の変化の方向性を明確に示し，CI はその変化の程度を見るのに適していることがわかる.

（3）景気循環の周期

① 戦後日本経済の景気循環

内閣府によって決定される景気基準日付によれば，戦後の日本経済は 2019 年 2 月時点で 15 回の景気循環を経験している．**表 12-2** は，景気循環の転換点の時期と期間を示している.

拡張期の最長は第 14 循環（通称「**いざなみ景気（Izanami boom）**」）の 73 カ月（2002 年 1 月～2008 年 2 月）であり，次いで第 6 循環（通称「**いざなぎ景気（Izanagi boom）**」）の 57 カ月（1965 年 10 月～1970 年 7 月），第 11 循環（通称「平成景気」）の 51 カ月がこれに次ぐ．最短は，第 8 循環および第 13 循環の 22 カ月である．後退期の最長は第 9 循環（通称「**第 2 次オイルショック（second oil crisis）**」）の 36 カ月（1980 年 2 月～1983 年 2 月）であり，第 11 循環（通称「平成不況」）の 32 カ月（1991 年 2 月～1993 年 10 月），第 12 循環（通称「二番底不況」）の 20 カ月（1997 年 5 月～1999 年 1 月）がこれに続く.

第 12 章　景気循環　*199*

表 12-2　景気基準日付

循環	谷	山	谷	拡張期間	後退期間	全循環
第 1 循環		昭和 26 年 6 月 (1951 年 6 月)	昭和 26 年 10 月 (1951 年 10 月)		4 カ月	
第 2 循環	昭和 26 年 10 月 (1951 年 10 月)	昭和 29 年 1 月 (1954 年 1 月)	昭和 29 年 11 月 (1954 年 11 月)	27 カ月	10 カ月	37 カ月
第 3 循環	昭和 29 年 11 月 (1954 年 11 月)	昭和 32 年 6 月 (1957 年 6 月)	昭和 33 年 6 月 (1958 年 6 月)	31 カ月	12 カ月	43 カ月
第 4 循環	昭和 33 年 6 月 (1958 年 6 月)	昭和 36 年 12 月 (1961 年 12 月)	昭和 37 年 10 月 (1962 年 10 月)	42 カ月	10 カ月	52 カ月
第 5 循環	昭和 37 年 10 月 (1962 年 10 月)	昭和 39 年 10 月 (1964 年 10 月)	昭和 40 年 10 月 (1965 年 10 月)	24 カ月	12 カ月	36 カ月
第 6 循環	昭和 40 年 10 月 (1965 年 10 月)	昭和 45 年 7 月 (1970 年 7 月)	昭和 46 年 12 月 (1971 年 12 月)	57 カ月	17 カ月	74 カ月
第 7 循環	昭和 46 年 12 月 (1971 年 12 月)	昭和 48 年 11 月 (1973 年 11 月)	昭和 50 年 3 月 (1975 年 3 月)	23 カ月	16 カ月	39 カ月
第 8 循環	昭和 50 年 3 月 (1975 年 3 月)	昭和 52 年 1 月 (1977 年 1 月)	昭和 52 年 10 月 (1977 年 10 月)	22 カ月	9 カ月	31 カ月
第 9 循環	昭和 52 年 10 月 (1977 年 10 月)	昭和 55 年 2 月 (1980 年 2 月)	昭和 58 年 2 月 (1983 年 2 月)	28 カ月	36 カ月	64 カ月
第 10 循環	昭和 58 年 2 月 (1983 年 2 月)	昭和 60 年 6 月 (1985 年 6 月)	昭和 61 年 11 月 (1986 年 11 月)	28 カ月	17 カ月	45 カ月
第 11 循環	昭和 61 年 11 月 (1986 年 11 月)	平成 3 年 2 月 (1991 年 2 月)	平成 5 年 10 月 (1993 年 10 月)	51 カ月	32 カ月	83 カ月
第 12 循環	平成 5 年 10 月 (1993 年 10 月)	平成 9 年 5 月 (1997 年 5 月)	平成 11 年 1 月 (1999 年 1 月)	43 カ月	20 カ月	63 カ月
第 13 循環	平成 11 年 1 月 (1999 年 1 月)	平成 12 年 11 月 (2000 年 11 月)	平成 14 年 1 月 (2002 年 1 月)	22 カ月	14 カ月	36 カ月
第 14 循環	平成 14 年 1 月 (2002 年 1 月)	平成 20 年 2 月 (2008 年 2 月)	平成 21 年 3 月 (2009 年 3 月)	73 カ月	13 カ月	86 カ月
第 15 循環	平成 21 年 3 月 (2009 年 3 月)	平成 24 年 3 月 (2012 年 3 月)	平成 24 年 11 月 (2012 年 11 月)	36 カ月	8 カ月	44 カ月

（出所）内閣府「景気基準日付」より作成

② 周期の違い

　1つの景気循環の長さである全循環は，景気の谷から山を経て次の谷までの期間である．戦後日本経済では，最長が第14循環の86カ月，最短は第8循環の31カ月であり，3倍に近い差がある．また，拡張期は最短22カ月から最長73カ月まで，後退期は最短8カ月から36カ月まで，と好況と不況の期間にも[2)]大きなばらつきがある．このような景気循環の周期の違いは，循環を生み出す原因である投資の性質がそれぞれ異なるからであると考えられてきた．

　3年から4年という最も短い周期をもつのは**在庫循環**（inventory cycle）であり，在庫投資の変動によって生じると考えられる．そのことを発見した経済学者の名前にちなみ，**キチン・サイクル**（Kitchin cycle）とも呼ばれる．8年から10年の周期をもつ循環は，企業の設備投資の変動によって生じると考えられており**設備投資循環**（major cycle）とよばれる．これも発見者の名前にちなみ，**ジュグラー・サイクル**（Juglar cycle）と呼ばれることもある．さらに長い20年程度の循環は，建設活動によって生じると考えられることから，**建設循環**（building cycle）あるいは**クズネッツ・サイクル**（Kuznets cycle）と呼ばれている．景気動向指数によって測定された戦後経済の全循環の平均は52.4カ月であり，ほぼ在庫循環の周期に対応している．

　さらに，これらの投資を原因とした循環とは別に，戦争，技術革新，金融システムの変化などによって生じる約50年周期の非常に長期の景気循環の存在も主張されてきた．この主張を展開したコンドラチェフにちなんで**コンドラチェフ・サイクル**（Kondratieff cycle）と呼ばれるが，このような長期波動の存在や原因についてはさまざまな議論がある．

2　景気循環理論をめぐる議論

　景気の変動，つまり好況であるか不況であるかは，私たちの生活に大きな影響をもたらす．そのため，なぜ**景気循環**が生じるかについて研究が積み重ねられいくつかの理論が示されてきているが，それらの理論は今日では大きく2つの軸で分類される．第1の軸は新古典派マクロ経済学かケインズ経済学かであり，経済が基本的に市場メカニズムにより完全雇用の状態になると想定するか

否かが異なる．ケインズ経済学の考え方では，景気の変動の原因となるショックが主に需要サイドの投資にもたらされるとみなすが，新古典派では，技術革新などの供給サイドにももたらされるとみなす．第2の軸は，景気の変動の原因となるショックが貨幣的な要因か，実物的な要因かである．

第1の軸の新古典派マクロ経済学の理論のうち，第2の軸でショックを貨幣的と考えるのが**マネタリズム**（monetarism）の理論である．マネタリズムでは，景気循環の主因はマネーサプライの変動にあると考える．マネーサプライの変動は物価上昇率の変動をもたらす．それらのインフレやデフレを家計や企業が合理的に予測できないとき，投資や消費の行動が合理的な水準から乖離するため，実体経済が変動して景気循環を生み出す．すなわち，経済主体が合理的に予測できないことが，効率的な市場均衡である完全雇用GDPや自然失業率からの乖離をもたらすと考える．そのため，マネーサプライの変動を一定にコントロールすれば，景気循環を平準化して完全雇用GDPに近づけることができると考え，経済政策として，マネーサプライの成長率を中央銀行がアナウンスするという金融政策が有効であることを主張している．

一方，同じ新古典派マクロ経済学であるが，第2の軸でショックを実物的と考えるのが**リアル・ビジネス・サイクル**（**RBC**：Real Business Cycle）**理論**である．RBC理論では，景気循環の主因は実物経済の変動にあるとし，特に供給サイドの技術進歩の変動が景気循環をもたらすと考える．企業の生産において技術進歩が生じると，その技術を用いる財・サービスの供給が増加し，続いて需要も増加し，その市場均衡に対応するGDPも変化する．また，新たな均衡に対応して要素市場における雇用や資本の需給も変化し，取引を裏付けるマネーサプライ，失業率や利子率などが変動する．これらのGDP，失業率，利子率などの変動が景気循環である．そこでは市場メカニズムが働くと考えられているため，完全雇用GDPや自然失業率そのものが変動しているだけで，常に効率的な資源配分が達成されているとみなされる．したがって，景気循環を平準化するための経済政策は，財政政策も金融政策も必要ないことになる．

マネタリズムとRBC理論は，景気循環の要因が貨幣的か実物的かについて正反対の見方をとり，経済政策についても異なる主張をしているが，市場メカニズムにより効率的な配分が達成されるとみなす点については一致している．

表 12-3　景気循環理論の分類

	ケインズ経済学／新古典派	ショックが貨幣的／実物的	需要サイド／供給サイド	対象期間
IS-LM モデル	ケインズ経済学	貨幣・実物	需要	短期
マネタリズム	新古典派	貨幣	需要・供給	中長期
RBC 理論	新古典派	実物	需要・供給	中長期

一方，第 1 の軸でケインズ経済学に分類されるのが，*IS-LM* モデル（*IS-LM model*）である．ケインズ経済学では，市場メカニズムのみでは完全雇用 GDP や自然失業率は達成されないため，経済政策によって有効需要やマネーサプライをコントロールすることが必要であると考える．ただし，有効需要の原理の名が示すとおり，経済の需要サイドに焦点をあてているため，RBC 理論のように技術進歩の変動のような生産関数に直接影響を与える要因を扱うことはできない．*IS-LM* モデルでは，*IS* 曲線が財市場の均衡を表すが，「供給」は労働人口によって暗黙裡に想定されており，供給に影響を与える資源制約や技術進歩については明示的に扱っていない．*LM* 曲線の貨幣供給についても政策変数となっている．つまり，*IS-LM* モデルは景気の変動をもたらすショックは需要サイドにあるとする．そして，第 2 の軸であるショックが実物的か貨幣的かについては，どちらも重要であると考える．*IS* 曲線のシフトをもたらす実物的ショックと，*LM* 曲線のシフトをもたらす貨幣的ショックの双方によって，均衡 GDP の水準が決まるからである．

　このように，景気の変動をもたらすショックの性質のいずれが重要かについては，実体経済か貨幣経済か，需要サイドか供給サイドか，さまざまな理論が存在する．表 12-3 は，それぞれの理論の関係を示したものである．

3　景気循環の理論——加速度原理とストック調整

（1）設備投資による循環のメカニズム——加速度原理(acceleration principle)

　前項の理論でみたとおり，景気の変動をもたらすショックの性質については諸説あるが，一方で，景気の周期を実際に観察すると在庫投資，設備投資，建設投資という投資の種類によって循環の長さがおおむね決まることが確認され

ている．つまり，投資というショックが循環をもたらすことが確認されており，そのメカニズムは加速度原理によって説明することができる．

　需要が増大してGDPが増加すると，その需要に対して資本を投資することが求められる．加速度原理とは，GDPが増加すると投資が誘発されることを説明する理論である．設備投資Iは，GDPをYとすると次の式で決まる．βはGDPの1単位の増加に対してどの程度投資が誘発されるかを表す加速度係数である．

$$I = \beta \Delta Y \tag{12-1}$$

投資はGDPの時系列の変化に依存すると考え，今期の設備投資は，2期前から1期前にかけてGDPがどの程度増加したかによって決まるとする．

$$I = \beta(Y_{-1} - Y_{-2}) \tag{12-2}$$

ここで，消費C，設備投資I，外生的な需要I_Eから成るマクロ経済を考える．政府や海外は存在しない．消費は1期前のGDPによって決まるとし，限界消費性向をbとすると，消費関数は次のようになる．

$$C = bY_{-1} \tag{12-3}$$

式（12-2）および式（12-3）より，マクロ経済は次のように表される．

$$\begin{aligned} Y &= C + I + I_E \\ &= bY_{-1} + \beta(Y_{-1} - Y_{-2}) + I_E \\ &= (b + \beta)Y_{-1} - \beta Y_{-2} + I_E \end{aligned} \tag{12-4}$$

式（12-4）は，今期のYは1期前と2期前のYに生じる消費と投資の乗数効果，および外生的な設備投資によって決まることを示している．そのようにして求められた今期のYを式（12-4）の右辺に代入すると来期のYが求められる．この作業を繰り返すと，各期のYの水準，すなわちYの動学的な経路を求めることができる．

　ここで，外生的な設備投資を「ショック」ととらえるために「定常状態」を設定する．定常状態とは，それ以上均衡GDPが変動しない状態のことである．

定常状態における GDP を Y^* とおくと，次の式が成立するはずである．

$$Y^* = Y = Y_{-1} = Y_{-2} \tag{12-5}$$

式（12-5）を式（12-4）に代入すると，次の関係が得られる．

$$Y^* = \frac{I_E}{1 - b} \tag{12-6}$$

式（12-6）は，定常状態における GDP の水準は乗数効果と外生的な設備投資 I_E によって決まることを示している．この定常状態において，何らかのショックにより外生的な設備投資の増加が生じたとする．式（12-4）より，定常状態で I_E が増加すれば，Y は Y^* よりも ΔI_E だけ大きくなる．つまり，I_E 投資の増加は Y を増大させ，次の期には式（12-3）の消費関数によって消費の増加をもたらす．さらに，消費の増加は Y の増加となり，式（12-2）より加速度係数を通じて投資の増加となる．これがさらに Y を増加させ，消費の乗数効果を生む．以上のような乗数効果と加速度原理の相互作用を通して，外生的な設備投資に生じた 1 回のショックが，将来にわたって Y の循環を生み出すことになる．

　このような相互作用モデルを，数値例で確認しよう．**表12-4** は，0 期において 2 期前の Y を 400，1 期前を 500，限界消費性向を 0.8，設備投資の資本係数を 0.9，外生的設備投資を 100 とおいて，0 期から 20 期までの Y を求めた数値例である．0 期には，前期の Y の 500 に限界消費性向 0.8 をかけた消費 400 が実現する．また，投資については，2 期前から 1 期前にかけて増加した 100 の ΔY に対して，資本係数 0.9 を掛けた 90 となり，外生的投資は 100 である．よって，今期の Y は $C + I + I_E = 590$ となる．この計算を 20 期まで繰り返すと，Y, C, I は図12-3 のような変動を示すのである．

（2）在庫投資による循環のメカニズム──ストック調整（inventory adjustment）

　企業の投資のうち，在庫投資についても景気の変動を生み出すメカニズムがある．企業は需要の増加に対応できるように，在庫ストックをもつ必要がある．

表12-4 相互作用モデルの数値例

期	前々期 Y_{-2}	前期 Y_{-1}	消費 C	設備投資 I	外生的投資 I_E	今期 Y
0	400	500	400	90	100	590
1	500	590	472	81	100	653
2	590	653	522	57	100	679
3	653	679	543	23	100	667
4	679	667	533	−11	100	622
5	667	622	498	−40	100	558
6	622	558	446	−58	100	488
7	558	488	391	−63	100	428
8	488	428	342	−54	100	388
9	428	388	310	−36	100	375
10	388	375	300	−12	100	388
11	375	388	310	12	100	422
12	388	422	337	31	100	468
13	422	468	374	42	100	516
14	468	516	413	43	100	556
15	516	556	445	36	100	581
16	556	581	465	22	100	587
17	581	587	470	6	100	575
18	587	575	460	−11	100	549
19	575	549	440	−23	100	516
20	549	516	413	−30	100	483

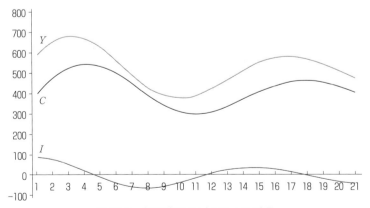

図12-3 相互作用モデルによる循環

そのために在庫を積み増すことを在庫投資という．在庫投資を I_v，在庫ストックを K_v とする．在庫投資についても，GDP が増加すると投資が誘発される加速度原理があてはまるが，在庫投資の場合には，Y から在庫投資を除いた実質的な需要である「最終需要」D に対して，適正在庫ストック $K_v{}^*$ が決まる．

$$K_v{}^* = \beta D \tag{12-7}$$

一般に需要は不確実であるため，現実の在庫ストック K_v には，売れ残りによる在庫の積み増しや，在庫の取り崩し（負の在庫投資）といった「意図せざる在庫投資」が含まれることになる．したがって，企業の在庫投資 I_v は，適正在庫ストックと現実の在庫ストックとのかい離を埋める水準が最適となる．

$$\begin{aligned} I_v{}^* &= K_v{}^* - K_v \\ &= \beta D - K_v \end{aligned} \tag{12-8}$$

式（12-8）は，在庫投資が最終需要と加速度係数によって決まる適正在庫ストックと，現状の在庫ストックで決まることを示しているが，ここで，最終需要 D にマイナスのショックが ΔD だけ生じたとする．式（12-7）より，適正在庫ストックは $\beta\Delta D$ だけ減少する．一方，現状の在庫ストックは売れ残りにより ΔD だけ増加する．式（12-9）は，最終需要変動後の在庫投資を表している．$\beta > 0$ より，$Iv < Iv^*$ となり，需要ショック後の在庫投資は負となることがわかる．

$$\begin{aligned} I_v &= \beta(D - \Delta D) - (K_v + \Delta D) \\ &= \beta D - K_v - \Delta D(\beta + 1) \\ &= I_v{}^* - \Delta D(\beta + 1) \end{aligned} \tag{12-9}$$

次の期に最終需要の水準が回復したとすると，式（12-7）より適正在庫ストックの水準は増加するが，現状の在庫ストックが需要ショック分だけ積み増されているため，式（12-9）の $-\Delta D(\beta + 1)$ 項の効果はその後も残り，在庫投資は負の値をとり続けることになる．このようなメカニズムを**ストック調整**という．Y は最終需要 D と在庫投資 I_v の和であることから，たとえ最終需要の落ち込みが１期のみであったとしても，在庫投資が負となる影響が継続し，**在庫循環**

第12章 景気循環　207

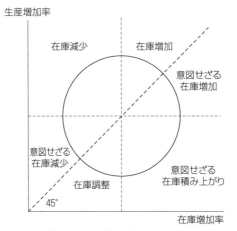

図12-4　在庫循環の概念図

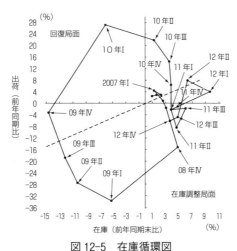

図12-5　在庫循環図
(出所) 内閣府　月例経済報告 2013年2月

とよばれる景気循環が生じる.

　図12-4は, 在庫循環の概念をしめす図である. 縦軸に産業の出荷の増加率, 横軸に在庫の増加率をとり, 45度線は在庫と出荷の増加率が等しいことを示す. 45度線の右下では出荷より在庫が多く, 意図せざる在庫が増加したり在庫調

整を行ったりする状態であることを示している．45度線より上では出荷の方が多くなり，意図せざる在庫が減少して，需要増加のために在庫を取り崩す状態を示す．図 12-5 は 2007 年から 2012 年の鉱工業における在庫循環を示したものである．2008 年秋から生じた世界同時不況のショックは，比較的早い V字型回復をみせたといわれる．在庫循環図をみると，2008 年第 4 四半期には意図せざる在庫が急速に積み上がったが，2009 年には在庫が減少する調整局面にはいり，2009 年終わりには回復局面に入った様子がわかる．

4 景気循環の解明に向けて

本章では，景気循環を説明する理論として，設備投資に関する**加速度原理・乗数効果の相互作用**モデルと在庫投資の**ストック調整**モデルを示した．いずれも，経済への何等かのショックで投資に変化が生じれば GDP に循環が生じるメカニズムを明らかにしている．現実の経済を観察すると，景気動向指数のDI は在庫投資の変動の周期とほぼ一致するなど，投資と景気との関係が密接であることから，これらのモデルは景気循環を説明する標準的理論となっている．しかしながら，経済理論が常にそうであるように，これらの理論は現実のさまざまな経済の動きの一部を単純化して説明したものであり，いくつかの問題や限界がある．たとえば，加速度原理では，GDP が変化すればその分に比例して必ず投資が誘発されると仮定されているが，企業の行動原理をよく考えると，需要が増加しても利潤が見込めない限り，生産を増加させるという意思決定はしないと考えられる．つまり，GDP が増加すれば，その資本係数分だけ投資が増加するという仮定は成り立たない可能性がある．

また，そもそも投資に影響を与えるショックの性質が異なれば，景気循環のメカニズムを説明する視点そのものが異なってくる．第 2 節で整理したように，景気循環を説明する理論は，貨幣か実物か，価格が伸縮的か硬直的か，労働市場や資産市場との関係をいれる（中長期）か，といったさまざまな視点で検討される．たとえば，2008 年秋から 2009 年春にかけて，国際的な金融危機を発端として生じた世界同時不況は，日本では第 14 循環の後退期にあたり（**表12-2** 参照），景気動向指数からも日本経済にも大きなインパクトを与えた（**図**

12-2 参照). この間，日本の GDP は 1 割程度下落したが，この急減の内訳は主に輸出と設備投資の減少であった. このことは，金融ショックが外需や設備投資といった有効需要に影響したことをしめしており，*IS-LM* モデルによって景気動向を説明することができる. しかしながら，金融危機は輸出と設備投資を減少させた一方で，消費への影響はそれほど大きくなかったことが分かっている. つまり，加速度原理モデルにおいても重要な役割を果たす乗数効果がそれほど働かなかった可能性もある. このことを考えると，投資が循環を生み出すメカニズムだけではなく，消費者の意思決定に影響を与える賃金，すなわち労働市場や資産市場との関係を明らかにできるモデルが必要かもしれない.

　経済理論は一般に，現実をどの程度説明することができるかによって，経済政策を検討したり評価したりする際に有用であるかどうかが決まる. 景気循環は私たちの生活に直接影響をもたらす現象であり，その解明には，加速度原理モデルをはじめとする重要な研究成果がある. しかしながら，景気循環の原因はいまだに解明できていない部分も多く，今日においても大きな理論的課題である.

注
1) 最新の採用系列については，内閣府による景気統計を参照のこと.
2) 第 1 循環は後退期しかないので除く.

第13章

経済成長

第 13 章の要点

月
日
（　）

経済成長
……持続的な生産（GDP）の増加
……経済成長率は経済成長の速さを表す

経済成長理論
……有効需要理論では一定とされていた生産要素，技術，労働という供
　　給サイドの要因に注目して経済成長のメカニズムや要因を明らかに
　　する理論

ハロッド＝ドーマーの成長理論
現実成長率：財市場を均衡させる成長率　　$G = \dfrac{s}{v}$
保証成長率：企業の利潤最大化を達成する成長率　$G_\pi = \dfrac{s}{v_\pi}$
自然成長率：労働市場を均衡させる成長率　$G_n = g + n$
……現実成長率が保証成長率とかい離していると，累積的に経済成長率
　　が低下・上昇し経済成長率は不安定になる
……保証成長率が自然成長率とかい離していると，有効需要の不足か資
　　本蓄積の不足により成長率は長期的に低下する

ソローの経済成長理論
……資本市場と労働市場に価格メカニズムがはたらくため，生産におけ
　　る資本－労働比率が調整される
……現実成長率，保証成長率，自然成長率が一致し，成長経路は安定する

成長会計

……経済成長の要因　$Y = AF(L,K)$

$$\begin{cases} 人口成長 \\ 資本成長 \\ 技術進歩（全要素生産性：A） \end{cases}$$

……経済成長率＝労働寄与率＋資本寄与率＋技術進歩率

ソロー残差

……技術進歩率＝経済成長率－労働寄与率－資本寄与率

$$\frac{\Delta A}{A} = \frac{\Delta Y}{Y} - \left(\frac{wL}{Y}\right)\frac{\Delta L}{L} - \left(\frac{rK}{Y}\right)\frac{\Delta K}{K}$$

内生的経済成長理論

$$\begin{cases} 人的資本：労働者自身に備わる知識・技能 \\ 知識資本：労働者が研究開発で示すアイディア \end{cases}$$

……人的資本・知識資本は非排除性をもつため，技術的スピルオーバーにより過少投資となる

この章で使われる記号

I	投資	G	成長率
S	貯蓄	L	労働人口
Y	GDP	g	技術進歩率
K	資本ストック	k	資本装備率
v	資本係数	A	全要素生産性

はじめに

　経済成長，すなわち GDP が安定的に増加することは，完全雇用や物価の安定とならび，マクロ経済政策の主要な目標の1つである．国民所得の決定理論は，GDP の水準が有効需要によって決まる様子を説明したが，それが長期的に変動するメカニズムについては扱っていない．「成長」という時間に伴う変化が生じる要因を明らかにするためには，短期的には一定と仮定されていた条件が変化することを考慮しなければならない．すなわち，国民所得の決定理論では「有効需要」に焦点をあてていたが，有効需要を満たす供給の過程では，長期的には資本の蓄積や技術革新といった生産条件の変化が起きていることに着目する．経済成長理論では，経済の供給サイドに視点を拡げ，これらの生産条件の変化がどのように GDP の長期的な増加に影響しているかに着目する．

　本章では，はじめに経済成長がおおむね生活水準やその格差を示す概念であることを確認したうえで，経済成長理論の展開をみていく．有効需要を構成する投資が資本として蓄積されることを採りいれたハロッド゠ドーマーの成長理論，資本のみではなく労働との関係も価格メカニズムを通して寄与すると考えたソローの経済成長理論を説明する．そして，現実の経済成長の要因を実証的に分析できる成長会計と，その結果から重要であることが判明した技術進歩のメカニズムに注目した内生的経済成長理論について学んでいこう．

1　経 済 成 長

　日本は第2次世界大戦後，戦後復興期と高度経済成長期に急速な経済成長を経験した．図 13-1 は，実質 GDP と経済成長率（rate of economic growth）の推移を示したものである．経済成長率は 10% 前後の高成長率から段階的に低下し，バブル経済が崩壊した 1990 年代初頭からは 0% 前後を推移している．一方，実質 GDP は長期的にはほぼ一貫して増加している様子がわかる．

　このような長期的な経済成長は，必然的に生じるわけではないし，どの国でも生じるわけではない．経済成長とよばれる持続的な生産の増加が起こるよう

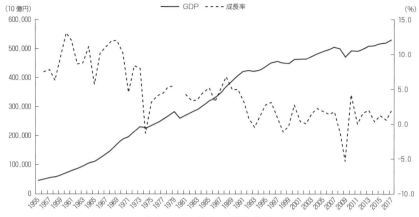

図 13-1　日本の経済成長

(注) 1955-1979年は1998年度国民経済計算 (1990年基準・68SNA, 実質暦年), 1980-1993年は平成23年基準支出系列簡易遡及 (2011年基準・2008SNA, 実質暦年), 1994-2017年は2017年度国民経済計算 (2011年基準・2008SNA, 実質暦年) の値を用いている.
1980年の成長率は基準体系の不連続のため, 表示しない.
(出所) 内閣府「国民経済計算 (GDP 統計)」より作成

表 13-1　1人当たり GDP の格差 (2016年)

上位5国	国際ドル	下位5国	国際ドル
カタール	116,062	中央アフリカ共和国	604
ルクセンブルク	95,765	ブルンジ	691
中華人民共和国マカオ特別行政区	92,790	コンゴ人民共和国	717
シンガポール	82,622	ニジェール	1,041
ブルネイ・ダルサラーム	71,877	マラウイ	1,052

(注) 購買力平価調整済み. シリア, ソマリアを除く.
(出所) IMF Wrold Economic Outlook Database, Orcober 2018

になったのは, 18世紀末のイギリス産業革命以降のことである. この経済成長は, イギリス, アメリカ, カナダ, 西ヨーロッパの国々へと波及し, 第2次世界大戦後に日本, 韓国, シンガポールなどのアジア諸国がこれに続いた. その後, BRICs[1]と呼ばれた中進国の中から, 中国とインドが大きな経済成長を遂げている.

このような経済成長の波及が進んだからといって, すべての国で経済成長が起こっているわけではない. 世界の経済圏は, 長期的な経済成長を経験した先進国と, 依然として所得が低いままの状態が続く途上国とに分かれる. 表 13-1

は，2013 年の 1 人当たり GDP のベスト 5 とワースト 5 を比較したものである．ベスト 5 にはヨーロッパ諸国が，ワースト 5 にはアフリカ諸国が並んでいる．1 人当たりの GDP は，おおむねその国の生活水準を表すが，1 位のルクセンブルクと最下位のブルンジとでは，実に 500 倍もの差があることになる．

　経済成長がなぜ生じるのか，また経済成長の速さを示す経済成長率は何によって決まるのか，また，GDP の格差は途上国が先進国に「キャッチアップ」することで縮まることはあるのか．経済成長で増加する GDP は，1 人当たりGDP でみると生活水準を表し，寿命や健康などの生存の条件や生活の質との関連が深い．また，経済格差による貧困問題は紛争や戦争などとも関係する．このように，経済成長は人間の**厚生**（welfare）あるいは幸福などの概念を含むウェルビーイング（well-being）に直結するため，経済における最も主要な関心の 1 つであるが，前述の問いに答えることは未だに難しい．経済学では，家計や企業が市場で生産や消費を行うことを前提として，経済的要因によって，どのように GDP や経済成長が決まるかを考える．しかし，GDP や経済成長といった経済的な結果は，戦争や革命，法による統治など，市場や経済活動が正常に行われない状態の影響も受ける．また，健康や教育が確保されていないと，やはり経済学が想定する市場での活動は困難になることもある．

　以上のような限界を踏まえたうえで，次節以降では，基本的な経済成長理論によって経済成長のメカニズムを，成長会計や新しい成長理論によって，経済成長をもたらす要因についてみていこう．

2　ハロッド゠ドーマーの成長理論——ケインズ経済学の成長理論

　ケインズ経済学では，有効需要の原理といわれるように，利用可能な生産要素や技術といった供給の要因を一定とおいたうえで，需要サイドの投資が乗数効果を通じて GDP を増加させると考えた．生産要素や技術は，短期においてはあまり変化しないと考えることもできるが，長期においてはそうではない．労働人口の増加，設備投資による資本蓄積，また技術進歩は生産能力を高める．そこで，投資が有効需要となるだけではなく，長期的には資本蓄積を通じて，生産能力という供給サイドに影響を与えることに注目したのが，ドーマー

（Evsey David Domar, 1914-1997）およびハロッド（Roy Forbes Harrod, 1900-1978）の成長理論である．ハロッド＝ドーマーの**経済成長理論**（The Harrod-Domar theory of economic growth）では，財市場を均衡させる現実成長率，企業の利潤最大化を達成できる保証成長率，そして労働市場の条件を入れた自然成長率の3つの成長率を定式化し，それぞれが一致しないことから長期的な経済成長が不安定になることに注目する．

（1）保証成長率と不安定性

① 現実成長率

GDP（均衡生産量 Y）を決定する条件式は $S = I$ であった．この関係を Y の1単位当たりで考えると，次の関係が成り立つ．

$$\frac{S}{Y} = \frac{I}{Y} = \frac{I}{\Delta Y} \cdot \frac{\Delta Y}{Y} \tag{13-1}$$

S/Y は貯蓄率であり s とおく．$I/\Delta Y$ は生産を ΔY 増加だけ増加させるのに，どれだけの投資 I が必要かを示しており，これを**資本係数**（capital coefficient）とよび v と表す．投資が蓄積されると資本ストック K となることから，投資 I，資本 K，資本係数の間には次の関係がある．

$$I = \Delta K = v\Delta Y \tag{13-2}$$

$\Delta Y / Y$ は成長率であり，これを**現実成長率**（actual rate of growth）G とすると，式（13-1）および式（13-2）より現実成長率は貯蓄率 s と資本係数 v の関係で表すことができる．

$$G = \frac{s}{v} \tag{13-3}$$

② 保証成長率

次に，現実の成長率ではなく，企業に利潤を最大化できるような生産の増加を保証する成長率（**保証成長率**（warranted rate of growth））を考える．その

ような生産の増加を ΔY_π とすると，保証成長率は次のように表される．

$$G_\pi = \frac{\Delta Y_\pi}{Y} \tag{13-4}$$

利潤最大化の生産増加 ΔY_π を生み出すのに必要な投資（資本の増加）I_π は，式（13-2）と同様に考えて次のように示すことができる．資本係数は，ここでは必要資本係数 v_π となる．

$$I_\pi = \Delta K = \frac{I_\pi}{\Delta Y_\pi} \Delta Y_\pi = v_\pi \Delta Y_\pi \tag{13-5}$$

投資 I_π が貯蓄 S によって賄われるならば，式（13-4）および式（13-5）より，保証成長率は貯蓄率 s と必要資本係数 v_π で表される．

$$G_\pi = \frac{\Delta Y_\pi}{Y} = \frac{1}{Y} \cdot \frac{I_\pi}{v_\pi} = \frac{S}{Y} \cdot \frac{1}{v_\pi} = \frac{s}{v_\pi} \tag{13-6}$$

③ 成長率の不安定性

式（13-3）の現実成長率と式（13-6）の保証成長率の違いは，**資本係数の違い**である．**現実成長率**は需要サイドの均衡条件（$I = S$）に対応する資本係数で定義されるのに対し，**保証成長率**は利潤を最大化する水準の生産増加に対応する資本係数であり，その投資水準には資本ストックを完全に利用するという条件を考慮した供給サイドの情報が含まれている．したがって，現実成長率と保証成長率が一致していれば，需要と供給が一致した状態であり，企業が利潤を最大化しながら有効需要を満たしている成長率が達成されている．しかしながら，企業の生産関数や生産要素の条件から，利潤を最大化できる生産水準に必要な投資（資本蓄積）と，有効需要の観点から必要とされる投資が一致する保証はない．そのような場合，経済の成長率はどのようになるであろうか．

現実成長率が保証成長率より大きい場合，式（13-3）と式（13-6）より，資本係数と必要資本係数の関係は次の通りである．

$$G > G_\pi \Rightarrow \frac{s}{v} > \frac{s}{v_\pi} \Rightarrow v < v_\pi \qquad (13\text{-}7)$$

このとき，現実成長率は保証成長率より大きく，必要資本係数は資本係数より大きい．つまり，現実の成長率が大きいため，現状の投資では利潤最大化には不足している状態である．したがって，企業は生産増加のために投資を増加させるが，その投資は同時に有効需要として乗数効果をもたらすため，現実成長率 G はさらに増加し保証成長率との乖離が大きくなる．そのため，企業はさらに投資を増加させることになる．

　反対に，保証成長率が現実成長率を上回る場合，**資本係数**の関係は式 (13-8)のようになる．

$$G < G_\pi \Rightarrow \frac{s}{v} < \frac{s}{v_\pi} \Rightarrow v > v_\pi \qquad (13\text{-}8)$$

この場合には，資本係数が必要資本係数より大きいため，企業は投資を減少させることになる．供給サイドから意思決定された投資の減少は，同時に需要の減少となるため，均衡生産量は減少し，現実成長率も低下する．保証成長率との乖離はさらに大きくなるため，企業はさらに投資を減少させ，成長率は低下し続けることとなる．

　このように，投資を需要と供給の両面からとらえたハロッド＝ドーマーのモデルでは，現実成長率が保証成長率と乖離していると，さらに累積的に経済成長率が低下あるいは上昇することを示しており，現実の**経済成長率**の不安定性を説明するモデルとなっている．

（2）自然成長率と長期不安定性
① 自然成長率
　保証成長率の概念は，供給サイドの要因の中でも投資による資本蓄積に焦点をあてたものであった．ハロッド＝ドーマーモデルでは，さらに労働人口と技術進歩による成長率を表す**自然成長率**（natural rate of growth）G_n という概念を導入した．自然成長率 G_n とは，労働人口と技術進歩がもたらす最大の成

長率であり，常に労働人口の完全雇用が実現する**潜在成長率**（potential rate of growth）と定義される．

t 期の労働人口 L_t は，労働人口の増加率を n とすると次のように表される．

$$L_t = (1 + n)L_{t-1} \qquad (13\text{-}9)$$

ここで，**労働生産性**（labor productivity）を考える．労働生産性とは 1 人当たりの生産量であり，Y/L で表される．t 期の労働人口の労働生産性は，前期の労働生産性に技術進歩率 g を加味したものとなる．

$$\frac{Y_t}{L_t} = (1 + g)\frac{Y_{t-1}}{L_{t-1}} \qquad (13\text{-}10)$$

式（13-9）と式（13-10）より，**経済成長率**は次の通りとなる．ただし，最右辺第 4 項の gn は値が小さいため無視できるとする．

$$\frac{Y_t}{Y_{t-1}} = (1 + g)(1 + n) = 1 + g + n + gn$$

$$G_n = \frac{Y_t - Y_{t-1}}{Y_{t-1}} \fallingdotseq g + n \qquad (13\text{-}11)$$

すなわち，**自然成長率**は技術進歩率と労働人口増加率の和となる．

② 成長率の長期的な不安定性

現実成長率 G，保証成長率 G_π，および自然成長率 G_n が一致していれば，企業は利潤を最大化できる生産条件にあり，さらに完全雇用が達成されていることになる．しかしながら，現実成長率と保証成長率とが一致するとは限らないように，自然成長率についても他の 2 つの成長率と一致するようなメカニズムがあるわけではない．ここでは，企業の利潤最大化を保証する G_π と完全雇用を達成する G_n が乖離していると，投資（資本蓄積）と雇用（失業率）がどのような状態となるかを考えよう．

保証成長率 G_π が自然成長率 G_n を上回っているとする．このとき，式（13-6）より次の関係が成り立つ．

$$G_\pi \cdot v_\pi = s > G_n \cdot v_\pi \qquad\qquad (13\text{-}12)$$

つまり，企業の利潤最大化を達成するような貯蓄率 s は，完全雇用を達成する成長率には高すぎるため過剰貯蓄をもたらし，有効需要が不足するため構造的失業が生まれる．

　反対に，自然成長率 G_n が保証成長率 G_π を上回っていると，次の関係が成立する．

$$G_\pi \cdot v_\pi = s < G_n \cdot v_\pi \qquad\qquad (13\text{-}13)$$

このとき，完全雇用を達成する成長率となるには貯蓄が不足しており，投資の不足により資本蓄積が進まない．式（13-11）より，自然成長率は人口増加率によって決まるため，人口増加率が高いとするとさらに貯蓄不足となり，資本蓄積不足による構造的失業が生じる．

　このように，企業の供給サイドの投資を最適にする保証成長率 G_π と，労働人口の完全雇用を満たす自然成長率 G_n が乖離していると，資本過剰による有効需要不足か，あるいは資本不足による構造的失業が生じ，長期的な成長率の低迷をもたらすこととなる．

3　ソローの経済成長理論──新古典派成長理論

　ハロッド゠ドーマーの成長理論では，経済成長の経路が不安定になることが示された．この理由は，式（13-7），式（13-8），式（13-12），式（13-13）をみると分かるように，投資によって成長率が変化しても貯蓄率 s が一定であることによる．すなわち，企業が利潤最大化を実現しようとしたり，技術進歩や労働人口といった供給サイドの条件が変わったりしたときに，それがすべて一定の貯蓄率を原資とする資本蓄積によってまかなわなければならないからである．これに対して，**ソロー**（Robert M. Solow, 1924-）による新古典派の成長理論では資本と労働の代替性を認めるため，より安定的な成長経路が実現することになる．貯蓄率は一定ではなく，資本市場にも労働市場にも価格メカニズムがはたらくため，不足する生産要素は価格が高くなり，余剰のある生産要素は安

くなる．そのため，資本と労働の投入比率を調整することができ，保証成長率
と自然成長率が一致すると考えるのである．

（1）生産関数と資本装備率

① 生産関数と資本装備率

生産要素として労働 L と資本 K が投入されるとし，GDP を Y とすると，**生産関数**（production function）は次のように表される．

$$Y = F(L, K) \tag{13-14}$$

この生産関数は，規模に関して収穫一定と仮定されており，労働と資本をそれ
ぞれ同時に a 倍増加させれば，GDP も a 倍増加する．ここで，1 人当たり GDP
である Y/L を考えよう．規模に関する収穫一定より，次の関係が得られる．

$$\frac{Y}{L} = F\left(\frac{L}{L}, \frac{K}{L}\right) = F\left(1, \frac{K}{L}\right) \tag{13-15}$$

1 人当たり GDP の $\frac{Y}{L}$ を y，1 人当たり資本の $\frac{K}{L}$ を k とおく．k は労働者 1 人
が利用可能な資本を表し，**資本装備率**（capital equipment ratio）あるいは**資本-労働比率**（capital-labor ratio）とよばれる．1 人当たり GDP は，資本装備
率の関数となる．

$$y = f(k) \tag{13-16}$$

② 成長率の安定性

この資本装備率が変化すると，経済成長率はどのようになるだろうか．まず，
資本装備率の成長率を考えよう．

$$\frac{\Delta k}{k} = \Delta\left(\frac{K}{L}\right) \Big/ \frac{K}{L} = \frac{\Delta K}{K} - \frac{\Delta L}{L} \tag{13-17}$$

式（13-17）は，資本装備率の成長率は，資本成長率から労働人口成長率をマイ
ナスした値となることがわかる．このうち，労働人口成長率 $\frac{\Delta L}{L}$ は式（13-9）

で出てきた n にほかならない．資本成長率については，まず，資本の増分 ΔK は投資 I に等しいことを思い出そう．財市場の均衡より投資 I は貯蓄 S に等しいことから，ΔK は貯蓄率の関数として表すことができる．さらに，式 (13-16) の 1 人当たり GDP の生産関数から，次の関係が成り立つ．

$$\Delta K = I = S$$
$$= sY = sf(k)L \tag{13-18}$$

式 (13-17) は，これらの関係を用いて次のように整理される．

$$\frac{\Delta k}{k} = \frac{sf(k)L}{K} - n = \frac{sf(k)}{k} - n$$
$$\Delta k = f(k) - nk \tag{13-19}$$

式 (13-19) は，**資本装備率**の変化が，1 人当たり GDP の生産関数，労働人口増加率，そして現状の資本装備率で説明されることがわかる．また，今期の資本装備率が k_t のときに，どれだけ資本装備率が増加するか（Δk）が分かり，来期の資本装備率 k_{t+1} を求めることができる．すなわち，資本装備率の経路が分かることになる．

　経済成長率がある値をとるとき，資本装備率はそれ以上変化しない「定常状態」にあると考える．定常状態の資本装備率を k^* とおくと，資本装備率の変化 Δk はゼロであり，労働人口増加率は次のように表される．

$$\Delta k = sf(k^*) - nk^* = 0$$
$$n = s \cdot \frac{f(k^*)}{k^*} \tag{13-20}$$

ここで，右辺の $f(k)/k$ は 1 人当たりの生産を 1 人当たりの資本で割った値であり，生産の増分を資本の増分で割った $\frac{\Delta Y}{\Delta K}$ と表される．式 (13-2) の関係より，これは資本係数 v の逆数となっている．したがって，式 (13-20) は次のように表すことができる．

$$n = \frac{s}{v} \tag{13-21}$$

ここで，ハロッド＝ドーマーの経済成長理論による３つの経済成長率を思い出そう．

$$G = \frac{s}{v}, \quad G_\pi = \frac{s}{v_\pi}, \quad G_n = g + n \tag{13-22}$$

　３つの成長率は一致する保証はなく，それが経済成長の不安定性をもたらしていた．これに対して，**ソローの経済成長理論**では３つの成長率は一致する．まず，技術進歩率が０であると仮定すると，新古典派の生産関数では，式（13-21）と式（13-22）より自然成長率と現実成長率とが一致する．さらに，定常状態では式（13-17）より，労働人口の増加率と資本の増加率は等しくなるため，資本の増加率も n となる．ここで，生産関数は収穫一定であるから，労働と資本の増加率がともに n であるならば，生産 Y の成長率もまた n となる．よって，等しい生産の成長分に必要な投資もまた等しく，資本係数 $v = v_\pi$ が成立するので，現実成長率 G と保証成長率 G_π も一致する．このようにして，新古典派の成長理論では自然成長率が安定的な成長経路として達成される．

$$G = G_\pi = G_n = n \tag{13-23}$$

　ハロッド＝ドーマーの成長理論とソローの成長理論は，経済成長の安定性について正反対の結論となる．ソローの成長理論から定常状態における経済が自然成長率で安定的に成長を続けるという結論が得られる鍵は，資本係数が $v = \frac{k}{f(k)}$ で表されることによる．**ハロッド＝ドーマーの経済成長理論**では資本係数 v は乗数効果によって決まるため，需要サイドの条件によって一定と仮定されるが，**ソローの経済成長理論**では資本係数 v は資本装備率 k の関数であり，供給サイドにおける労働と資本の代替が反映される．資本装備率 k が生産要素の希少性に応じて変化することにより，資本係数が変化し，最終的に労働人口の希少性を反映する自然成長率が経済成長率と一致するのである．

（2）成長率を決める要因

　ソロー・モデルでは，定常状態では経済成長率は労働人口の成長率に一致する（式（13-20）−（13-23））．すなわち，GDP の成長率が労働人口成長率に一致

するので，経済が成長しても1人当たりGDPは変化しないことになる．ところが実際には，急速な経済成長を経験した先進国や経済成長率の高い途上国では，1人当たりGDPが増加してきている．なぜだろうか．ソロー・モデルにおける生産関数では，GDPは労働 L と資本 K で決まると仮定されていた．ここでは，その前提に立ち返って，経済成長の要因をめぐる考え方を整理しよう．

① 成長会計（growth accounting）

　長期的な経済成長の要因は，① 人口成長，② 資本成長，③ **技術進歩**（technical progress）と考えられている．生産面からみたGDPは生産活動によって生み出される付加価値であるから，労働力人口が増加すればGDPは増加する．全人口における労働力人口の割合や失業率がおおむね一定であれば，労働力人口は人口に比例すると考えられる．よって，① 人口成長は経済成長の要因となる．同様に，資本設備が増加するとより多くの生産が可能となり，GDPが増加する．よって，資本設備の増加を表す② 資本成長は，経済成長の要因である．さらに，人（労働人口）が設備（資本）を用いて生産活動を行うとき，同じ労働量と資本量でどの程度の付加価値を生み出すことができるか，を決めるのが生産技術である．新たな生産技術が生まれると，同じ労働と資本の投入量に対してより大きなGDPを達成することができる．よって，③ 技術進歩もまた，経済成長の要因である．

　これら3つの成長要因がどの程度経済成長に貢献したかを実証的に明らかにする分析手法が，ソローによって1950年代に示された**成長会計**である．**図13-2**は，日本の1970年代から2000年代までの経済成長率を，① 労働寄与率，② 資本寄与率，③ 技術進歩率に分解して示した成長会計分析である．高度経済成長から低成長に入った1970年代の経済成長率は技術進歩率が最も大きく貢献している．第2次石油危機後の不況から回復し，バブル経済に突入した1980年代は，技術進歩の貢献が減少し，資本の寄与度が大きくなっていることがわかる．バブル崩壊後の1990年代は「失われた10年」にあたり，経済成長率そのものが大きく減少しているが，成長要因の構成も大きく変化していることがわかる．資本の寄与度に対して，労働および技術進歩の寄与度が非常に低く，マイナスになっている．2000年代は，前半の景気回復の時期と2008年に

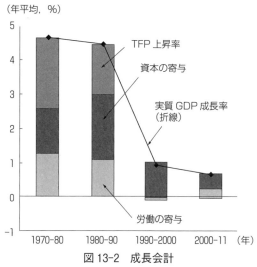

図 13-2　成長会計
(出所) 内閣府　平成 27 年度年次経済財政報告

生じた世界同時不況の時期を含む．この時期，経済成長率はさらに低下しているが，技術進歩率の寄与度が回復している一方，労働の寄与度が依然として低い．

　成長会計分析は1950年代から続けられており，さまざまな国の実証分析から，経済成長の3要因の寄与度について一定の傾向を明らかにしてきた．それは，人口成長も資本成長も経済成長に貢献していることは明らかであるが，現実の経済成長の大部分は技術進歩によってもたらされてきたという事実である．成長会計の初期の研究は，1860〜1870年代と1940〜50年代の2つの期間におけるアメリカの経済成長について比較し，前者から後者への生産の向上は，労働成長と資本成長では説明しきれず，技術進歩率の役割が大きいことを示唆した．図 13-1 でみた日本の経済成長についても，1970年代の成長期には技術進歩率の寄与度が高かったのに対し，1990年代に大きく経済成長率が下がった際には，技術進歩率の貢献が大きく後退していることが確認できる．

② 技 術 進 歩

　成長会計における技術進歩の役割を生産関数で確認しよう．ソロー・モデル

で仮定された生産関数では，GDP は労働人口 L と資本 K の関数となっていた（式 (13-14)）．ここでは，成長会計の考え方により，生産関数は次のように表される．

$$Y = AF(L, K) \tag{13-24}$$

A は技術進歩を表すパラメータであり，**全要素生産性**（TFP：Total Factor Productivity）と呼ばれる．ΔA の**技術進歩**があったとしよう．技術進歩率は，$\dfrac{\Delta A}{A}$ で表される．このとき，労働 L と資本 K は不変であっても ΔA により Y は増加する．このことは，1 人当たり GDP についての定義としてあらわすこともできる．式 (13-15)–(13-16) より，**資本装備率** k を用いると，式 (13-24) は次のように表すことができる．

$$y = Af(k) \tag{13-25}$$

たとえば，5 人の労働者がパソコン 5 台という資本設備を用いて，100 の生産 Y を達成していたとする．ここで技術革新により，パソコンと同じ費用で，より機能が充実し持ち運べるタブレットを使えるようになったとする．「機能が充実し持ち運べる」ことが技術進歩 ΔA にあたる．このとき，生産が 120 に増加したとする．すなわち，労働者数 L と資本設備の価値 K は変わらないが，技術進歩 ΔA により生産の増加 ΔY がもたらされたことを表す．1 人当たりで考えるならば，タブレットにすること（ΔA）で 5 人の労働者の資本装備率 k が上昇し，**労働生産性**が上がるため，1 人当たりの生産 y も 20 から 24 に増加する．

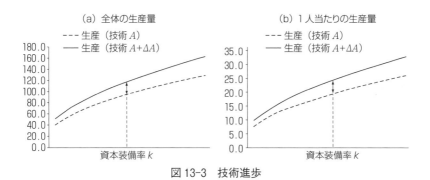

図 13-3　技術進歩

図 13-3 は，このように，技術進歩によって生産関数がシフトする様子を示したものである．

③ 技術進歩を測る：ソロー残差

成長会計分析では，経済成長には技術進歩の役割が大きいことが示されている．では，**技術進歩**の程度はどのように測ることができるのであろうか．技術進歩とは**労働生産性**の改善をもたらすものであれば，コピーやパソコンの処理速度，移動や業務の効率化，研究や知識の増加などさまざまであり，統一された単位で測ることが困難である．そのため，ソローは，経済成長のうち，測定可能な資本 K や労働 L の成長への寄与度を除いた残りを技術進歩の尺度としようと考えた．これが**ソロー残差**（solow residual）である．

生産の増加 ΔY を，労働 L および資本 K で説明できる部分を ΔY_{LK}，残りを ΔY_A とすると，GDP の成長率は次のように表され，技術進歩 $\dfrac{\Delta A}{A}$ を求めるためには，経済成長率から ΔY_{LK} を引けばよいことが分かる．

$$\frac{\Delta Y}{Y} = \frac{\Delta Y_{LK}}{Y} + \frac{\Delta Y_A}{Y}$$

$$\frac{\Delta A}{A} = \frac{\Delta Y_A}{Y} = \frac{\Delta Y}{Y} - \frac{\Delta Y_{LK}}{Y} \tag{13-26}$$

ここで，ΔY_{LK} は，労働の増分 ΔL と資本の増分 ΔK がもたらす GDP の増加であるから，資本と労働の限界生産性の概念を用いて求める．**資本の限界生産性**（marginal products of capital）とは，資本が 1 単位増加したときの生産量の増加であり，MPK と表す．

労働の限界生産性（marginal products of labour）も同様に，労働が 1 単位増加したときの生産量の増加であり，MPL とする．資本市場および労働市場が完全であれば，MPK は資本の価格である利子率 i に等しく，MPL は労働の価格である賃金 w に等しい．このとき，資本と労働の成長への寄与率は，次のように整理される．

$$\frac{\Delta Y_{LK}}{Y} = \frac{\text{MPK} \cdot \Delta K + \text{MPL} \cdot \Delta L}{Y}$$

$$= \frac{i \cdot \Delta K + w \cdot \Delta L}{Y}$$

$$= i \cdot \frac{K}{Y} \cdot \frac{\Delta K}{K} + w \cdot \frac{L}{Y} \cdot \frac{\Delta L}{L} \tag{13-27}$$

ここで，$\left(\dfrac{iK}{Y}\right)$ および $\left(\dfrac{wL}{Y}\right)$ はそれぞれ，資本の価値 iK あるいは労働の価値 wL が，生産 Y のどの程度を占めるかを表しており，それぞれ**資本分配率**（capital share），**労働分配率**（labor share）と呼ばれる．これらの分配率は，資本増加率と労働増加率が生産増加率にもたらすウェイトを表している．式（13-26）を式（13-27）に代入すると，技術進歩は，GDP，資本，および労働のそれぞれの成長率，労働分配率，資本分配率のデータによって計算できることがわかる．

$$\frac{\Delta A}{A} = \frac{\Delta Y}{Y} - \left(\frac{iK}{Y}\right)\frac{\Delta K}{K} - \left(\frac{wL}{Y}\right)\frac{\Delta L}{L} \tag{13-28}$$

④ 技術進歩率の計測例：コブ＝ダグラス型生産関数

より具体的な生産関数によって，**技術進歩率を計算**してみよう．新古典派経済成長理論で想定される特徴を満たす生産関数として，**コブ＝ダグラス型生産関数**（Cobb-Douglas production function）がある．

$$Y = AK^{\alpha}L^{1-\alpha} \tag{13-29}$$

まず，式（13-27）のように，資本と労働が生産にどれほど寄与しているかを求めるため，資本と労働の限界生産物を計算する．

$$\text{MPK} = i = \frac{\partial Y}{\partial K} = \alpha AK^{-(1-\alpha)}L^{1-\alpha} = \alpha\frac{Y}{K}$$

$$\text{MPL} = w = \frac{\partial Y}{\partial L} = \alpha AK^{\alpha}L^{-\alpha} = (1-\alpha)\frac{Y}{L} \tag{13-30}$$

表 13-2　技術進歩率の計算数値例

経済成長率	$\dfrac{\Delta Y}{Y}$	年率 2.2%
資本成長率	$\dfrac{\Delta K}{K}$	年率 2.0%
労働人口成長率	$\dfrac{\Delta L}{L}$	年率 0.5%
資本分配率	α	40%

式 (13-28) の i および w に式 (13-30) を代入すると, 技術進歩率は次のようになる.

$$\frac{\Delta A}{A} = \frac{\Delta Y}{Y} - \alpha \frac{\Delta K}{K} - (1 - \alpha) \frac{\Delta L}{L} \qquad (13\text{-}31)$$

コブ＝ダグラス型生産関数では, 資本分配率が α, 労働分配率が $(1 - \alpha)$ となっていることがわかる. たとえば, 経済成長率, 資本分配率, 資本と労働の成長率が表 13-2 のように設定されているとしよう. このとき, 技術進歩による成長率はどの程度になるだろうか.

資本成長の寄与度は $0.4 \times 0.02 = 0.8\%$, 労働人口成長の寄与度は $(1 - 0.4) \times 0.005 = 0.3\%$ となる. よって, 技術進歩の寄与度は, $2.2\% - 0.8\% - 0.3\% = 1.1\%$ と計算することができる.

4　新しい成長理論

(1) 内生的経済成長理論 (endogenous economic growth theory)

① 技術進歩の内生性

成長会計の実証研究が進んだことにより, 経済成長の少なくとも半分程度は技術進歩によるものであることが明らかになった. 新古典派成長理論で用いられた生産関数によれば, 労働が変化しなくても技術進歩があれば生産は増加する. これは, 1 人当たりの GDP, すなわち生活水準は, 技術進歩があってはじめて上昇することを示している. 技術進歩がなければ, 式 (13-21) でみたように, 長期的には経済成長率は人口成長率にとどまってしまうからである. そのため, 技術進歩をどのように促進するかが, 経済政策の大きな課題の 1 つとな

っている.

ところが, ソロー・モデルおよび**ソロー残差**の考え方では, 技術進歩は「外生変数」として扱われている. 式 (13-29) が示すように, **全要素生産性**は資本や労働と全く無関係に生産を変化させるものとなっている. しかし現実には, 新たな技術は, 熟練労働者の知識, 研究開発投資による資本の質的向上など, 資本や労働の生産活動における何等かの変化によって生まれていると考えられる. すなわち, 技術進歩は経済成長モデルの中で説明される「内生変数」として考えなければ, なぜ 1 人当たり GDP には国による格差があるのか, 技術進歩がなぜ生じるのか, 技術進歩を促すには何が必要なのか, といった問いに答えることができない. そのような問題意識から, 1980 年代以降の経済成長理論は, 技術進歩を経済的要因で説明しようとする内生的経済成長理論へと展開した.

② 人的資本

新たな技術は, 労働者が生産活動にたずさわる中で, 労働者の中に蓄積される知識や技能から生まれると考えるのは自然であろう. 技術革新を生み出すような, 労働者自身に備わる知識・技能を**人的資本** (human capital) とよぶ. 人的資本がどのように獲得され, どのように技術進歩をもたらすかについては, 人的資本が**排除性** (excludability) を持つ財かどうかによって議論されてきた.

排除性とは, 消費者Aさんがその財を消費したら, 消費者Bさんはその財を消費できないことを表す. 財の排除性は市場メカニズムが機能するための前提条件であり, 財が非排除的である場合には**市場の失敗** (market failure) が生じる. 財に排除性がないということは, 消費者Aさんが対価を支払って購入した財を, 消費者Bさんは無料で消費できる (**フリー・ライダー** (free rider)) ということであり, 価格メカニズムによる資源配分が機能しなくなってしまう.

人的資本は, 教育や経験によって労働者自身に備わる知識・技能という財である. この知識や技能が排除性のある通常の財であれば, それによって労働生産性や**資本装備率**の上昇が生じて技術進歩がもたらされたとき, それは人的資本を備えた労働者の賃金の上昇に反映される. そのため, 労働者は教育や経験に投資して人的資本を形成するインセンティブを持つことができ, その成果で

ある経済成長率についても競争市場で内生的に決定されると考えることができる.

一方,人的資本は完全に排除的ではないとも考えられる.労働者が投資して身に付けた知識や技能は,その労働者自身には賃金の上昇として支払われるが,その効果である知識,技能,技術進歩は,教育などの人的資本への投資をしていない労働者も部分的に利用可能であることも多い.その場合,人的資本は非排除性を持つことになる.非排除的な財はフリー・ライダーをもたらすため,一般的に供給が過少となる.つまり,人的資本を形成するための教育や経験に十分な支出がなされないため,経済成長率も抑制されてしまう.

③ 知 識 資 本

1990年代になると,人的資本に加えて**知識資本**（knowledge capital）が**技術進歩**をもたらすという理論が,**ローマー**（Paul Michael Romer, 1955-）によって示された.知識資本とは,労働者自身に備わる知識や技能とは異なり,労働者が経済的なインセンティブに反応して研究や開発で示すアイディアのことである.労働者が企業の研究開発部門で知識資本を生み出すと,それにより技術革新が生じ,他企業への販売や製品開発によって利潤を得ることができるため,賃金の上昇という対価を得ることができる.

ただし,知識資本は人的資本よりもさらに競合性がないと考えられている.一旦,発案されたアイディアは,生産や技術の販売過程を通して無償で社会全体で利用されるようになる可能性が高い.すなわち,知識資本は非排除的な**公共財**（public goods）の性質を持っている.公共財は,やはり**フリー・ライダー**をもたらすため,自社で開発した知識資本が他社にただ乗りされ,開発費用に比べて期待される収益は非常に小さいものとなってしまう.そのため,研究開発による知識資本の形成に投資するインセンティブがそがれ,知識資本による技術進歩と経済成長は減速することになる.

このように知識資本は,個々の労働者や企業にとっては急速に収穫逓減する生産要素であるが,排除不可能であるために波及効果は非常に高く,社会全体としては収穫逓増となる.そのため,技術進歩を通じた経済成長への効果は非常に大きい.

（2）経済成長のための政策

このように，人的資本に非排除性があったり知識資本が公共財であったりする場合，**技術的スピルオーバー**（technology spillover）によって**フリー・ライダー**が生じるため，人的資本や知識資本への投資が過少となることを見てきた．このとき，経済成長の源泉の多くは技術進歩にあるにもかかわらず，労働者や企業は人的資本や知識資本を形成するための十分な経済的インセンティブを持てない，というジレンマが生じている．このジレンマを解決するためには，過少投資の原因が非排除性や公共財という市場の失敗にあることから，公的介入が必要とされる．

労働者や企業が**人的資本**および**知識資本**に投資するインセンティブをもたらす政策として，① **知的所有権**（intellectual property rights）の保護，② **研究開発**（research and development）への補助，③ **教育**（education）への補助，が挙げられる．第1の「知的所有権の保護」については，研究開発による技術の収益が技術的スピルオーバーによって失われないように，一定期間，特許などの排他的な権利を法的に与えることである．これにより，企業は研究開発への投資を回収することができるため，研究開発へのインセンティブが生まれ，技術進歩が促進される．第2の「研究開発への補助」および第3の「教育への補助」は，企業の知識資本への投資や労働者の人的資本への支出が過少になることに対して，補助金により資本の形成を促す方法である．大学や企業への研究資金の公的補助や，学校教育の無償化，公立や国立などの公的な教育機関の維持，また民間の教育機関への補助金などがこれにあたる．

成長会計の知見によって**技術進歩**の重要性が明らかになったが，技術進歩をもたらす内生的な要因については，十分に明らかになっているとはいえない．経済成長に関するメカニズムの解明は，経済成長が持続しない途上国の格差問題にとっても，労働人口の減少や技術進歩の鈍化が顕著な日本など先進諸国の経済成長にとっても，大きな課題となっている．

注
1） BRICs（ブリックス）とは，ブラジル（Brazil），ロシア（Russia），インド（India），中国（China）の4カ国をいう．また，それに南アフリカ（South Africa）を加えて，BRICS と称されることもある．

第14章

国際マクロ経済学（1）
貿易と海外投資（基礎）

第14章の要点

月

日

（　）

リカードの比較優位論

比較優位論：各国が自分の得意とする比較優位な財の生産にだけ特化し，国内で余った分を輸出，生産を取りやめた不得意な比較劣位な財を輸入し合うと，各国が不得意な商品を生産するよりも両国の利益が増加する

	A国	B国
米	20人	10人
自動車	16人	12人

A国は自動車，B国は米に比較優位を持つ

A国：比較優位な自動車に生産を特化し，B国へ輸出，比較劣位な米をB国から輸入する

為替レート

固定相場制：かつての1ドル＝360円のように交換レートが定まっている制度

変動相場制：現在のように市場の取引によって交換レートが変動する制度

円・ドルレートの関係

$1＝¥100 → ¥200：円安（ドル高）

$1＝¥200 → ¥100：円高（ドル安）

国際収支

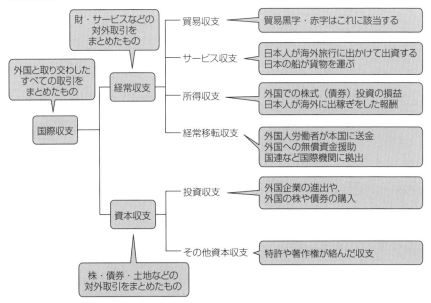

為替レートと貿易収支

$\begin{cases} 円安のとき \quad 輸出↑・輸入↓ \Rightarrow 貿易黒字 \\ 円高のとき \quad 輸出↓・輸入↑ \Rightarrow 貿易赤字 \end{cases}$

為替レートと物価の関係

円高	円安
輸入価格の低下・輸入増 （貿易赤字） ↓ 国内物価の低下 ↓ デフレ要因	輸入価格の上昇・輸入減 （貿易黒字） ↓ 国内物価の上昇 ↓ インフレ要因

はじめに

近年の日本経済の国際化にはめざましいものがあり，日本と外国との経済取引はますます活発化している．このため，今日の日本経済を現実的に考えるうえでは，外国との関係を捨象したマクロ経済分析では，もはや解明することは不可能な事象が多くなっている．

本章および第15章のテーマは，貿易部門を取り入れた開放経済，すなわち国際マクロ経済学である．その中心となるのは為替の仕組みである．なお，本章では，国際マクロ経済学の基礎知識に重点をおいている．そのため，そもそもなぜ？　貿易をするのかをリカードD.の比較優位論を使って説明し，国際収支の構造を詳しく解説するとともに，外国為替の概念を説明する．

1　国際貿易の成立——比較生産費の理論

読者の皆さんは，「そもそも，なぜ貿易する必要があるのか？」と疑問を持たれたことはないだろうか．実際，現実の世界において鎖国している国は皆無であり，各国が規模の違いこそあれ，貿易を行っている．なぜならば，貿易が行われる理由は，貿易を行わないときよりも，貿易を行う両国にメリットをもたらすからである．この貿易のメリットを明らかにしたのが，リカードの比較優位論であった．

（1）比較優位論とは

多くのエコノミスト（経済学者）は，「保護貿易」あるいは「緊急輸入制限措置（セーフガード）」に基本的に反対の立場をとっている．なぜならば，経済学はアダム・スミス（Adam Smith, 1723-1790）が1776年に著した『諸国民の富』によって成立したと考えられている．その中でスミスは「政府は経済現象には干渉すべきではない」と主張した．その主張は「（神の）見えざる手」を重視した「小さな政府」論として知られている．それ以降，多くのエコノミストによって経済学は発展してきたが，こと貿易に関しては，代表的な理論に「比

第14章　国際マクロ経済学（1）　239

較優位論（比較生産費説[1]）」がある.

　比較優位論（theory of comparative advantage）とは，イギリスの経済学者リカード（David Ricardo, 1772-1823）の理論で，「各国が自分の得意とする商品の生産にだけ特化し，国内で余った分を輸出，生産を取りやめた不得意な商品を輸入する. つまり相互に得意な商品を生産し貿易をし合えば，各国が不得意な商品を生産するよりも両国の利益が増加する」というものである.

　なお，「得意な財」というのは，両国の産業を比較して生産費（生産コスト）の低い財（生産性の高い財）のことを意味する. また，「生産費が低い」というのは「コストがかからない」すなわち，できるだけ労働力が少なくてすむ商品ということである. さらには，比較優位な財は比較劣位な財よりも「相対的（比較的）に安い」ということも意味している.

　では，比較優位論を理解するために具体的イメージを用いて解説するならば，いま，とある大学の研究室で，先生とデータ管理やパソコンのシステムなど研究を補佐するアシスタントがいると仮定する. 先生は，データ管理やパソコンのシステムなどにも精通していてアシスタントよりも技術が上であるとしよう. 研究に関する知識や経験では当然ながら先生の方が上である. 一方，アシスタントはコンピュータの専門家であるが，研究にも携わっている.

　この場合，読者の皆さんは，「先生がデータ管理などの仕事もやってしまった方が良い」と考えるであろうか？

　答えは，NO である.

　なぜならば，先生が本職の研究の時間を割いて，コンピュータの仕事までしてしまえば，当然のことながら研究に支障をきたしてしまうことになる. この例の場合，先生は本職の研究に徹して，コンピュータの仕事はアシスタントに任せた方が良いし，アシスタントも，研究に携わるよりは専門のコンピュータの仕事に特化すれば，研究室全体として大きな成果を上げることができる.

　つまり，比較優位論は，それぞれが得意分野に特化すると，最終的には両者にとってプラスになるというものなのである. また，得意分野に特化することは，**分業**（division of labor）を推し進めることも意味する.

（2）モデルによる比較優位論の理解

　ここでは，さらに比較優位論を理解するために具体例を用いて説明していこう．

　いま，A国とB国の各国では米と自動車を生産していると仮定する．**表14-1a** に示すように，A国では20人の労働者で米を1単位，16人で自動車を1単位生産している．対して，B国では10人の労働者で米1単位を，12人で自動車1単位を生産している．

表14-1a

	A国	B国
米	20人	10人
自動車	16人	12人

　さて，この事例で両国にとって比較優位な財はどちらの財であろうか？

① 絶 対 優 位

　表14-1a では，米を1単位生産するのにA国では20人，B国では10人の労働力が必要であることを示しているので，B国で生産した方がより効率的に大量の米を生産することが可能となる．

　同様に，自動車の生産に関しても自動車1単位の生産に必要な労働力はA国では16人，B国で12人であるため，B国が優位となる．この場合は，米，自動車ともにB国がA国よりも**絶対優位**（absolute advantage）であるという．本来，それぞれの国が，他国よりも優位にある商品の生産に特化して貿易を行うことを，「絶対優位の原則」という．

② 比 較 優 位

　このような話をすると，読者の皆さんは，両財ともにB国の方が優れているため，貿易を行う根拠が薄れてしまうように感じるかもしれないが，リカードD.の比較優位論に基づけば，話が違ってくる．

　A国は米の生産も自動車の生産もともにB国に劣っているかもしれない．しかしながら，**表14-1a** を改めてみると，米ではB国の10人に対してA国では20人と倍も労働力が必要となっているが，自動車ではB国12人に対してA国は16人と健闘しているので，A国にとって，自動車は「劣り方が少ない」ということになる．さらに，他国との比較をいったん脇へ置いて，自国内部での生

産性比較を行った場合には，A国は自動車の生産性が高いわけである．このことをA国にとって，自動車は米に対して**比較優位**（comparative advantage）な財であるといういい方をする．

一方，B国では，米の生産において同じ1単位をA国の半分の人数で生産できるほど強いので，米が自動車よりも「比較優位」な財ということができる．このことを**表14-1b**にまとめておこう．

表 14-1b

	A国	B国
米	20人	10人
自動車	16人	12人

（A国の16人とB国の10人が比較優位な財）

要するに，比較優位論に立てば，両国はそれぞれ，「比較優位な財に生産を特化し，国内で余った分は輸出し，比較劣位な財を輸入」することになる（図14-1参照）．

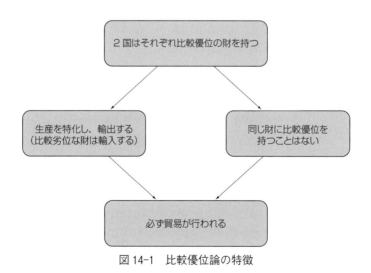

図 14-1　比較優位論の特徴

（3）比較優位論の発展的理解

比較優位論によれば，「各国が比較優位を持つ財の生産に特化し，両国で貿易を行えば，生み出される財の総量が増大することで，各国とも豊かになれる」として**貿易の利益**（メリット）（gains from trade）が説かれた．

この点を**表14-1a**の例で確認するならば，A国，B国は国内でそれぞれの財を生産する場合と貿易を行う場合の生産量を比較することとなる（**表14-2**参照）．

貿易前は両国がそれぞれの財を1単位ずつ生産するので，両国全体で4（＝2＋2）単位生産される．

これに対して，貿易後は，まずA国は比較優位の自動車の生産に特化するので，米は0になる．しかし，A国は自動車に生産を特化するので，貿易前に米の生産に従事していた人も自動車の生産に移る．そのため貿易前には16人で1単位生産していたものが，貿易後には36人（＝20人＋16人）で生産することになるので，2.25（＝36人÷16人）単位も生産できるようになる．

一方，B国の場合は，米に生産を特化するので，貿易後には2.2（＝22人÷10人）単位の米を生産することが可能となる．

この結果，両国では4.45（＝2.25単位＋2.2単位）単位生産することが可能となっているため，貿易によって生産が0.45（＝4.45（貿易後生産量）－4（貿易前生産量））単位増加するので，リカードが主張するように「貿易による利益」を享受していることとなる．

したがって，貿易の条件は，他国と比較して，自国に絶対優位な財があるか

表14-2　貿易によって両国の利益が増大する例

	貿易前		貿易後	
	米	自動車	米	自動車
A国	1単位（20人）	1単位（16人）	0	2.25（36人）
B国	1単位（10人）	1単位（12人）	2.2（22人）	0
生産量	2単位	2単位	2.2単位	2.25単位

貿易の利益は
0.45（＝4.45−4）単位

どうかで決まるものではない．絶対優位の財を持たなくても，比較優位の財は必ず持っているはずなので，その相対的に得意な財に各国が特化して，これらを交換し合えば，それだけで互いをより有利にすることができるわけである．

そのため，比較優位論に基づいて，国際分業をし，貿易が行われると，貿易が無い場合と比較して財の生産が増えることから，国際分業による貿易が勧められるのである．

2　国際収支

（1）国際収支の構造

そもそも収支とは，お金の流れを意味し，「**国際収支**（balance of payments）」とは，ある国の一定期間内における外国との財・サービスの取引や資本移動などに関わって生じたすべての対外取引の現状を金額ベースで体系的に記録したもので，国際収支は主に「**経常収支**（current account）」と「**資本収支**（capital and financial account）」に分けられる（図14-2参照）．

① 経 常 収 支

「経常収支」とは基本的に日本の財・サービスや移転（お金の移動）などの対外取引をまとめたものであり，輸出から輸入を差し引いたものである．それ

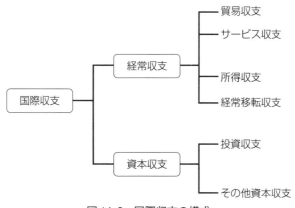

図14-2　国際収支の構成

は，貿易収支，サービス収支，経常移転収支から構成されている．

　「貿易収支（balance on goods）」は，財の輸出と輸入の差額を示している．たとえば，日本が自動車を輸出すれば外国から代金を受取るので，収入としてプラスに計上され，逆に鉄などの原材料を外国から輸入すれば代金支払いのため，支出としてマイナスに計上される（図14-3参照）．つまり，輸出額が輸入額よりも多ければ，貿易黒字となり，輸出額が輸入額よりも少なければ貿易赤字となる．

　「サービス収支（balance on services）」は，以前は貿易外収支（balance of invisible trade）と呼ばれていたが，1995年にWTO（世界貿易機構）が創設され益々重要性が高まってきたサービス関連の取引をまとめたもので，1997年より記録されるようになった．その内訳は，旅行，輸送，娯楽，保険などの収支である．

　仮に，日本人が海外旅行先で宿泊や食事などにお金を使えば支出としてマイナスに計上され，逆に，日本の航空会社が外国人を乗せて日本に運んだり，日本に来てお金を使えばプラスに計上される（図14-4参照）．

　なお，貿易収支とサービス収支を統合して，「貿易・サービス収支」が発表されるが，これは経常収支を構成する主要な要素である．さらに，第2章のGDP構造式における $E_X - I_m$ がこの「貿易・サービス収支」に対応する．

　「所得収支（balance on income）」は，海外投資収益と海外で獲得された労働サービス報酬に関する収支を示している．ここで，「海外投資収益（profit on foreign investment）」とは，日本企業や個人が外国に対して行った投資活動（直接投資と間接投資）である「対外投資（foreign investment）」の結果として得た利益から，外国の企業や個人が日本に対して行った投資活動である「対内投資（inward investment）」などで得られた利益の差を意味している（図14-5参照）．

　また，「海外で獲得された労働サービス報酬」とは，日本人が外国で働いて得た報酬の受取りを意味する．

　「経常移転収支（current transfer）」は，対価を伴わない資金援助や無償の資金協力収支を計上したもので，まず，外国への無償援助や国連など国際機関への拠出金が含まれる．1991年に起きた湾岸戦争での多国籍軍への資金提供も

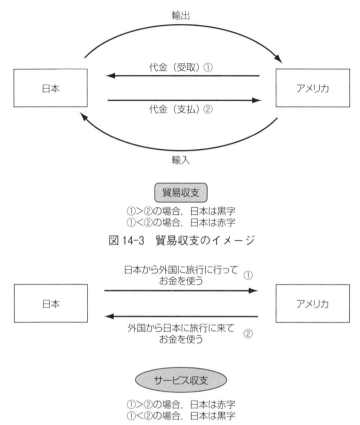

図 14-3　貿易収支のイメージ

図 14-4　サービス収支のイメージ（旅行の例）

これに記録された．また，労働者送金の収支があり，たとえば日本にいる外国人労働者が，日本で働いて得た給与の一部を本国へ送金すれば，経常移転収支の赤字分として計上される．さらに，海外留学生への仕送りなども含まれる．

② 資本収支

「**資本収支**」とは，株式や債券，土地など資産または負債の対外取引をまとめたものをさし，投資収支とその他の資本収支から構成される．

「**投資収支**（financial account）」とは，所得収支の所で説明した直接投資や間接投資（証券投資）ならびに金融派生商品，その他投資（貿易信用，現預金

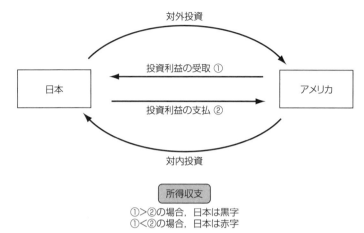

図14-5 所得収支のイメージ（海外投資収支の例）

の動きなど）の収支である．たとえば，日本企業による外国での直接投資や間接投資（対外投資）の総額が，外国企業が日本で行う直接・間接投資（対内投資）の総額を上回れば，海外への資金流出が国内への資金流入を上回っていることになるので，投資収支は赤字ということになる（図14-6参照）．

「その他資本収支（capital account）」は，土地や建物などの固定資産の取引や，無償援助のうちの機械，設備の購入（資本形成）のための援助，無償の資産移転，特許権，著作権の取得や処分などの収支である．

なお，資本収支は，経常収支の裏側という側面も持っている．図14-3に示したように，輸出や輸入といった財・サービスの流れは，貨幣の逆の流れを伴う．そして，現在の国際貿易においては，その多くをドルが仲介して行なわれている．しかしながら，すべての輸出代金がドル紙幣の形で日本に持ち込まれるわけではない．輸出代金の全部あるいは一部を外国の銀行に預金するか外国の他の金融資産の購入に回す．このような外国資産の購入は「資本取引」に分類され，外国資産の購入という側面だけをみれば日本から資金が流出しているので「資本収支の赤字要因」として計上されてしまう．すなわち，本来は，経常収支の黒字は資本収支の赤字によって相殺されてしまい，また経常収支の赤字は資本収支の黒字によって相殺されてしまう．

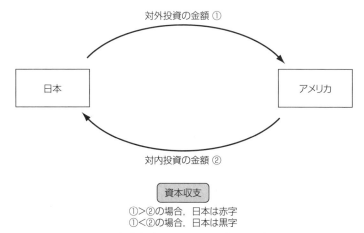

図 14-6　資本収支のイメージ（投資収支の例）

（2）国際収支表

「**国際収支（統括）表**（summary table balance of payments）」とは，国民経済計算（SNA）の統計の1つで，1年間における一国の居住者が非居住者に対して行う経済取引（いわゆる国際取引）の受け取りと支払いの勘定を統括的かつ統合的に記録したものであり，「国際収支統計」ともいわれる．この表は，外国との間で行われた，財・サービスや資金の取引をとらえるもので，複式計上の原理に基づいて貸方（左側）および借方（右側）に別々に同額が計上される[5]．たとえば，日本の自動車メーカーがアメリカに3000億円の自動車を輸出した場合，経常収支における貿易収支（輸出）の貸方に記載される．一方，アメリカの輸入業者から代金が送金されるため，投資収支（その他投資）の借方に同額が記載される（**表 14-3** 参照）．

　原則として，貸方（受取）の項目の合計と借方（支払）の項目の合計が一致する．そして，貸方には輸出および対外金融資産の減少（または対外金融負債の増加）が計上され，借方には輸入および対外金融資産の増加（または対外金融負債の減少）が計上される．

　国際収支表は，前節でも説明したように，大きく分けて2つに分類され，貿易やサービス収支，所得収支，経常移転収支からなる経常収支と，投資収支，その他資本収支からなる資本収支に分けることができる．

表14-3　国際収支表の仕組み

			貸方（受取）輸出および金融資産の減少（＋表記）	借方（支払）輸入および金融資産の増加（－表記）	収支尻
経常収支	貿易・サービス収支				
	貿易収支				
		輸出	+3,000億円		
		輸入			
	サービス収支				
	所得収支				
	経常移転収支				
資本収支	投資収支				
	直接投資				
	証券投資				
	金融派生商品				
	その他投資			−3,000億円	0
	その他資本収支				
外貨準備増減					
誤差脱漏					

　ここで，外貨準備増減および誤差脱漏について説明しよう．

　「**外貨準備増減**（change in reserve assets）」とは，通貨当局が保有する外貨準備の増減を示したもので，その国にドルなどの外貨（外国通貨の略）がどれほど持ち込まれ，どれほど出て行ったかを記録する収支で，資本収支勘定とは別に計上されている．これまでの説明から，本来は日本の経常収支が黒字（正）であればその分は資本収支が赤字（負）となるか外貨準備が増加（外貨準備増減収支が負）することに分解されるはずである．しかし統計を取ってみると実際には厳密にはそのようにならない．したがって，式（14-1）のように定義的にはゼロになる．

$$経常収支＋資本収支＋外貨準備増減＝0 \qquad (14\text{-}1)$$

しかし実際には，**表14-3**に示したように，貸方項目，借方項目がそれぞれ異なる資料で作成されるなどの理由から，貸方総額と借方総額が一致しないことがあるため，差額の調整項目として「誤差脱漏」を加えている．

表 14-4 は，我が国の国際収支表を示している．経常収支の黒字幅の推移をみると，2002 年から増加傾向となっていた．これは，貿易・サービス収支の黒字幅が抑えられる一方，所得収支の黒字幅が大きく拡大したことによる．所得収支については，2008 年まで目立った減少はみられない．

一方，2007 年末頃からは，経常収支の黒字幅が減少傾向にある．2008 年秋

表 14-4　我が国の国際収支表 (2000〜2013 年)

	2000	2005	2010	2011	2012	2013
経常収支	12,876	18,297	17,888	9,551	4,824	3,234
貿易・サービス収支	7,430	7,693	6,565	−3,378	−8,304	−12,252
貿易収支	12,372	10,335	7,979	−1,617	−5,814	−10,671
輸出	49,526	62,632	63,922	62,725	61,442	66,979
輸入	37,154	52,297	55,943	64,341	67,256	77,650
サービス収支	−4,942	−2,642	−1,414	−1,762	−2,490	−1,581
所得収支	6,505	11,420	12,415	14,038	14,272	16,476
経常移転収支	−1,060	−816	−1,092	−1,110	−1,145	−989
資本収支	−9,423	−14,007	−17,697	1,172	−8,188	4,738
投資収支	−8,429	−13,458	−17,263	1,144	−8,107	5,481
外貨準備増減	−5,261	−2,456	−3,793	−13,790	3,052	−3,850
誤差脱漏	1,809	−1,834	3,602	3,067	313	−4,122

（出所）『日本統計年鑑』（平成 25 年度版）総務省より作成．

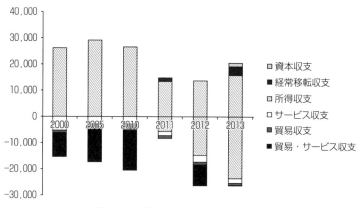

図 14-7　我が国の国際収支の動き

（出所）財務省「国際収支集計」により作成

のリーマン・ショック後は輸出が落ち込んで，経常収支が一段と減少した．
2009年に入ると所得収支の減少も目立ってきた．

この原因としては，日本企業の海外法人の業績悪化による直接投資収益の減少，円高と海外金利の低下による証券投資収支の減少などを反映したものであった（図14-7参照）．

3 外国為替

通貨の異なる外国との間での貿易や資本取引では，自国通貨と外国通貨（外貨）の交換が必然的に伴なわれることになり，それを交換する外国為替市場が成立し，その交換比率（為替レート）が決定される．

（1）為替レート

為替レート[6]（exchange rate）とは，自国通貨と外貨（たとえば，円とドル）の2つの通貨における取引の割合（交換比率）を意味している．そして，その割合（交換比率）が所与（given）の水準に政策的に固定されたままに維持するか否かで，固定（為替）相場制（固定レート制度）と変動（為替）相場制（変動レート制度）の2つの制度に分類される．

我が国では，第2次世界大戦後から1970年代前半まで1ドル＝360円に日本円とアメリカドルの交換比率（交換レート）が固定されていた．こうした制度は**固定相場制**（fixed exchange rate system）と呼ばれる．

一方，現在のように**外国為替市場**（foreign exchange market）で自国通貨と外国通貨が自由に取引され，そのときの需給関係によって交換レートが変動するものを**変動相場制**（floating exchange rate system）と呼ぶ（**表14-5**参照）．

表14-5　為替レート制度

固定相場制 （固定レート制度）	為替レートを政策的にある一定の水準に固定 日本では戦後から1970年まで1ドル＝360円で固定
変動相場制 （変動レート制度）	外国為替市場の需給に委ねる 1976年のキングストン体制から全面的な変動レートに移行 2010年では，1ドル＝90円前後，2015年では，1ドル＝120円前後

（2）円高と円安

日本を例にとれば，変動相場制で外貨1単位の交換に必要な円の額が低くなること（たとえば1ドル＝200円から1ドル＝100円への変化）を「**円高**（yen scale down）」と呼び，逆に外貨1単位の交換に必要な円の額が高くなること（1ドル＝100円から1ドル＝200円への変化）を「**円安**（yen depreciation in exchange rate）」と呼ぶ.

もう少し具体的かつ現実的な話，たとえば，日米の自動車を例に考えよう.

1ドルが200円だった時代，アメリカ製の1万ドルの自動車は，日本円で200万円であった. しかし，1ドルが100円になると，100万円に値下がりし，アメリカ製の自動車が日本で購入しやすくなる. つまり，これまでより少ない円で購入できるから，それだけドルに対する円の価値が上がったことになる. これが円高（＝ドル安）である.

一方，これをアメリカからみると，1ドル＝200円のときは，100万円の日本製の自動車は5000ドルであるが，1ドル＝100円になると，1万ドル出さなければ，同じ日本車が購入できなくなる. それだけドルの値打ちが下がったことになる. これは，アメリカにとってはドル安（＝円高）である.

そして，為替レートの変動は，財（モノ）と同じように，円という通貨の需要と供給の結果で決定する. つまり，円に対する需要が供給を上回れば，相場用語を使うと，円買いが円売りを上回れば円高／ドル安になる. 逆に，円売りが円買いを上回れば円安／ドル高になる.

それでは，為替レートはどのような要因で変動するのであろうか. さまざまな要因について検討してみよう.

4 為替レートと日本の貿易収支の関係

(1) 円高による日本の貿易収支への影響

　前提として，確認しておくべきことが一つある．貿易における決済は，**基軸通貨**（key currency）であるドルで行われる（これを"ドル建て"という）として，具体的に説明をする．

　ここで，為替レートが1ドル＝200円であったとき，日本で200円の商品をドル建てで輸出する場合，その商品はたとえばアメリカにおいて，理論上は1ドルで販売されることになる．ところが，1ドル＝100円の円高／ドル安になると，その商品は2ドルで販売されることになる．通常，同じ商品の価格が2倍になれば，その商品の需要は減少する．

　一方，輸入を考えると，アメリカから1ドルの商品をドル建てで輸入する場合，為替レートが1ドル＝200円であれば，その商品は日本国内において理論上は200円で販売される．しかし，1ドル＝100円の円高／ドル安になると，日本国内で販売される価格は100円となってその商品の価格が半額になるので，需要は通常増加する（安いから売れる）．

　つまり，円高／ドル安になると日本からの輸出が減少し，逆にアメリカからの輸入が増加するので，日本の貿易収支は赤字になる．

(2) 円安による日本の貿易収支への影響

　逆に，このケースで為替レートが円安／ドル高になると，為替レートが1ドル＝100円のとき，その200円の商品は，アメリカでは2ドルで売れる．これが，1ドル＝200円の円安／ドル高になると，アメリカでは半額の1ドルで売られることとなる．その結果，アメリカでは，円安／ドル高になることで，同じ商品が半額で購入できる（安いモノは買われる）ので，日本のその商品に対する需要が高まる．これが日本からみれば，円安／ドル高によって輸出が伸びる構図である．

　一方，輸入に対しては，アメリカから1ドルの商品をドル建てで輸入する場合，為替レートが1ドル＝100円であれば，その商品は日本国内においては

100円で販売されるが，1ドル＝200円の円安／ドル高になると，日本国内で販売される価格は200円となってその商品の価格が2倍になるので，需要は通常減少する．

つまり，円安／ドル高によって日本からの輸出が増加し，アメリカからの輸入が減少するので，日本の貿易収支は黒字となる．

以下に為替レートと日本の貿易収支との関係を簡単にまとめると，

- 円高／ドル安の場合は，日本にとって輸出が減少し，輸入が増加するため，貿易赤字となる．
- 円安／ドル高の場合は，日本にとって輸出が増加し，輸入が減少するため，貿易黒字となる．

（3）貿易収支の為替レートへの影響

貿易収支の為替レートへの影響を理解するためには，日本国内の「輸出企業と輸入企業がどのような行動をするのか？」を考えることがポイントとなる．

たとえば，商品を輸出後，商品代金を相手方からドルで受け取ることになるが，日本の輸出企業は，部品メーカーなどへの支払いのために受取代金を円と交換する．これが「円買い／ドル売り」である．逆に，輸入の場合，日本の輸入企業は輸入した商品の代金を支払うためにドルを準備することになるので，輸入企業は円売り／ドル買いを行う．

そこで，通貨の交換の場である外国為替市場では，輸出企業の円買い／ドル売りと，輸入企業の円売り／ドル買いが交錯することになる．

このとき，貿易収支が黒字（輸出＞輸入）になれば，輸出企業の円買い／ドル売りが，輸入企業の円売り／ドル買いを上回る（円の需要がドルの需要を上回る）ことを意味するので，為替レートは円高／ドル安に振れることになる．逆に，貿易収支が赤字（輸出＜輸入）になれば，輸入企業の円売り／ドル買いが優勢（ドルの需要が円の需要を上回る）になるので，為替レートは円安／ドル高となる．

5 為替レートと日本の物価の関係

　日本において，円高／ドル安は，輸入を増加（貿易収支は赤字）させ，海外の安い商品が国内に入ってくることから，同じような財をつくる国内企業も価格が安い輸入商品に対抗するために価格を引き下げざるを得なくなり，国内物価全体が下落する．つまり，日本経済は，円高／ドル安によって，物価が下落するデフレ圧力がかかる．これを**輸入デフレ**（imported deflation）という．その一方で，価格が下落するので国内消費は増加することになる．

　逆に，円安／ドル高になった場合を考えると，輸入商品や原材料の価格が上昇するので，輸入が減少する（貿易収支は黒字）．

　たとえば，円安／ドル高に伴って輸入原材料である原油価格が上昇すると，企業の生産コスト（電気代やプラスチックなどの石油製品の価格が上昇）が上昇するため商品の国内価格が上昇し，インフレ（**コスト・プッシュ・インフレーション**（cost push inflation））につながる．さらに，海外からの輸入品の価格の値上がりによって国内物価全体が上昇することを**輸入インフレ**（imported inflation）とも呼ぶ．

　以下において，為替レートと日本の物価の関係をまとめると，

- 円高／ドル安の場合，輸入価格の下落・輸入増（貿易赤字）により，国内物価が下落し，デフレ要因となる
- 円安／ドル高の場合，輸入価格の上昇・輸入減（貿易黒字）により，国内物価が上昇し，インフレ要因となる

注
1) "theory of comparative costs"
2) WTOとは，自由貿易促進を主たる目的として創設された国際機関である．GATTウルグアイ・ラウンドにおける合意によって，世界貿易機関を設立するマラケシュ協定に基づいて1995年1月1日に成立した．
3) 直接投資（direct investment）とは，たとえば，日本企業が直接外国に進出し，工場を建てて生産活動を行ったり，子会社や支店を開いてサービスを提供することである．

4） 間接投資（indirect investment）とは，日本企業が業務提携や買収目的で外国企業の株式を購入したり，外国の債券（外債）に投資したりすることを意味し，証券投資（portfolio investment）ともいう．

5） 一般的な損益会計では，借方（左側）および貸方（右側）となるが，収支会計であるために逆となる．

6） 外国為替相場あるいは為替相場ともいう．

7） 国際間の決済や金融取引の基本となる特定国の通貨のことで，基本的には，アメリカのドルを指す．

8） デフレーション（Deflation）の略．

第 **15** 章

国際マクロ経済学（2）
為替レートと経常収支の決定理論

第15章の要点

国際通貨制度の歴史的変遷

① 国際金本位制：各国の通貨当局は自国の通貨をあらかじめ定められた価格で金と交換することが義務付けられていた

② IMF体制：アメリカは金とドルの交換率を，金1オンス＝35ドルと決め，他国の通貨当局がいつでもドルを金に交換できることを保証

③ 変動相場制：外国為替市場で取引される為替レートを一定比率に固定せず，市場での需要と供給により自由に変動させる制度

為替レートの決定メカニズム

変動相場制の場合，為替レートは図の e^* のように民間の経済主体のドルに対する需要と供給が一致する点で決定される．

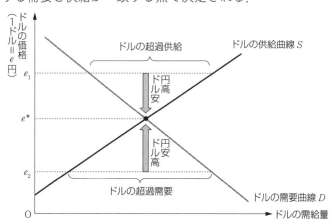

為替レートの決定要因

利子裁定	為替レートの予想変化率分だけ，内外の金利格差が生じる	短期の決定理論として有効
購買力平価	自国と外国の物価水準の裁定から為替レートが決定する．	長期の決定理論：貿易財に有効
アセット・アプローチ	国際的な資産市場での通貨に対する需要を均衡にするように，為替レートが決まる	中期の決定理論

経常収支の決定理論

弾力性アプローチ	一時的に経常収支が赤字や黒字になっても，長期的には為替レートの調整メカニズムによって経常収支は均衡していくとするもの
Jカーブ効果	為替レートの変化が当初は国際収支の不均衡を拡大する方向に働き，その後，徐々に縮小させるように作用すること
アブソープション・アプローチ	景気の良い国では消費や投資活動が盛んで，国内アブソープションの増加にGDPが追い付かない状況が発生し，その国では海外からの財・サービスの輸入が増大し，経常収支は赤字傾向になる．
ISバランス・アプローチ	民間の貯蓄が投資を上回ることや財政赤字が減少することが，経常収支が黒字になる原因

この章で使われる記号

e　邦貨建て為替レート	e^*　均衡為替レート
D　ドルの需要曲線	S　ドルの供給曲線
$(E_x - I_m)$　経常収支	$(S - I)$　投資差額
$(G - T)$　財政赤字	$(C + I + G)$　国内の総支出

はじめに

前章では，国際マクロ経済学の基礎として，特に，貿易，国際収支，為替レートの概念を中心に説明した．

国際マクロ経済では，海外との取引は，財・サービスの輸出入など貿易取引に加え，国際間の資本取引が重要となる．国際収支や為替レートに関連した基礎概念を理解し，それらがマクロ経済とそのような相互作用があるか理解しておくことが重要である．

本章では，前章の基礎概念から一歩踏み込んで，為替レートがどのように決定されるのか？　また，経常収支はどのように決定されるのか？　を中心的課題に据え，各々の決定理論を説明する．

1　国際通貨制度の歴史的推移

国際間で行われる実物的・金融的取引の大きな特徴の1つは，それぞれ異なる通貨を持つ国々が取引をすることである．したがって，国際間の取引をスムーズに行うためには，異なる通貨間の決済手段や為替相場の決定方法を取り決めた国際通貨制度の整備が必要となる．そこで本節では，この国際通貨制度の歴史的推移を概観する．

（1）国際金本位制

国際通貨制度は古くは，**国際金本位制**（international gold standard system）という形で機能していた．金本位制は，1821年にイングランド銀行券の無条件正貨兌換を保証し，紙幣の価値低下を防ぐため，1844年の「**ピール条例**[1]（Peel's Bank Act）」により紙幣の発行上限を1400万ポンドとし，この上限を超えて紙幣を発行するには金を準備することを義務付けたことにより確立した．この制度の下では，各国の通貨当局は自国の通貨をあらかじめ定められた価格で金と交換することが義務付けられていた．このため，各国の通貨当局はその金保有量に応じて貨幣供給量を増減させなければならなかった．また，金の国

際価格が共通の下では，各国間の本位貨幣に含まれる法定の金量を比較して得られる交換比率，すなわち為替レートは，結果的に常に一定に保たれていた．これは**金平価**（gold par）と呼ばれるものである．ただし，このような金本位制のルールは，各国が無責任に自国の通貨量を増加させてしまうという懸念を取り除くという好ましい側面を持つ反面，必ずしも世界経済の安定的発展に必要な貨幣量が供給されるとは限らないという問題点を有していた．

（2）IMF 体制（ブレトン・ウッズ体制）

第2次世界大戦後の約 20 年間，国際通貨制度は，**IMF 体制**（IMF system）あるいは**ブレトン・ウッズ体制**（Bretton Woods system）と呼ばれる**金・ドル本位制**（gold and dollar standard system）のルールに基づいて行われた．このルールの下では，英国の国力衰えによるポンドの基軸通貨としての地位低下と，二度にわたる世界大戦により蓄積された巨額の金保有を背景として，アメリカは金とドルの交換率を，金1オンス = 35 ドルと決め，他国の通貨当局がいつでもドルを金に交換できることを保証した．それと同時に，為替レートの変動を平価の上下1％以内に維持することが決められ，ほとんどの加盟国が，ドルに対して1％より狭い変動幅に定める固定相場制を採用し，為替レートの変更は経常収支の不均衡が長期にわたるケースなどで例外的に認められるのみとなった．日本は 1949 年に IMF 体制に加わり，円は1ドル = 360 円と定められた．

もっとも，IMF 体制は，中心となるアメリカが十分な金を保有し，ドル価値の安定を保証できる限りにおいてうまく機能していた体制であった．しかしながら，IMF 体制は，1960 年代末頃から① アメリカがベトナム戦争に敗北し，経常収支が慢性的に悪化し始めたこと，② 日本と西ドイツの経済力が向上したことなどを背景として，アメリカの人々の間にドルが切り下がるとの期待が高まり，ドルを金に交換する動きが強まった．その結果，1971 年8月にアメリカは，ドルの金への交換を一方的に停止することを宣言（いわゆる**ニクソン・ショック**（dollar shock）[2]）し，IMF 体制は破たんした．

（3）変動相場制

　IMF 体制が崩壊してから今日まで，多くの国で採用されている国際通貨制度は，原則的には**変動相場制**（floating exchange rate system）である．この制度は，外国為替市場で取引される為替レート（通貨の交換比率）を一定比率に固定せず，市場での需要と供給により自由に変動させる制度である．この制度の下では，為替レートは外国為替市場の需給で決まり，この外国為替の需給は，国際収支（経常収支，資本収支）の影響を受けて変動する．

　1973 年に，主要先進国は変動為替相場制に移行し，1976 年の**キングストン合意**（Kingston Agreement）で変動為替相場制は正式承認された．

　当初，変動為替相場制には，国際収支の不均衡を自動的に調整させる機能があると考えられていた．しかし，資本取引が活発になり，金利差が相場に大きく影響を与える局面などでは，為替レートは必ずしも経常収支を均衡させる水準に決まらず，まったくかけ離れた水準で推移する期間が続いたのである．そのため，現在の変動為替相場制は，原則的には市場で為替レートを決めるが，中央銀行が市場介入による為替レートの操作を行う場合もあるため，完全に自由なフロート制ではなく，**管理された変動相場制（管理フロート制）**（managed floating system）と呼ばれている．

2　為替レートの決定メカニズム

（1）外国為替市場の需要と供給

　変動相場制においては，為替レートの水準は，外国為替市場と呼ばれる市場において売買される各国通貨間の需要と供給によって決定される．したがって，円とドルとの間の為替レートを決定するに際しては，ドルに対する需要と供給が重要な役割を果たすことになる．

　いま仮に，日本とアメリカの二国のみとし，国際通貨をドルに，さらに二国間での資本の国際取引（資本取引）がないとする．円レート（1 ドルの円価格）は貿易・サービスが均衡するように決まると考えられている．東京の為替市場で円とドルが交換されて円レート（1 ドルの円価格）が変動する．すなわち，ドルに対する需要と供給によりドルの価格（ドルに対する円の価格）が決定す

る.「ドル需要（円を売ってドルを買う）」は，たとえば日本企業が原油などを輸入するのにドル資金を必要とする場合に生じる．すぐにでもドル代金を支払わなくてはならない企業は，ドルの価格が高くてもドルを必要とするが，そのような企業は通常少数である．一方，ドル支払が切迫していない企業は，なるべく安くドルを入手したいと考えるので，ドルの価格が低いときにドル購入を行うであろうし，そのような企業が多数を占める．したがってドルに対する需要曲線は縦軸にドルの価格（1ドル＝e円）eをとり，横軸にドルの数量をとれば図 15-1 における D のように右下がり（ドルの価格が高いときには円をドルに交換したい者が少なく，低くなると多くなる）の関係を持つ．

一方，ドル供給（ドルを売って円を買う）は，たとえば輸出企業によりもたらされる．輸出代金をすぐにでも企業経営に使用しなければならない企業はドルの価格が低くても（仮に損をしたとしても）円に交換したいと考えるだろうが，その数はわずかである．逆に，円のキャッシュ・フロー（cash flow）に余裕のある企業は，ドルの価格が高いときにのみ円に交換したい（高ければ得をする）と考え，そのような企業は多数を占める．したがって，ドルの供給曲線は図 15-1 における S のように右上がり（ドルの価格が低いときはドルを円に交換したい人は少なく，高くなると増える）の関係がある．

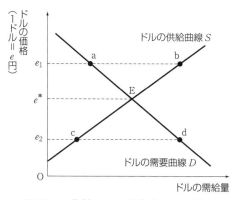

図 15-1　為替レートの決定メカニズム

（2）変動相場制における為替レートの決定メカニズム

変動相場制の場合，ドルの価格は図 15-1 の e^* のように民間の経済主体のドルに対する需要と供給が一致する点で決定される．

もしドルの価格が e^* よりも円安／ドル高の水準にある e_1 にあると，ドルを売りたい者がドルを買いたい者を上回っているため，ドルは図 15-1 の ab に相当する分だけ超過供給となる．逆に，ドルの価格が e^* よりも円高／ドル安の水準にある e_2 であると，ドルは図 15-1 の cd に相当する分だけ超過需要となる．しかし，変動相場制の下ではこれらの状態は長続きせず，ドルの超過需要の場合には円安／ドル高に，またドルの超過供給の場合は円高／ドル安になることによって外国為替市場の不均衡を自動的に解消する為替レート調整メカニズムが働くことになる．

（3）　固定相場制における為替レートの決定メカニズム

固定相場制の下では，民間のドルに対する需要と供給が超過供給あるいは超過需要の状態にあっても，為替レート（ドルに対する円の価格）が**平価**[5]（exchange parity）に等しい限り，その不均衡状態は継続する．なぜならば，固定相場制の下では，金融当局が為替レートを平価の水準に固定する（たとえば 1 ドル = 360 円）ために意図的にドルを売買する介入を行うからである．

たとえば，**図 15-1** を用いるならば，民間のドルに対する需要と供給が一致するドルの価格水準が e^* であったとしよう．この場合，固定相場制の下での平価が e_1 であれば，金融当局は ab に相当する額のドルを意図的に需要する「ドル買い介入」を行い，その結果，ドルの価格は e^* よりも円安／ドル高である e_1 の水準に固定される．逆に，平価が e_2 であれば，cd に相当する額のドルを意図的に供給するドル売り介入によって，金融当局はドルの価格を e^* よりも円高／ドル安の e_2 の水準に固定することになる．

3　為替レートの決定要因

本節では為替レートがどのような要因によって変動し，決定されるのか説明しよう．

（1）短期為替レートの決定——為替レートと利子率の関係（利子裁定）

前章でも説明したように，国際収支は基本的に経常収支と資本収支に分かれるが，「短期的には2国間の為替レートは経常収支と利子率（金利）という2つの要因によって変動する」と考えられている[6]．

① 資本移動とは

為替レートと金利の関係を理解するには，資本移動についての理解が不可欠となる．

資本移動（capital flows）とは，外国から日本への資本の流入ないしは日本から外国への資本の流出を意味する．よって，資本収支とは，外国からの資本の流入と外国への資本の流出の差ともいえる．この資本移動を引き起こす最大の要因は利子率（金利）の変化である．

お金（投資資金）は，利益を求めて利子率の高い投資商品に向かう．たとえば，日本の国債とアメリカの国債があって，日本の国債の利子率（金利）が5％，アメリカの国債の利子率が3.5％であったとすると，日本の国債の利子率の方がアメリカの国債の利子率よりも高いこととなる．するとアメリカの投資家は，利息（利子）をより多く稼ぐために利子率の高い日本の国債を購入しようとする．ここで，アメリカの投資家による日本の国債投資（購入），つまり日本債に対する支払いが行われる．このことを，アメリカから日本に資金が流入（**資本流入**（capital import））してくるという．

逆に，日本の国債の利子率が4.5％，アメリカの国債の利子率が6％というように利子率が逆転して，日本の投資家が米国債に投資（購入）したとすると，これは日本からの**資本流出**（capital export）を意味する．

② 資本移動と為替レート

ここまでの利子率の変化に伴う資本移動の変化の過程で，為替レートのことは無視していたが，実際には，外国債の売買や，外国の銀行の預金口座開設の際には，円とドルの交換が行われる．

たとえば，日本の国債の利子率が上昇して，外国人投資家が，利子率の高い日本の国債を購入しようとしても，当然のことながらドルでは購入ができない

ため，手持ちのドルを円に交換しなければならない（ドルを売って円を買う）．つまり，外国為替市場では，日本の利子率が上昇することで，ドル売り／円買いが活発になる．すなわち，日本の利子率（金利）の上昇によって円高／ドル安になる．

逆に，利子率（金利）が低くなれば，外国為替市場において日本人投資家による円売り／ドル買いが活発化し，日本から資金が流出して，円安／ドル高となる．

利子率と為替レートの関係は重要なので，ポイントを以下の図15-2にまとめておこう．

日本の利子率（金利）の上昇⇒資本流入：円買い／ドル売り⇒円高／ドル安

日本の利子率（金利）の低下⇒資本流出：円売り／ドル買い⇒円安／ドル高

図15-2　利子率（金利）と為替レートの関係

③ モデルによる短期為替レートの決定

上述の日本の利子率と為替レート（ドルに対する円の価格）との関係は理解できただろうか？　ここでは，少し難易度をあげて，モデルを用いて短期の為替レートの決定を説明しよう．

図15-3に示したように，ドルに対する需要曲線Dは右下がりに，ドルの供給曲線Sは右上がりであるので，ドルの価格（ドルに対する円の価格）はDとSの交点E（需要と供給の均衡した点）におけるドルの価格e_1で決定される．

さて，前項の国際的な資本取引の要因を加えてみよう．なお，単純化して，図15-3における需要曲線Dや供給曲線Sは国際的な資本取引を加味したものと仮定する．このときDやSは日本とアメリカ両国の利子率の変動により変化すると考えられる．

いままでの例を用いるならば，アメリカの国債の利子率が高くなると，日本人投資家はアメリカの国債を購入するためにドルを必要とする．この要因は図15-3のドルの需要曲線をDからD'に右上方シフトさせる．このため，均衡点はEからE′へとシフトし，この結果，ドルの価格がe_1からe_2へ上昇し，円安／ドル高となる．逆に，日本の利子率が高くなると，アメリカ人投資家はドル

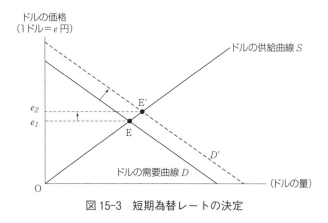

図 15-3　短期為替レートの決定

を売って円を買うので，供給曲線 S が右方シフトし，ドルの価格は下落し，円高／ドル安になる．図 15-3 において示されたこの変化は，まさしく，図 15-2 の結論と一致する．

（2）長期為替レートの決定——為替レートと物価の関係（購買力平価説）

　これまで，日々の為替レートがどのように変化するかを吟味してきた．このような短期的レートの変化を離れ，ここでは，長期的変動に目を移すと為替レートは，為替レートと物価の関係を表す**購買力平価**（PPP：purchasing power parity）に近づくといわれている．

　購買力平価とは，簡単にいえば，財・サービスの価格が為替レートとして等しい価値があるという意味である．これは，同じ財は 2 国間でも等しい価値であるという**一物一価の法則**（law of one price）に基づいている．また，購買力平価は次のようにして計算されている．ニューヨークで食料品，耐久財，被服，履物，エネルギー，水道，運輸・通信，保健・医療，教育，家賃など 410 品目の 1 単位当たりの価格を調査し，同じ 410 品目の価格を東京で計測して求められる．すなわち，購買力平価とは，ニューヨークにおいて 1 ドルで購入できるものを日本で購入するにはいくらかかるかを示し，生活面からみたドルの価値を意味している．

　購買力平価を理解するため，簡単な例を用いて説明しよう．

たとえば，世界展開しているコーヒーショップの同じコーヒーが，アメリカでは 1 ドル，日本では 300 円で販売されていたとすると，このときの為替レートは，購買力平価により 1 ドル = 300 円ということになる．購買力平価によれば，日本の物価上昇率が，アメリカの物価上昇率より大きくなれば，円の価値は低下し，円安／ドル高になる．

仮に，日本の物価が 50 ％上昇してコーヒーも 450 円に値上がりしたとき，アメリカの物価上昇率が 0 ％であれば，為替レートはこの場合，1 ドル = 450 円の「円安／ドル高」になる．

このように，物価と為替レートには，日本の物価が上昇すると，為替レートが円安／ドル高にふれ，日本の物価が下落すると，円高／ドル安にふれるという関係がある．

さて，東京の物価がニューヨークと比べてどれほど高いのかを示すのが（東京とニューヨークの）**内外価格差**（price gaps between home and abroad）であるが，これは，購買力平価を市場の為替レートで割って定義される．厳密にはニューヨークで消費されている医療と東京で消費する医療は同じとはいえないが，同じであったと仮定しよう．ニューヨークで 1 カ月 1000 ドルの費用で生活していた人がその 1000 ドルを持って日本に転勤してきたとすると，この人は空港で $ 1000 ×為替レートの日本通貨を入手できる．しかし，この人は日本でニューヨークと同様の生活を営むためには 1 カ月に 20 万円が必要であると仮定する．したがって，この 20 万円を手にした日本通貨の金額で割ればニューヨークと比べた日本の物価の比率が求められる．つまり，

$$内外価格差 = \frac{購買力平価}{為替レート} \tag{15-1}$$

となる．

（3）中期の為替レートの決定──為替レートと資産価格の関係（アセット・アプローチ）

短期的，あるいは中期的に，為替レートが購買力平価説からかけ離れた動きをすることをうまく説明しようとする理論が**アセット・アプローチ**（asset preference approach）である．アセット・アプローチとは，ある一時点での金融資産の保有高や外貨建て比率などに着目して，為替の需給関係を考察する理論であり，金融資産の取引によって各国通貨の需給関係が為替レートを決定する上で重要であると考えている．

　なぜならば，外国為替も**資産**（assets）の一部であるため，外貨の価格である為替レートも，株や土地などと同様に資産としてみると，資産価格が短期的にも大きく変動しうることは説明可能となるのである．資産価格は将来の「**期待**（expectation）」によって形成されることから，期待が変わるだけで，大きく変動する．投資家が資産選択の一部として外貨建て金融資産を保有すると，為替レートの変動によりリスクプレミアム（損益）が生じるため，投資家はこうしたリスクプレミアムなどを考慮した上で最適な資産選択の組合せを作ることから，国際的な資産市場での各通貨に対する需給を均衡にするように，為替レートが決定される．

　たとえば，金融資産をアメリカで運用したときの収益率が日本で運用したときの収益率よりも高くなった場合，海外で運用することによるリスクがないとすれば，日本人にとってアメリカの金融資産は魅力的となり，ドル建ての金融資産に対する需要は増加し，円建ての金融資産に対する需要は減少する．このため，日本の資本収支は赤字となり，その結果，図 15-4 のようにドルに対する超過需要が発生し，ドルの価格の上昇により円安／ドル高になる．

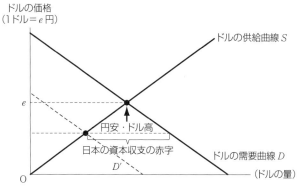

図 15-4　アセット・アプローチの下での為替レートの決定

逆に，日本の金融資産がアメリカの金融資産よりも収益率が高くなると，アメリカから日本への資金流入が起こり，日本の資本収支は黒字となり，ドルの超過供給が発生し，ドルの価格の下落によって円高／ドル安となる．

最後に，為替レートの決定理論（表15-1参照）と為替レートの変動要因（**表15-2**参照）を以下にまとめておこう．

表 15-1　為替レートの決定理論：まとめ

利子裁定	為替レートの予想変化率分だけ，内外の金利格差が生じる	短期の決定理論として有効
購買力平価	自国と外国の物価水準の裁定から為替レートが決定する	長期の決定理論：貿易財に有効
アセット・アプローチ	国際的な資産市場での通貨に対する需要を均衡にするように為替レートが決まる	中期の決定理論

表 15-2　為替レートの変動要因（日本からみた場合）：まとめ

円高／ドル安	円安／ドル高
•貿易黒字	➤貿易赤字
•金利上昇	➤金利下落
•物価下落（デフレ）	➤物価上昇（インフレ）

4　経常収支の決定理論

（1）弾力性アプローチ

① 弾力性アプローチとは

経常収支の決定理論として伝統的に重要と考えられてきたものは，為替レートの調整メカニズムである．とくに，**弾力性アプローチ**（elasticities approach）と呼ばれる考え方は，一時的に経常収支が赤字や黒字になっても，長期的には為替レートの調整メカニズムによって経常収支は均衡していくとするものである．

たとえば，日本において貿易黒字が発生すれば，輸出企業の円買い／ドル売りが優勢になり，ドルの超過需要が発生して為替レートは円高／ドル安になるので，アメリカでの日本の輸出品のドル建て価格は上昇する．ところが，円高

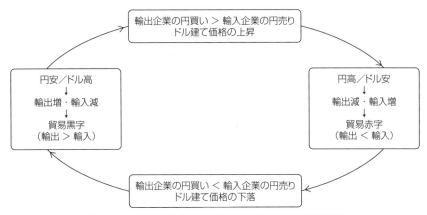

図15-5 変動相場制下の貿易不均衡の自動調整機能

／ドル安になれば，日本の輸出が減少してアメリカの輸入が増加するので，貿易黒字は減少する．そして，日本が貿易赤字になれば，為替レートは輸入企業の円売り／ドル買いが多くなるため円安／ドル高になるが，円安／ドル高によって，輸出が回復して……というように，理論的には，貿易収支は一時的に不均衡となるが，最終的には為替レートの変化が媒体となって，貿易収支が均衡するように調整されるのである．

これも，通貨の需給関係という市場原理に任せておけば「(神の) 見えざる手」によって調整されるということになる（図15-5 参照）．

このようなメカニズムは，経常収支に対する為替レートの調整メカニズムとも呼ばれる．

② 国際収支の不均衡とJカーブ効果

通常，変動相場制の下では，日本においては，円高／ドル安になると輸入が有利になり，輸出が不利になることから，輸入が増大し輸出が減少して純輸出（輸出－輸入）が減少するというのが，為替レートの調整の基本的なメカニズムであった．いい換えれば，日本で貿易黒字が発生した際には，為替レートが円高／ドル安になるとともに経常収支が赤字になって貿易黒字を解消し，経常収支の不均衡がスムーズに調整される．しかし，そのためには，輸出額や輸入額が為替レートの変化に対して十分感応的でなければならないが，短期的には，

輸出額や輸入額は為替レートの変化に対してあまり反応しないことが知られている．ここで重要となるのが経常収支を決定するのは，輸出額や輸入額であって，輸出量や輸入量ではないという点である．たとえば，円高／ドル安になると日本の輸出産業の価格競争力が低下して輸出量は減少するが，ドルの価格で評価すると，円高／ドル安になるとドル表示の金額が拡大することから，輸出量が減少しても，輸出金額はドルベースでむしろ拡大する可能性がある．これは，

ドル建て輸出額＝日本からの輸出量×ドル建て輸出価格　（15-2）

であるので，日本の輸出量が減少してもドル建て価格がそれを上回って上昇していれば，円高／ドル安はドルベースでの純輸出を拡大させる可能性がある．とくに短期的には，数量の調整が遅く，円高になっても輸出量，輸入量がそれほど大きく変化しないとすれば，ドル表示での純輸出が拡大する．しかし，中長期的には輸出量が大きく落ち込み，輸入量が大きく増大して，ドル表示でも純輸出が減少する．

　つまり，円高／ドル安になっても，日本においては，短期的に黒字が解消しないどころか，反対に黒字が拡大することがある．しかし，中長期的には本来の効果を取り戻し，黒字解消の方向に向かうことになる．このように，為替レートの変化で，一時的に貿易収支の不均衡が拡大し，やがて徐々に不均衡が縮小していくが，この一連の動きを，時間と黒字幅を軸にとってグラフ化すると，その軌跡がＪの文字に似ているので，これを**Ｊカーブ効果**（J-curve effect）と呼ぶ（**図 15-6** 参照）．

　Ｊカーブ効果が発生する理由を考えてみよう．

　円高／ドル安になったときには，日本の貿易黒字（輸出 ＞ 輸入）が解消することが期待されるが，円高／ドル安によってただちに輸出量が減少するわけではない．たとえば，日本の自動車輸出で考えると，円高／ドル安が進んでいる状況でも，円高／ドル安がどこまで進むか見極められないと，自動車メーカーは多少の円高／ドル安でもこれ以上の為替差損を防ごうと，駆け込み的に自動車の輸出を増加させる場合がある．これにより，自動車１台あたりの輸出価格が下落しても輸出量が増えるので，一時的に日本の貿易黒字が増えることと

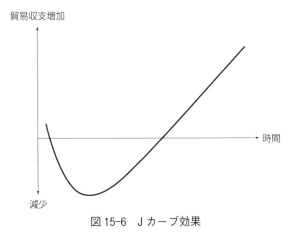

図 15-6　Jカーブ効果

なる．しかし，中長期的には変動相場制の調整機構（図 15-6 参照）が正常に働き，経常黒字は減少していく．つまり，為替レートの調整と輸出入額の調整のタイムラグが J カーブ効果を生み出している．

（2）アブソープション・アプローチ

弾力性アプローチは，為替レートの経常収支に対する調整メカニズムを重視した理論である．しかし，最近ではこれとはまったく異なった観点から経常収支の変動メカニズムを考察する理論が有力になってきている．その 1 つが，**アブソープション・アプローチ**（absorption approach）と呼ばれるものである．この理論の基本的な考え方は，貿易収支の不均衡を GDP と国内の総支出との差額として表すものである．いま，GDP を Y，消費を C，投資を I，政府支出を G，輸出を E_x，輸入を I_m とし，財市場の均衡条件を示すと式（15-3）となる．

$$Y = C + I + G + E_x - I_m \qquad (15\text{-}3)$$

ここで，この財市場の均衡式を変形させると

$$E_x - I_m = Y - (C + I + G) \qquad (15\text{-}4)$$

式（15-4）が導出される．この式の右辺の国内の総支出（$C + I + G$）は**内需**

(domestic demand) を表しており，とくに国内アブソープションと呼ばれている．

　上の均衡式は，貿易収支に $(E_x - I_m)$ にほぼ対応する経常収支の黒字が，国内総生産 Y とこの国の国内アブソープションの差として決定されることを表している．すなわち，経常収支の黒字とは，国内で生産されたもの (Y) のうち，内需 $(C + I + G)$ を上回る分が，海外の需要 (E_x) に吸収されている状況を示している．また，逆に経常収支の赤字とは，国内で生産したもの (Y) 以上の内需 $(C + I + G)$ が存在するため，海外で生産されたものの一部 (I_m) が内需で吸収される状態を表している．

　以上のアブソープション・アプローチの考え方は，経常収支の変動が各国の景気と密接な関わりを持っていることを示唆している．すなわち，景気の良い国では消費や投資活動が盛んで，国内アブソープションの増加に GDP が追い付かない状況（$Y < (C + I + G)$）が発生する．このため，その国では海外からの財・サービスの輸入が増大し，経常収支は赤字傾向（$E_x < I_m$）になる．一方，景気の悪い国では，逆に国内アブソープションが GDP を下回り（$Y > (C + I + G)$），結果として，経常収支は黒字傾向（$E_x > I_m$）となるのである．

（3）貯蓄・投資バランス・アプローチ

　他方，最近では経常収支の黒字や赤字は，資本収支が赤字や黒字である結果として発生しているとする考え方が有力となっている．その代表的なものが，第2章第6節でも述べた**貯蓄・投資バランス・アプローチ**（*IS* バランス・アプローチ）（investment-saving balance approach）である．このアプローチの基本的考え方は，経常収支の不均衡は，国内の民間投資・貯蓄ギャップと財政収支の不均衡に原因があるとしており，財市場の均衡条件をベースに導出される．

　すなわち，民間の貯蓄を S，租税を T で表すと，民間の貯蓄は，$S = Y - T - C$ となる．したがって，$Y = C + I + G + E_x - I_m$ という関係に注目すると，$E_x - I_m$ は，式（15-5）として表せる．

$$E_x - I_m = (S - I) - (T - G) \tag{15-5}$$

第 15 章　国際マクロ経済学（2）　275

　この式は，経常収支（$E_x - I_m$）の黒字が，民間の**貯蓄投資バランス**（$S - I$）と**財政収支**（$T - G$）の差として決定されることを示している．すなわち，ISバランス・アプローチでは，民間の貯蓄が投資を上回ることが，財政赤字の減少と海外部門の資金不足を埋め合わせるように結果的（事後的）に使われると考えるのである．

　たとえば，長期に渡った日本の大幅な経常収支の黒字は，日本が先進国の中では貯蓄に余裕があり，（$S - I$）の項目がプラスであった点に注目すれば説明がつくのである．

注
1）　首相 R. ピールのもとで制定されたため上記の名称で呼ばれる.
2）　1971 年 8 月 15 日（日本時間 1971 年（昭和 46 年）8 月 16 日）にアメリカ合衆国政府が，それまでの固定比率（1 オンス＝35 ドル）によるドル紙幣と金の兌換を一時停止したことによる，世界経済の枠組みの大幅な変化を指し，ドル・ショック（ドル危機）とも呼ぶ.
3）　「フロート制（floating rate system）」とも呼ぶ.
4）　1976 年 1 月にジャマイカのキングストンで開かれた IMF の暫定委員会で合意された，国際通貨体制のことで，キングストン体制ともいう.
5）　IMF 体制のもとで，加盟国が自国通貨の価値を金または米ドルで表示した一定の交換比率.
6）　これを「利子裁定（interest arbitrage）」という.

リーディングリスト／参考文献

　「はしがき」にも記したが，本書は大学・短期大学の1年生など経済学初学者向けに書かれたものである．そのため，精緻な理論・数式展開よりはむしろ平易かつ直感的な解説を試みた．したがって，本書を読み終え，マクロ経済学に対してさらなる興味を抱かれた読者には，ぜひより一歩進んだ書籍あるいは別の視点で書かれた書籍に取り組んでもらいたい．ここに，本書を執筆するのに用いた参考文献を，読者の目的別に分類してリストアップしておく．

○教養科目として学ぶ

池尾和人（2010）『現代の金融入門』ちくま新書.

池上彰（2009）『経済のことをよくわからないまま社会人になってしまった人へ（増補改訂版）』海竜社.

池上彰（2011）『図解 池上彰の経済のニュースが面白いほどわかる本』中経の文庫.

井上義郎（2004）『コア・テキスト経済学史』新世社.

井堀利宏（2002）『図解雑学 マクロ経済学』ナツメ社.

大石泰彦編（1998）『エレメンタル 近代経済学』英創社.

大石泰彦・金沢哲雄編（1997）『エレメンタル マクロ経済学』英創社.

大滝雅之（2009）『基礎から学ぶ経済学・入門』有斐閣アルマ.

小淵洋一・大水善寛・柳下正和・戸崎肇・庭田文近・川端実美（2015）『アトラス経済学入門』文教出版会.

滝川好夫（2010）『図解雑学 ケインズ経済学』ナツメ社.

吹春利隆（2004）『コア・テキスト経済学入門』新世社.

朴勝俊・飯田善郎・寺井晃（2011）『経済学のはじめの一歩（第2版）』晃洋書房.

森田雅憲（2004）『入門経済学（オイコノミカ）』ミネルヴァ書房.

○経済系学部の専門科目として学ぶ

伊藤元重（2012）『マクロ経済学（第2版）』日本評論社.

井堀利宏（2011）『入門マクロ経済学（第3版）』新世社.

岩田規久男（2012）『インフレとデフレ』講談社学術文庫.

岡村宗二（2005）『ファンダメンタル マクロ経済学』中央経済社.

黒坂真編著（2004）『マクロ経済学を学ぶ』法律文化社．

滝川好夫（2008）『たのしく学ぶマクロ経済学』ミネルヴァ書房．

鴇田忠彦・足立英之・藪下史郎（1998）『初級・マクロ経済学』有斐閣．

中谷巌（2007）『入門マクロ経済学（第5版）』日本評論社．

西村和雄（1986）『ミクロ経済学入門』岩波書店

林直嗣（1992）『ミクロ経済学入門』世界書院

福田慎一・照山博司（2011）『マクロ経済学・入門（第4版）』有斐閣アルマ．

福田慎一・照山博司（2013）『演習式マクロ経済学・入門（補訂版）』有斐閣アルマ．

ポール．クルーグマン・ロビン．ウェルス著，大山道広・石橋孝次・塩澤修平・白井義昌・
　大東一郎・玉田康成・蓬田守弘訳（2009）『クルーグマン　マクロ経済学』東洋経済新報社．

吉川洋（2009）『マクロ経済学（第3版）』岩波書店．

Mankiw, N. G.（2000）*Macroeconomics*（マンキュー著，足立英之・地主敏樹・中谷武・柳川
　隆訳（2004）『マンキュー　マクロ経済学I入門編』東洋経済新報社）．

○公務員採用試験対策・大学院入試対策として

石川秀樹（2007）『試験攻略 新経済学入門塾III 上級マクロ編』，中央経済社．

石川秀樹（2009）『試験攻略 新・経済学入門塾I マクロ編』中央経済社．

石川秀樹（2011）『試験攻略入門塾 速習！マクロ経済学』，中央経済社．

伊藤元重・下井直毅（2014）『マクロ経済学パーフェクトマスター（第2版）』日本評論社．

齊藤誠・岩本康志・太田聰一・柴田章久（2010）『マクロ経済学』有斐閣．

茂木喜久雄（2011）『らくらくマクロ経済学入門（改訂版）』週刊住宅新聞社．

村尾英俊（2010）『公務員試験最初でつまずかない経済学（ミクロ編）』実務教育出版．

村尾英俊（2011）『公務員試験最初でつまずかない経済学（マクロ編）』実務教育出版．

○より高度な研究書および統計データ

Keynes, J. M.（1936）*The General Theory of Employment, Interest and Money*（J. M. ケイ
　ンズ著，間宮陽介訳（2008）『雇用・利子および貨幣の一般理論』岩波書店）．

篠原三代平・佐藤隆三編集（1979）『サミュエルソン経済学体系 国民所得分析』勁草書房．

関根順一（2011）『基礎からわかる経済変動論（第2版）』中央経済社．

内閣府経済社会総合研究所（各年）『国民経済計算（GDP統計）』内閣府．

International Monetary Fund（2015）World Economic Outlook Database.

学習メモ

学習メモ

学習メモ

索引／重要語集

〈アルファベット〉

45 度線　45-degree line diagram　64
AD–AS 分析　AD–AS analysis　178, 186
CGPI（Corporate Goods Price Index）　29
CI（Composite Index）　195, 197
CPI（Consumer Price Index）　29
DI（Domestic Income）　24
DI（Diffusion Index）　195, 197, 208
GDE（Gross Domestic Expenditure）　23, 62
GDI（Gross Domestic Income）　24, 62
GDP（Gross Domestic Product）　14, 62
GDP デフレーター　GDP deflator　29
GNP（Gross National Product）　17
IMF 体制　IMF system　261
IS–LM 分析　*IS–LM* analysis　132
IS–LM モデル　*IS–LM* model　202
IS 曲線　*IS* curve　127, 128, 132
IS バランス　*I–S* balance　30
IS バランス・アプローチ　*IS*（Investment-Saving）balance approach　274
LM 曲線　*LM* curve　129, 131, 132
MPL（Marginal Product of Labor）　147
NDP（Net Domestic Product）　19
NI（National Income）　25, 62
PPP（Purchasing Power Parity）　267
RBC 理論　RBC（Real Business Cycle）theory　201
SNA（System of National Accounts）　36
TFP（Total Factor Productivity）→全要素生産性を見よ

〈ア　行〉

アセット・アプローチ　asset preference approach　268
アダム・スミス　Adam Smith　153, 218
アニマル・スピリット　animal spirit　98
アブソープション・アプローチ　absorption approach　273
いざなぎ景気　Izanagi boom　198
いざなみ景気　Izanami boom　198
一物一価の法則　law of one price　267
一致指数　coincident index　195
インフレーション　inflation　88, 161
インフレ・ギャップ　inflationary gap　79, 120
インフレ率　rate of inflation　163, 171
売りオペレーション　selling operation　115
円高　yen scale down　251
円安　yen depreciation in exchange rate　251
オークン　Arthur M. Okun　172
オークンの法則　Okun's law　172

〈カ　行〉

買いオペレーション　buying operation　115
海外需要　foreign demand　23, 85
海外投資収益　profit on foreign investment　244
外貨準備増減　change in reserve assets　247
外国為替市場　foreign exchange market　250
外需　foreign demand　23, 85
外生変数　exogenous variable　85
開放経済　open economy　84
価格の下方硬直性　downward price rigidity　3, 63
拡張的金融政策　expansionary monetary policy　119, 134, 135, 173, 187
拡張的財政政策　expansionary fiscal policy　81, 83, 86, 133, 135, 173, 189
家計　household　38
可処分所得　disposable income　39
加速度原理　acceleration principle　202, 208
価値尺度機能　measure of value　93
価値保蔵機能　store of value　93
貨幣　money　92, 94
貨幣供給　money supply　98, 102, 109, 112, 131

貨幣経済　money economy　92
貨幣錯覚　money illusion　155, 170
貨幣市場　money market　92
貨幣需要　money demand　99, 102
貨幣乗数　money multiplier　112
為替レート　exchange rate　250
完全雇用　full employment　153, 164
完全雇用国民所得　full employment national income　68, 71, 78, 79
管理された変動相場制　managed floating system　262
管理フロート制　managed floating system　262
企業　firm　38
企業物価指数　corporate goods price index　29
基軸通貨　key currency　251, 252
技術進歩　technical progress　225, 226, 227, 229, 230, 231, 232, 233
技術的スピルオーバー　technology spillover　232
規制金利　regulated interest rate　117
帰属価格　imputed price　27
基礎消費　autonomous consumption　66
期待　expectation　170, 269
期待インフレ　expeted inflation　170
キチン・サイクル　Kitchin cycle　200
逆行列係数　inverse matrix　54
逆行列係数表　inverse matrix table　55
キャッシュ・フロー　cash flow　263
ギャロッピング・インフレーション　galloping inflation　162
教育　education　233
キングストン合意　Kingston Agreement　262
均衡国民所得　equilibrium national income　67, 70
銀行の銀行　bank of banks　108
緊縮財政政策　restrictive fiscal policy　136
金・ドル本位制　gold and dollar standard system　261
金平価　gold par　261
金融緩和　monetary relaxation　104, 119, 187

金融資産　financial assets　42
金融政策　monetary policy　108, 114, 118
金融取引　financial transaction　42
金融引き締め政策　restrictive monetary policy　104, 121, 137
クズネッツ・サイクル　Kuznets cycle　200
クラウディング・アウト　crowding out　134, 135, 138, 139
クリーピング・インフレーション　creeping inflation　162
景気循環　business cycle　194, 198, 200, 202, 206, 208, 209
景気動向指数　Indexes of Business Conditions　195, 208
経済安定化政策　economic stabilization policy　79
経済主体　economic actor　38
経済成長率　rate of economic growth　214, 219, 220, 223
経済波及効果　economic ripple effect　49
経常移転収支　current transfer　244
経常収支　current balance　30, 243
経常取引　current transaction　39
ケインズ　John M. Keynes　4, 63, 153
ケインズ型消費関数　Keynesian consumption function　66
限界消費性向　marginal propensity to consume　66
限界生産力逓減　diminishing marginal productivity　149
限界貯蓄性向　marginal propensity to save　70
限界輸入性向　marginal propensity to import　85
研究開発　research and development　233
現金　cash　112
現実成長率　actual rate of growth　217, 218, 219
建設循環　building cycle　200
公開市場操作　open market operation　114
交換媒介機能　means of exchange　92
公共財　public goods　232
厚生　welfare　216
合成の誤謬　fallacy of composition　4

索引／重要語集　*285*

公定歩合　official discount rate　117

購買力平価　purchasing power parity：PPP
　267

効用　utility　150

効用最大化　utility maximization　145

国際金本位制　international gold standard
　system　260

国際収支　balance of payments　243

国際収支表　summary table balance of
　payments　246

国内需要　domestic demand　23, 85

国内純生産　net domestic product　19

国内所得　domestic income　24

国内総支出　gross domestic expenditure
　23, 62

国内総所得　gross domestic income　24, 62

国内総生産　gross domestic product　14,
　62

国富　national wealth　20, 44

国民経済計算　system of national accounts
　36

国民所得　national income　25, 62

国民総生産　gross national product　17

コスト・プッシュ・インフレーション　cost
　push inflation　161, 254

固定資本減耗　consumption of fixed capital
　19

固定相場制　fixed exchange rate system
　250

古典派経済学　classical economics　4, 63,
　145, 153

古典派の第一公準　first postulate of the
　classical economics　147

古典派の第二公準　second postulate of the
　classical economics　149, 154

古典派の二分法　classical dichotomy　154

コブ＝ダグラス型生産関数　Cobb＝Douglas
　production function　229

雇用・利子および貨幣の一般理論　"The
　General theory of Employment, Interest
　and Money"　4, 63

コンドラチェフ・サイクル　Kondratieff cycle
　200

コンポジット・インデックス　composite

index（CI）→ CI を見よ

〈サ　行〉

債券　bond　94

債券価格　bond price　94, 100

債券市場　bond market　94

在庫循環　inventory cycle　200, 206

財政収支　fiscal balance　30, 274

再分配所得　secondary distribution of income
　account　42

サービス収支　balance on services　244

産業連関表　interindustry-relations table
　44

産業連関分析　interindustry Analysis　44

三面等価の原則　principle of equvalent of
　three aspects　21

Ｊカーブ効果　J-curve effect　272

自家消費　self-consumption　27

資産　assets　269

資産市場　asset market　92

資産需要　asset demand　100, 101

市場の失敗　market failure　231

自然失業率　natural rate of unemployment
　167

自然成長率　natural rate of growth　219,
　220

失業　unemployment　164, 173

実質GDP　real GDP　28

実質賃金　real wage　146, 150, 171

実物資産　real assets　42

実物取引　real transaction　42

自発的失業　voluntary unemployment　165

支払準備率　reserve ratio　110, 113

支払準備率操作　reserve ratio control　116

資本移動　capital flows　265

資本係数　capital coefficient　217, 218, 219,
　224

資本収支　capital and financial account
　243, 245

資本装備率　capital equipment ratio　222,
　223, 224, 227, 231

資本調達勘定　capital finance accounts　39

資本取引　capital transaction　39

資本の限界効率　marginal efficiency of capital

96, 128
資本の限界生産性　marginal products of
　capital　228
資本分配率　capital share　229
資本流出　capital export　265
資本流入　capital import　265
資本-労働比率　capital-labor ratio　222
自由放任　laissez-faire　3, 5
ジュグラー・サイクル　Juglar cycle　200
純額　net　19
準備　reserve　109
準備預金制度　reserve requirements system
　110, 115
乗数効果　multiplier effect　81
乗数メカニズム　multiplier mechanism　81
消費者物価指数　consumer price index　29
正味資産　net worth　43
所得　income　39
所得支出勘定　income and outlay accounts
　39
所得収支　balance on income　244
所得分配　income distribution　39
人的資本　human capital　231, 233
信用乗数　credit multiplier　112
信用創造　credit creation　112
ストック調整　inventory adjustment　204,
　206, 208
政策金利　bank rate　116
政策金利操作　bank rate operation　116
生産関数　product function　148, 221
生産と分配の二面等価　equivalent of two
　aspects of aggregate supply and national
　income　64
生産誘発額　induced production value　50
生産要素　facter of production　148
成長会計　growth accounting　225, 226, 227,
　230, 233
制度部門別（期末）貸借対照表　balance sheet
　by institutional sectors　43
正の GDP ギャップ　positive GDP gaps　79
セイの法則　Say's law　4, 63, 155
政府　government　38
政府支出　government expenditure　23
政府支出乗数　government expenditure

multiplier　80, 81
政府の銀行　bank of government　109
世界大恐慌　Great Depression　4
絶対所得仮説　absolute income hypothesis
　66
絶対優位　absolute advantage　240
設備投資循環　major cycle　200
先行指数　leading index　196
潜在成長率　potential rate of growth　219
全要素生産性　total factor productivity
　（TFP）　226, 230
総額　gross　19
総供給　aggregate supply　62, 178, 184
総供給曲線　aggregate supply curve　185
総需要　aggregate demand　62, 178, 182
総需要管理政策　aggregate demand
　management policy　79
総需要曲線　aggregate demand curve
　183
粗額　gross　19
租税　tax　30
租税乗数　income tax multiplier　83
その他資本収支　capital account　246
ソロー　Robert Merton Solow　221
ソロー残差　Solow residual　228, 230
ソローの経済成長理論　The Solow theory of
　economic growth　221, 224

〈タ 行〉

第 1 次間接効果　primary indirect effect
　51
第 1 次所得　primary incomes　40
第 1 次所得バランス　balance of primary
　incomes　41
第 1 次波及効果　primary indirect effect
　51
第 2 次オイルショック　second oil crisis
　198
第 2 次間接効果　secondary indirect effect
　51
第 2 次波及効果　secondary indirect effect
　51
短期　short term　146, 148
弾力性アプローチ　elasticities approach

索引／重要語集　*287*

270

遅行指数　lagging index　195

知識資本　knowledge capital　232, 233

知的所有権　intellectual property rights
233

中央銀行　central bank　98, 103, 108, 114

中間投入　intermediate input　15

直接効果　direct effect　50

貯蓄　saving　30, 128

貯蓄関数　saving function　69

貯蓄投資バランス　investment-saving balance
30, 274

貯蓄・投資バランス・アプローチ　invest-
ment-saving balance approach　274

賃金　wage　144

ディフュージョン・インデックス　diffusion
index　(DI)　→ DI を見よ

ディマンド・プル・インフレーション
demand pull inflation　161, 163, 166

デフレーション　deflation　88, 164

デフレ・ギャップ　deflationary gap　79,
118

デフレ・スパイラル　deflationary spiral
164

投資　investment　95, 128

投資関数　investment function　97

投資支出　investment　23

投資収支　financial account　245

投資の限界効率　marginal efficiency of
investment　96

労働供給曲線　labour supply curve　179

投入係数　input coefficients　52

投入係数表　input coefficient table　54

ドーマー　Evsey David Domar　216

独立消費　exogenous consumption　66

取引需要　transactions demand　99, 101

〈ナ　行〉

内外価格差　price gaps between home and
abroad　268

内需　domestic demand　23, 85, 273

内生的経済成長理論　endogenous economic
growth theory　230

ニクソン・ショック　dollar shock　261

日本銀行　Bank of Japan　109

ニュー・ディール政策　New Deal　173

〈ハ　行〉

排除性　excludability　231

ハイパー・インフレーション　hyper inflation
162, 163, 170

ハイパワード・マネー　high-powered money
109, 110, 112

発券銀行　bank of issue　108

ハロッド　Roy Forbes Harrod　216

ハロッド＝ドーマーの経済成長理論　The
Harrod-Domar theory of economic growth
216, 223, 224

ピール条例　Peel's Bank Act　260

比較優位　comparative advantage　241

比較優位論　theory of comparative advantage
239

非自発的失業　involuntary unemployment
5, 165, 181

ヒックス　John Richard Hicks　132

フィリップス曲線　Philips curve　166, 171

フィリップス　Alban William Housego
Phillips　166

付加価値（額）　added value　15

不効用　disutility　150

双子の赤字　double deficit　31

物価水準　price level　163

負の GDP ギャップ　negative GDP gaps
79

フリー・ライダー　free rider　231, 232

ブレトン・ウッズ体制　Bretton Woods
system　261

分業　division of labor　239

平価　exchange parity　264

閉鎖経済　closed economy　88

ベース・マネー　base money　109

変動相場制　floating exchange rate system
250, 262

貿易収支　balance on goods　244

貿易の利益（メリット）　gains from trade
242

法定準備率　legal reserve ratio　110, 115

法定準備率操作　legal reserve ratio control

115
保証成長率　warranted rate of growth
　　217, 218
〈マ　行〉

摩擦的失業　frictional unemployment　　165
マネーサプライ　money supply　　109
マネタリー・ベース　monetary base　　109
マネタリズム　monetarism　　201
民間最終消費支出　consumption　　23
名目 GDP　nominal GDP　　28
名目賃金　nominal wage　　146, 180
名目賃金の下方硬直性　downward nominal
　　wage rigidity　　5, 180, 186

〈ヤ　行〉

有効需要　effective demand　　64, 155, 166
有効需要の原理　principle of effective demand
　　65
輸出　export　　23
輸入　import　　23
輸入インフレ　imported inflation　　254
輸入デフレ　imported deflation　　254
余暇　leisure　　149
預金　deposit　　112
預金創造　deposit creation　　111, 112

〈ラ・ワ行〉

リアル・ビジネス・サイクル理論　Real
Business Cycle（RBC）theory　　201
リカード　David Ricardo　　239
利潤最大化　profit maximization　　145
利子率　interest rate　　96, 100, 102
流動性　liquidity　　93
流動性選好　liquidity preference　　131
流動性選好関数　liquidity preference function
　　101
流動性選好理論　liquidity preference theory
　　102
流動性の罠　liquidity trap　　101, 103, 131,
　　135
レーガノミックス　Reaganomics　　30
レーガン　Ronald W. Reagan　　30
レオンチェフ　Wassily Leontief　　44
レオンチェフ逆行列　Leontief inverse matrix
　　54
労働　labor　　149
労働供給曲線　labor supply curve　　179
労働需要曲線　labor demand curve　　180
労働生産性　labor productivity　　220, 227,
　　228
労働の限界生産物（性）　marginal product of
　　labor　　147, 172, 228
労働分配率　labor share　　229
労働力　labor power　　144
ローマー　Paul Michael Romer　　232
割引現在価値　discounted present value
　　96

《執筆者紹介》（＊は編著者）

＊庭 田 文 近［第1・6・7・8章］
　　奥付参照

　岡 嶋 宏 明［第2・3・14・15章］
　　　所属　一般社団法人 常磐コミュニティ文化研究所
　　　学位　修士（経済学）

　藤 井 秀 昭［第4・5章］
　　　所属　京都産業大学 経済学部 経済学科
　　　学位　博士（エネルギー科学）

　田 村 正 文［第9・10・11章］
　　　所属　八戸学院大学 地域経営学部 地域経営学科
　　　学位　博士（情報科学）

　朝 日 ちさと［第12・13章］
　　　所属　首都大学東京 都市環境学部 都市政策科学科
　　　学位　博士（都市科学）

《編著者紹介》

庭田文近（にわた　ふみちか）

　所属　城西大学　現代政策学部　社会経済システム学科
　学位　博士（経済学）

学歴
　城西大学経済学部経営学科
　城西大学大学院経済学研究科経済政策専攻修士課程
　立正大学大学院経済学研究科経済学専攻博士後期課程

専門分野
　経済政策／交通経済学／地域政策／観光政策

主要著書・訳書
『ロード・プライシング　－理論と政策』（共編著，勁草書房）
『信頼と安心の日本経済』（共著，勁草書房）
『コンテンポラリーマクロ経済学』（共著，中央経済社）
ティム．パウエル『交通の経済理論』（共訳，NTT出版）
セルヒオ．ハラ‐ディアス『輸送の経済理論』（共監訳，勁草書房）

エレメンタルマクロ経済理論

2016年4月20日　初版第1刷発行		＊定価はカバーに
2019年12月5日　初版第2刷発行		表示してあります

編著者の 了解により 検印省略	編著者	庭　田　文　近 ©
	発行者	植　田　　　実
	印刷者	田　中　雅　博

発行所　株式会社　晃　洋　書　房

〒615-0026　京都市右京区西院北矢掛町7番地
電話　075（312）0788番㈹
振替口座　01040-6-32280

ISBN978-4-7710-2727-5　　印刷・製本　創栄図書印刷㈱

JCOPY〈(社)出版者著作権管理機構委託出版物〉
本書の無断複写は著作権法上での例外を除き禁じられています．
複写される場合は，そのつど事前に，(社)出版者著作権管理機構
（電話 03-5244-5088, FAX 03-5244-5089, e-mail:info@jcopy.or.jp)
の許諾を得てください．